Michael Gantt
Der Bibel-Crashkurs

Die Bibel ist kein Buch für den Bücherschrank. Sie will gelesen werden. Nur: Wie kann man diesen dicken Wälzer in sich aufnehmen, wenn man kaum Ahnung von der Materie hat oder gar überhaupt nicht in die Kirche geht? Selbst gestandenen Christen fällt es schwer, alle Texte der Bibel zu verstehen. Manches ist so fremd und manches – ehrlich gesagt – langweilig.

Dieses Buch leugnet nicht, dass einem vieles in der Bibel fremd vorkommen oder langweilig erscheinen *muss*. Dennoch macht es Werbung für die Bibel – auf äußerst ungewöhnliche Weise.

Vergessen Sie alles, was Sie bisher von der Bibel gedacht haben, ob Ihre Vorurteile nun negativ oder positiv sind, ob die Bibel für Sie Gottes Wort oder nur ein verstaubtes Buch ist! Lassen Sie sich auf den Bibel-Crashkurs ein! Er stellt Ihnen die Bibel von Anfang bis Ende vor – auf eine Weise, wie Sie es bisher noch nicht gelesen haben.

Wenn Sie gar keine Ahnung von der Bibel haben, dann sind das die besten Voraussetzungen, um in den Bibel-Crashkurs einzusteigen.

Michael Gantt

Der Bibel-Crashkurs

Eine benutzerfreundliche Einführung
in den Bestseller

R. BROCKHAUS

Die amerikanische Originalausgabe erschien unter dem Titel
A NONCHURCHGOER'S GUIDE TO THE BIBLE
bei Good Books, Intercourse/Pennsylvania
© Michael Gantt

Deutsch von Antje Balters

RB*taschenbuch Bd. 563*

© 1999 der deutschen Ausgabe:
R. Brockhaus Verlag Wuppertal
Umschlag: Dietmar Reichert, Dormagen
Gesamtherstellung: Breklumer Druckerei Manfred Siegel KG
ISBN 3-417-20563-8
Bestell-Nr. 220 563

Dieses Buch ist gedruckt auf 100 % Recyclingpapier

INHALT

Vor dem Start 7

A. Die Bibel als Ganzes

1) Der Aufbau der Bibel 11
2) Was zur Bibel hinzugefügt wurde 32
3) Moderne Leser und die alte Bibel 53

B. Die Bücher der Bibel

1) Die fünf Bücher Mose 77
   1. Mose (80), 2. Mose (85), 3. Mose (89), 4. Mose
   (92), 5. Mose (94)
2) Die Geschichtsbücher 98
   Josua (101), Richter (104), Rut (106), 1. Samuel (107),
   2. Samuel (109), 1. Könige (111), 2. Könige (113),
   1. und 2. Chronik (115), Esra (116), Nehemia (118),
   Ester (119)
3) Weisheitsliteratur und poetische Bücher 122
   Hiob (129), Psalmen (131), Sprüche (135), Prediger (137), Hohelied (139)
4) Die Prophetenbücher 141
   Jesaja (149), Jeremia (150), Klagelieder (151), Hesekiel (152), Daniel (153), Hosea (156), Joel (156),
   Amos (157), Obadja (157), Jona (158), Micha (158),
   Nahum (158), Habakuk (159), Zefanja (159), Haggai (160), Sacharja (160), Maleachi (160)
5) Die vier Evangelien 162
   Matthäus (172), Markus (173), Lukas (173), Johan-
   nes (175)
6) Die Apostelgeschichte 177
   Die Apostelgeschichte des Lukas (180)

7) Die Briefe der Apostel und die Offenbarung 185
   Römer (189), 1. und 2. Korinther (190), Galater
   (191), Epheser (192), Philipper (193), Kolosser (193),
   1. Thessalonicher (193), 2. Thessalonicher (194),
   1. und 2. Timotheus (195), Titus (196), Philemon
   (196), Hebräer (197), Jakobus (198), 1. und 2. Petrus
   (198), 1. und 2. Johannes (199), 3. Johannes (200),
   Judas (200), Offenbarung (200)

C. Die Bibel lesen und verstehen 203

Vor dem Start

Ist es möglich die Bibel zu lesen, ohne in die Kirche zu gehen oder überhaupt etwas mit Kirche und Gemeinde am Hut zu haben? Die Bibel ist kein Handbuch, das Kirchgängern oder Leuten, die fest zu bestimmten Gemeinden gehören, vorbehalten ist. Sie ist ein Buch für jeden. Obwohl sie verbannt, verbrannt und totgesagt wurde, lebt sie immer noch und erfreut sich bester Gesundheit. Sie ist der Bestseller aller Bestseller und stellt in dieser Hinsicht Jahr um Jahr alle anderen Bücher in den Schatten. Menschen, die Bücher lieben, lieben auch die Bibel, denn sie enthält so vieles, was man bei guten Büchern sucht: Abenteuer, Tragödien, Liebe, Wahrheit, Inspiration, kunstvolle Sprache und vieles mehr. Und wie alle großen Bücher regt sie unser Denken an.

Es mag banal klingen, aber: Einer der Gründe für die Beliebtheit der Bibel ist die Tatsache, dass sie ein *Buch* ist. Bücher sind tolle Freunde. Sie sind unterhaltsam und bringen Erkenntnisse; sie trösten und beraten. Aber sie bringen einen auch dazu, sich zu stellen und herausfordern zu lassen. Sie sind immer bereit, zu uns zu reden, aber genauso auch zu schweigen. Und das Beste – sie sind nicht empfindlich oder nachtragend. Man muss sich keine großen Gedanken darüber machen, ob man etwas Falsches gesagt hat und sie dann über einen herfallen . . . oder einen einfach stehen lassen und sich vom Acker machen.

Wenn Menschen mehr wissen möchten über Gott, die Wahrheit, über Liebe und Gut und Böse, dann wenden sie sich deshalb oft an einen Freund, an jemanden, der ihnen vielleicht zunächst nicht so sehr auf die Pelle rückt – an ein Buch beispielsweise. Und es gibt kein Buch, das zu mehr Menschen überzeugender über diese Themen gesprochen hat als das Buch, das wir die Bibel nennen.

Was ein Buch gut oder gar phantastisch macht, ist gar nicht so sehr, dass es all unsere Fragen *beantwortet*, sondern dass es die für uns wichtigen und nötigen Fragen *stellt* und uns zum Nachdenken bringt. Und zwar so, dass wir mit seiner Unterstützung besser nachdenken als ohne. Ganz ähnlich wird uns auch ein guter Freund oder eine gute Freundin helfen, zu einer Entscheidung zu kommen, ohne aber gleich die Entscheidung für uns zu treffen.

Das vorliegende Buch soll ein Leitfaden durch die Bibel sein, und zwar speziell für Leute, die nicht viel über die Bibel wissen, aber gern mehr darüber wüssten. Viele Menschen haben eine Bibel, lesen aber selten darin; zum Teil auch deshalb, weil sie niemanden haben, der ihnen dabei helfen könnte, sie zu verstehen. Ich möchte gerne Menschen, die wenig oder keinen Kontakt zur Kirche haben, dabei helfen, die Bibel besser zu verstehen. Vielleicht sind ja auch ein paar »gestandene Bibelleser« dabei, die meiner eigentlichen Zielgruppe beim Lesen über die Schulter schauen und von der vorliegenden Einführung in die Bibel trotzdem Gewinn haben. Das soll mir nur recht sein.

Die meisten Menschen – ob Kirchgänger oder nicht – würden wahrscheinlich gern mehr in der Bibel lesen. Einer der Gründe, weshalb sie es trotzdem nicht tun, ist Angst. Auf der einen Seite haben sie Angst, die Bibel nicht zu verstehen und am Ende nur Zeit zu vergeuden, wenn sie es versuchen. Auf der anderen Seite haben sie Angst, sie könnten sie verstehen und am Ende irgendwie abheben oder fanatisch werden. Aber solche Ängste können überwunden werden.

Was unsere Angst angeht, nicht zu verstehen: Das Einzige, was man können muss, um die Bibel zu lesen, ist . . . lesen. Manche Teile der Bibel sind schwierig. Man muss sich halt angewöhnen, diese Stellen so lange zu überspringen, bis sie sich irgendwann erschließen. Früher war der einzige Teil der Tageszeitung, den ich verstand, die Cartoons. Ein paar Jahre später konnte ich auch schon mit dem Sportteil etwas anfangen. Und noch ein paar Jahre weiter konnte ich dann das ganze Ding lesen. Außer den Aktienkursen auf der Wirtschaftsseite – ich habe bis heute keine Ahnung, wie man sie liest. Aber die Tatsache, dass ich nicht jede einzelne Seite verstanden habe, hat mich nicht daran gehindert, Zeitung zu lesen – und zwar mit Genuss. Genau so kann man auch die Bibel mit Genuss lesen, so lange man Teile findet, die das Interesse wach halten. Ich möchte bei der Suche danach helfen.

Was unsere Angst angeht, wir könnten verstehen . . . und dann religiöse Spinner werden – die Bibel ist der beste Schutz gegen Extremismus im Glauben. Je vertrauter Ihnen der Inhalt der Bibel ist, desto schneller können Sie erkennen, wenn jemand falsch daraus zitiert oder Aussagen falsch anwendet. Sekten entstehen oft dann, wenn Menschen kritiklos und ohne zu hinterfragen der Interpretation eines anderen Menschen in Bezug auf das Leben oder die Bibel folgen. Wenn Sie die Bibel für sich lesen, werden Sie dadurch Ihr Verständnis der Bibel besser entwickeln und sich besser auf Ihr Urteil verlassen können.

Ja, Menschen sind unterschiedlicher Meinung über die Bedeutung der Bibel. Aber wir haben auch unterschiedliche Meinungen und Auffassungen von der Liebe, der Freiheit, von Verantwortung und vielen anderen Aspekten des Lebens. Die Tatsache, dass nicht alle Menschen die Bibel gleich betrachten, ist kein Grund, ihr aus dem Weg zu gehen. Es ist eher ein Grund mehr, sich selbst ein Bild von ihr zu machen.

Es ist übrigens nicht so wichtig, welche Bibelübersetzung Sie benutzen. Übersetzungen weichen in Kleinigkeiten voneinander ab, aber sie vermitteln dieselben Grundgedanken. Und auch wenn sich Bibelgelehrte vielleicht darüber streiten, ob Mose im dreizehnten oder vierzehnten Jahrhundert vor Christus gelebt hat, brauchen Sie sich gleichfalls nicht an dieser Debatte zu beteiligen, um zu lesen und zu verstehen, was in der Bibel über Mose steht.

Mein Ansatz besteht darin, die Bibel beim Wort zu nehmen, so wie jeder Leser sie vorfindet. Wie bei jedem Buch, steht es

Ihnen natürlich frei, jede meiner Behauptungen zur Diskussion zu stellen. Aber man kann die Behauptungen eines Buches nicht annehmen oder ablehnen, bevor man sie nicht kennt. Und man lernt sie kennen, indem man den Text selbst liest, anstatt sich durch für den »Laien« unverständliche Theorien über den Text zu wühlen. Die vorliegende Anleitung holt Sie deshalb weg von wissenschaftlichen Diskussionen und bringt sie zur Bibel selbst.

Die elf Kapitel des *Bibel-Crashkurses* sind in drei Teile untergliedert. Im ersten Teil geht es um die Bibel als Ganzes. Die drei Kapitel beschreiben, was die Bibel mit anderen Büchern gemeinsam hat bzw. worin sie sich von diesen unterscheidet. Im zweiten Teil geht es um die einzelnen Bücher der Bibel – vom 1.Buch Mose (Genesis) bis zur Offenbarung. Die sieben Kapitel dieses zweiten Teils sollen Sie darauf vorbereiten, jedes Buch der Bibel lesen und auch verstehen zu können. Der dritte und letzte Teil enthält weitere Hinweise zum Erkunden der Bibel.

Der Bibel-Crashkurs ist eine Art Straßenkarte. Das Buch versucht, Sie durch die Windungen und Kurven der Bibellandschaft zu lotsen. Ob Sie schon einmal etwas von dieser Landschaft gesehen haben oder Sie sich auf völligem Neuland bewegen – es gibt immer noch etwas Neues zu sehen. Ich lese nun seit fast zwanzig Jahren jeden Tag in der Bibel, und ich entdecke immer noch neue und interessante Ausblicke. Wenn Sie ein wenig Hilfe bei der Erkundung dieser Landschaft möchten, ohne Umleitungen über konfessionelle Spezialfragen oder andere theologische Debatten, dann könnte diese Anleitung ein »Geschenk des Himmels« sein. Sind Sie bereit? Dann kann es losgehen.

A. Die Bibel als Ganzes

1) Der Aufbau der Bibel

Wenn Sie ein Buch lesen können, können Sie auch die Bibel lesen. Das Wort »Bibel« selbst kommt von einem griechischen Wort, das »Buch« oder »Bücher« bedeutet. Und genau das ist die Bibel: Wörter auf Papier geschrieben, das Ganze geleimt, gebunden und zwischen zwei Umschlagdeckel gebracht. Jeder, der ein Buch lesen kann, kann auch die Bibel lesen. Und wenn Sie gute Bücher lieben, dann werden Sie auch das beste Buch lieben lernen. Es ist randvoll mit all den Dingen, die ein Buch zu einem guten Buch machen. Doch gibt es ein paar Unterschiede zwischen der Bibel und allen anderen Büchern. Wenn man diese Unterschiede übergeht, dann kann das Bibellesen verwirrend, frustrierend und langweilig werden. Diese Unterschiede zu erkennen und zu beachten macht die Bibel leserlicher und das Lesen macht mehr Spaß.

Einer der wichtigsten Unterschiede, den jeder bemerkt, wenn er versucht, die Bibel zu lesen, hat mit ihrem Umfang zu tun, denn:

Die Bibel ist dick

Die Bibel ist umfangreich. Sehr umfangreich. Manche Ausgaben nehmen mühelos einen Couchtisch ein; andere sind so klein, dass man sie in einer Hand halten kann . . . allerdings ist dann der Text so klein gedruckt, dass man in der anderen Hand eine Lupe halten muss. Deshalb zeigen die großen Ausgaben ebenso wie die kleinen, wie viele Wörter in der Bibel stehen. Selbst die Ausgaben, die zum bequemen Lesen gedacht sind – im Unterschied zu den eher zum Anschauen bestimmten Bibelausgaben –

müssen auf sehr dünnem Papier gedruckt werden, damit das Buch gut zu handhaben ist.

Und wie umfangreich ist die Bibel? Stapeln Sie zehn durchschnittliche Sachbücher aufeinander. Dieser Stapel enthält dann etwa die gleiche Anzahl von Wörtern wie die Bibel. Zehn Bücher!! Das sind annähernd eine Million Wörter. Und wenn man dann bedenkt, dass die meisten Bibelausgaben noch einen Anhang haben oder Fußnoten und Erklärungen sowie Versnummern, dann sind es noch mehr Wörter. All das dünne Bibelpapier enthält einen Berg von Stoff zwischen den Umschlagdeckeln.

Die erste Hürde, die es beim Bibellesen zu überwinden gilt, ist deshalb ihr Umfang. Wenn alles andere so wäre wie bei anderen Büchern, würde der geneigte Leser natürlich nicht zu einem derart kiloschweren Wälzer greifen. Wenn es nur zwei Bücher gäbe, ein kurzes und ein langes, welches würde wohl der Leser als erstes wählen? Richtig! Das lange lesen wir später. Das ist ein weiterer Grund, weshalb die Bibel auf der Leseliste vieler Menschen nicht an erster Stelle steht.

Aber es hat natürlich einen Grund, weshalb die Bibel so dick ist. Und der Grund ist nicht der, dass sich irgendwann mal jemand hingesetzt hat mit der Idee, ein langes Buch über Gott zu schreiben. Denn wenn wir einmal den Umschlag der Bibel aufschlagen und auf das Inhaltsverzeichnis schauen oder einfach die Bibel durchblättern, erkennen wir, dass die Bibel keine Einzelschrift ist. Sie ist eine Sammlung einzelner Schriften. Jetzt haben wir es also nicht mehr mit einem Berg zu tun, sondern mit einer Reihe kleiner Hügel. Was aus der Ferne wie ein unüberwindlicher Leseberg wirkt, sieht aus der Nähe dann schon so aus, dass man es doch irgendwie schaffen könnte.

Die Bibel ist eine Sammlung vieler Einzelteile

Die Bibel erscheint uns wie *ein* Buch. Und das ist sie auch. Wenn wir sie aber aufschlagen, stellen wir fest, dass sie eine Büchersammlung ist. Oder zumindest eine Sammlung von Schriften. Wenn man sie in der Mitte aufklappt, ist man womöglich irgendwo im Buch der Psalmen, das wiederum eine Sammlung von 150 verschiedenen Schriftstücken ist. Mit diesen vielen verschiedenen Schriftstücken und Hunderten und Aberhunderten von Seiten wirkt die Bibel weniger wie ein Buch, sondern mehr wie ein Nachschlagewerk oder gar eine Bibliothek.

Gemeinsam haben ein Nachschlagewerk, eine Bibliothek und die Bibel, dass sie alle Sammlungen sind. Ein Nachschlagewerk ist eine Sammlung von Artikeln, die alphabetisch geordnet sind. Eine Bibliothek ist eine Sammlung von Büchern, die nach Buchtypen und Autoren geordnet sind. Die Bibel ist ebenfalls eine Sammlung. Die 150 Psalmen sind jeder nicht länger als die meisten Lexikonbeiträge. Der größte Teil des Restes der Bibel ist länger als ein Lexikonartikel, aber kürzer als die meisten Bücher auf den Regalen einer Bibliothek.

Manche Bücher der Bibel sind nur eine halbe Seite lang, also sehr kurz. Das längste, das Buch Jeremia, hat in etwa die Länge eines kurzen Romans von heute. Damit ist das längste Buch der Bibel mehr als hundert Mal so lang wie das kürzeste. Diese Anhäufung kleiner Hügel ist absolut nicht gleichförmig – sie können vom Umfang her völlig unterschiedlich sein. Aber ungeachtet des Umfanges wird jedes dieser einzelnen Teile der Bibel als Buch bezeichnet.

Jetzt erkennen wir auch den Grund, weshalb die Bibel so umfangreich ist: Es war nicht eine Einzelperson, die sich hinsetzte und sich abmühte, dieses ungeheure Werk zu schreiben, sondern die Bibel wurde im Laufe von Jahrhunderten von vielen verschiedenen Autoren verfasst. Einzeln betrachtet mag zwar keines der Bücher sehr lang sein, aber tut man sie alle zusammen, dann hat man schon eine ganz schöne Schwarte. Kein Wunder, dass die Bibel ein so großes Buch ist – es ist ein zusammengeleimtes Bündel kleinerer Bücher.

Statt die Bibel als das längste Buch auf unserer Leseliste zu betrachten, sollten wir sie vielleicht eher als eine Sammlung relativ kurzer Bücher ansehen. Die Bibel insgesamt ist viel länger als die meisten anderen Bücher, die wir lesen möchten, aber die einzelnen Bücher der Bibel sind meistens kürzer als alle anderen Bücher auf unserer Leseliste. Wenn wir also wenig Zeit haben, können wir aus der Bibel-Bibliothek auswählen, weil sie so viele verschiedene kompakte Einzelbände enthält. Denn während wir normalerweise eine Bibliothek aufsuchen, um ein Buch zu finden, ist die Bibel ein Buch, das schon für sich genommen eine Bibliothek ist. Aus einer Bibliothek lesen wir immer *ein* Buch und nicht viele auf einmal. Genauso sollten wir auch mit der Bibel verfahren . . . damit wir nicht überfordert werden.

Wir würden ja auch nicht ein Lexikon Seite für Seite von Anfang bis Ende durchlesen – es ist für diese Art zu lesen nicht gedacht. Es ist so konzipiert, dass die verschiedenen Inhalte je nach Interesse selektiv gelesen werden. Der Bibel nähert man sich am besten so wie einem Lexikon – man liest sie nicht von Anfang bis Ende durch, sondern sucht sich immer wieder andere Stellen gezielt heraus.

Die einzelnen Teile der Bibel können sich sehr voneinander unterscheiden

Außer vielleicht in Bezug auf die Länge, sehen sich Lexikonartikel sehr ähnlich. Die Verfasser sind in der Regel Zeitgenossen, die Regeln und der Stil werden vom Herausgeber festgelegt. Die Bücher einer Bibliothek dagegen sind schon wesentlich vielfältiger. Ein Buch über Fußball liest sich wahrscheinlich ganz anders als ein Titel über Philosophie. Die Verfasser versuchen nicht, sich im Stil einander anzupassen. Außerdem könnte das Philosophiebuch im 18. Jahrhundert geschrieben worden sein, während das Buch über Fußball aus unserem Jahrhundert stammt. In dieser Hinsicht ist die Bibel eher eine Bibliothek als ein Lexikon.

Die Bücher der Bibel wurden von Dutzenden von Autoren verfasst. Diese Autoren waren oft keine Zeitgenossen. Ihre Lebenszeiten erstreckten sich über mehr als tausend Jahre. Das führt dazu, dass es in ihren Büchern nicht die Einheitlichkeit gibt wie in Lexika, dafür aber die Vielfalt wie in einer Bibliothek. Und diese Vielfalt gilt sowohl für den Stil als auch für den Umfang.

Man erwartet stilistische Vielfalt, wenn die Autoren in verschiedenen Jahrhunderten geschrieben haben. Sechzehn Jahrhunderte trennen möglicherweise den Verfasser des ersten Buches der Bibel von dem des letzten Buches. Jemand hat einmal gesagt, dass die Bibel nicht von einem Mann geschrieben wurde, sondern von einem Komitee. Das Komitee hat sich aber nie zu einer Sitzung eingefunden. Kein Wunder also, dass die einzelnen Teile der Bibel so unterschiedlich sind.

Die Teile der Bibel sind geordnet

Obwohl sich die einzelnen Teile der Bibel oft sehr voneinander unterscheiden, sind sie, als Hilfe für den Leser, zusammengefasst und geordnet. Eine Bibliothek ist ein Ort, wo Bücher aufbewahrt und geordnet werden, damit der potentielle Leser kommen und sie finden kann. Wenn man eine Bibliothek betritt, stellt man fest, dass an einer Stelle zum Beispiel die Biografien stehen, die übrige Sachliteratur an einer anderen Stelle und so weiter. Alles ist organisiert und geordnet. Ebenso ist auch die Bibel nach einem bestimmten System für uns geordnet. Wenn wir einmal das System einer Bibliothek verstanden haben, können wir jede Abteilung benutzen, die uns interessiert. Dasselbe gilt auch für die Bibel.

Die »Richtigkeit« dieses Systems soll nicht unsere Sorge sein. Bibliotheken funktionieren alle nach einem bestimmten System, aber nicht alle nach demselben. Auch Bibeln sind unterschiedlich aufgebaut. Wie, das werde ich später noch erklären. Es ist nicht die Frage, welches System und welche Reihenfolge »richtig« ist. Es gibt mehr als eine Art, den Medizinschrank zu Hause zu ordnen. Ihr Ziel kann nicht sein, diese Ordnung zu beurteilen, sondern sie zu verstehen. Sonst schlucken sie vielleicht eines Nachts bei tiefster Dunkelheit etwas gegen Sodbrennen, wenn sie eigentlich Ihre Kopfschmerzen loswerden wollen oder Sie putzen sich die Zähne mit Massageöl.

Wir werden im Laufe dieses Buches einen Gang durch die verschiedenen Abteilungen der Bibel machen, genauso als wären wir in der besagten Bibliothek. Danach werden wir jedem dieser Abteilungen ein ganzes Kapitel widmen. Also mühen Sie sich nicht mit unbekannten Buchtiteln ab. Richten Sie Ihr Augenmerk lieber auf die ganze »Bibliothek« und die verschiedenen Buchtypen, die es in den unterschiedlichen »Abteilungen« gibt.

Unser Spaziergang durch die Bücher der Bibel wird zeigen, dass die Reihenfolge, nach der sie geordnet sind, kein Zufall ist. Wie bei einer Bibliothek, sind Bücher desselben Typs an der gleichen Stelle zu finden. Jeder »Buchtyp« kann als Abteilung betrachtet werden. Und man kann jeder Abteilung eine bestimmte Bezeichnung geben.

Die Skizzen auf den Seiten 18 und 19 zeigen die verschiedenen Bücher so, als ob sie auf dem Regal in einer Bibliothek stünden. Denken Sie daran, dass das umfangreichste Buch der Bibel hundert Mal so lang ist wie das kürzeste. Die Bücher in den Skizzen sind also nicht maßstabgetreu und verdecken deshalb den großen Unterschied im Umfang der betreffenden Bücher.

Vielleicht möchten Sie das Inhaltsverzeichnis Ihrer Bibel aufschlagen und die einzelnen biblischen Bücher verfolgen, während wir sie einzeln durchgehen. In vielen Fällen werden die Bücher in Ihrer Bibel genauso angeordnet sein, wie ich es hier angebe. In der Lutherbibel finden Sie den Hebräer und den Jakobusbrief zwischen dem 3. Johannes- und dem Judasbrief. Martin Luther, der große deutsche Bibelübersetzer, konnte mit diesen beiden Briefen nicht so viel anfangen. Daher hat er sie ein wenig nach hinten platziert. Aber das spielt für unseren Gang durch die Bibel-Bibliothek keine Rolle.

Die fünf Bücher Mose

Von den ersten fünf Büchern der Bibel – Genesis, Exodus, Levitikus, Numeri und Deuteronomium – wurde herkömmlicherweise angenommen, dass sie von Mose stammen. (In der Forschung geht man heute davon aus, dass sie von mehreren Autoren stammen, aber für unsere Zwecke lassen wir diese Forschungsergebnisse mal außen vor.) Deshalb werden sie auch die »Bücher Mose« genannt oder das »Gesetz des Mose«.

Vor Mose gab es keine Bibel. Was ihm an Schriften zugeschrieben wird, wurde zum Grundstein aller biblischen Schriften, die noch folgen sollten. Es gibt keine Schrift der Bibel, zu der nicht die fünf Bücher Mose den Hintergrund bilden. Selbst wenn sie nicht konkret genannt werden, sind ihre Gedanken doch gegenwärtig und werden nicht selten aufgegriffen.

Das erste Buch Mose (Genesis) erzählt die Geschichte der Vorfahren des Mose und seines Volkes. Eine zentrale Stellung unter diesen Vorfahren hatte ein Mann namens Abraham und deshalb bildet auch seine Geschichte – einschließlich der Informationen über seine Vor- und Nachfahren – den Mittelpunkt dieses Buches. Manche Leute befassen sich heutzutage mit Ahnenforschung, damit Familienangehörige etwas über ihre Herkunft und Wurzeln erfahren. Die fünf Bücher Mose hatten das für die Israeliten übernommen, die mehrere Jahrhunderte nach ihrem Urahnen Abraham lebten.

Das Alte Testament

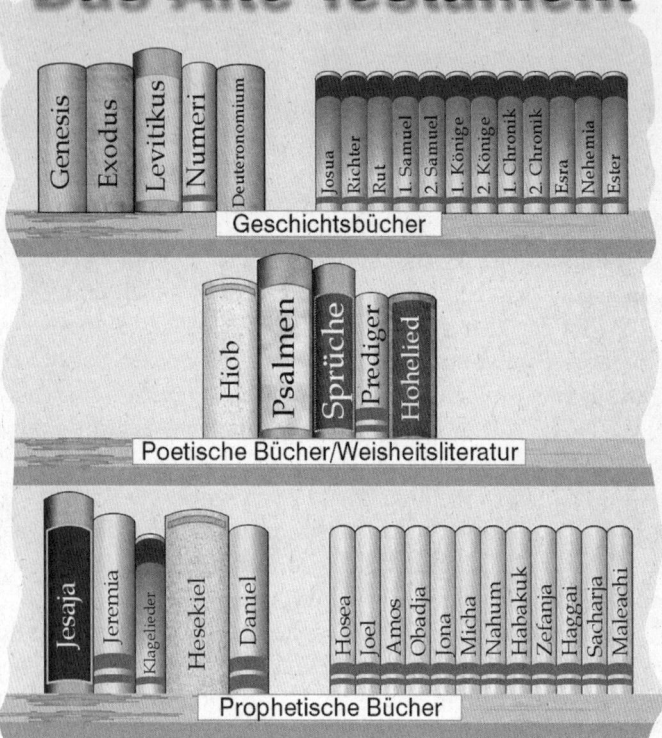

Genesis · Exodus · Levitikus · Numeri · Deuteronomium

Josua · Richter · Rut · 1. Samuel · 2. Samuel · 1. Könige · 2. Könige · 1. Chronik · 2. Chronik · Esra · Nehemia · Ester

Geschichtsbücher

Hiob · Psalmen · Sprüche · Prediger · Hohelied

Poetische Bücher/Weisheitsliteratur

Jesaja · Jeremia · Klagelieder · Hesekiel · Daniel

Hosea · Joel · Amos · Obadja · Jona · Micha · Nahum · Habakuk · Zefanja · Haggai · Sacharja · Maleachi

Prophetische Bücher

Das Neue Testament

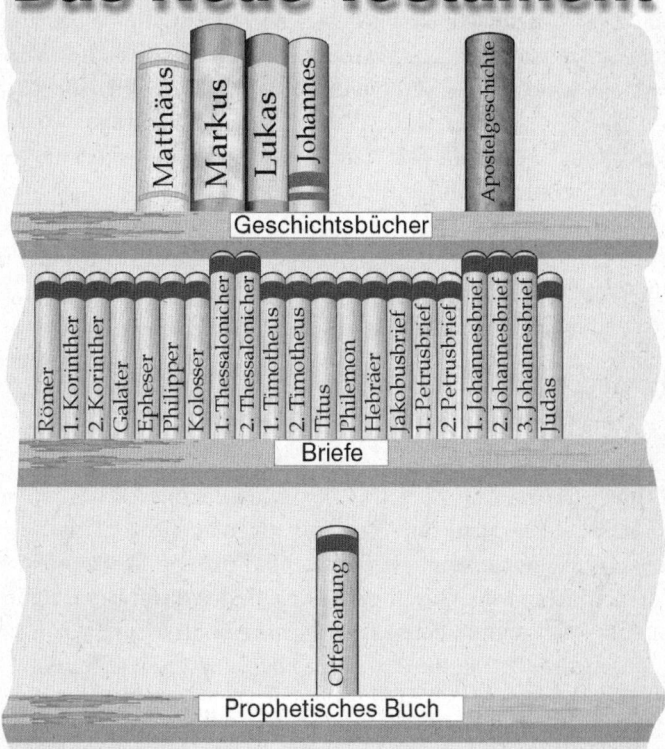

Matthäus Markus Lukas Johannes   Apostelgeschichte

Geschichtsbücher

Römer 1. Korinther 2. Korinther Galater Epheser Philipper Kolosser 1. Thessalonicher 2. Thessalonicher 1. Timotheus 2. Timotheus Titus Philemon Hebräer Jakobusbrief 1. Petrusbrief 2. Petrusbrief 1. Johannesbrief 2. Johannesbrief 3. Johannesbrief Judas

Briefe

Offenbarung

Prophetisches Buch

Das erklärt auch, warum viele Menschen verwirrt sind, wenn sie versuchen, die Bibel von vorne bis hinten durchzulesen. Sie fängt zwar einsichtigerweise mit der Erschaffung der Welt an, enthält aber schon in ihren Anfängen konkrete Familiengeschichten und (noch schlimmer) Ahnentafeln. Das mag uns kleinkariert vorkommen. Was haben wir mit irgendwelchen Nomaden zu tun, die vor ein paar tausend Jahren in der Wüste umhergezogen sind? Doch bedenken wir: Die fünf Bücher Mose versuchen nicht, eine Geschichte der Welt zu schreiben, sondern nur eine Geschichte Israels. Weltumfassende Ereignisse wie die Schöpfung und Noahs Flut werden nur erwähnt, insofern sie Teil dieser Geschichte sind.

Im *2. Buch Mose (Exodus)* tritt Mose selbst auf den Plan. Das Buch erzählt, wie er und seine Landsleute aus der Sklaverei in Ägypten befreit wurden. Ein widerspenstiger Pharao, eine Reihe von Plagen und eine dramatische Flucht durch das Rote Meer gehören dazu. Das Buch schließt damit, dass sich die Israeliten in der Wüste am Fuße des Berges Sinai befinden und Mose auf dem Gipfel dieses Berges Anweisungen von Gott entgegennimmt, einschließlich der Zehn Gebote.

Im *3. Buch Mose (Levitikus)* werden kaum Geschichten erzählt. Es ist ein Buch voller Bestimmungen und Regeln für die Israeliten, in denen es um Tieropfer, die richtige Speiseordnung und Ähnliches geht. Die meisten Leute finden das etwa so interessant wie die Lektüre einer Versicherungspolice. Ein Satz wurde allerdings weltberühmt. In diesem eher langweiligen Buch fand Jesus das oberste Gebot »Liebe deinen Nächsten wie dich selbst«.

Das 4. Buch Mose (Numeri) hat seinen Namen von der Volkszählung, die durchgeführt wurde, während das Volk Israel in der Wüste war. Die Israeliten verbrachten ungefähr ein Jahr damit, ein Heiligtum für Gott zu bauen. Dieses Heiligtum, die Stiftshütte, kann man sich als eine Art tragbaren Tempel vorstellen. Damals war es üblich, dass jedes Volk einen Tempel für seinen Hauptgott hatte. Das *4. Buch Mose* berichtet auch darüber, dass sich das Betreten des gelobten, das heißt: von Gott zugesagten, versprochenen, verheißenen Landes um 40 Jahre verzögerte, weil Gottes Volk Gott ungehorsam war.

Das 5. Buch Mose (Deuteronomium) enthält die leidenschaftliche Rede von Mose kurz vor seinem Tod, als die 40 Jahre Wartezeit zu Ende waren. Er ermahnt darin das Volk, sich an alles zu erinnern, was er es gelehrt hat. Er hebt hervor, dass Gott ihnen ein eigenes Land gegeben hat, das schon vor langer Zeit den Nachkommen Abrahams versprochen worden war. Deshalb wurde es auch als das »verheißene Land« bezeichnet. Nur wenn die Israeliten Gott treu bleiben würden, sollten sie in diesem Land auch bleiben dürfen.

Die Geschichtsbücher

Während die ersten fünf Bücher der Bibel von der Tradition her Mose zugeschrieben werden, ordnet man die folgenden zwölf keinem konkreten Verfasser zu. Sie setzten jedoch die Aufzeichnung der Geschichte des Volkes Israel fort. Diese zwölf Geschichtsbücher umfassen eine Zeitspanne von etwa tausend Jahren.

Das sechste Buch der Bibel heißt *Josua*. Josua war der Mann, der nach dem Tod des Mose die Führung des Volkes Israel übernahm. Das Buch erzählt, wie Israel das verheißene Land einnimmt. Nachdem das Volk Israel sich dort angesiedelt hat, stirbt Josua.

Das nächste Buch trägt den Titel *Richter* und fährt da fort, wo das Buch *Josua* endet. Die Führer des Volkes Israel nach Mose und Josua wurden Richter genannt. Sie wurden nicht als Könige betrachtet, führten aber Israel im Kampf gegen fremde Unterdrücker an. Das kleine Buch *Rut*, das danach folgt, erzählt die Geschichte einer konkreten Familie, die während der Zeit der Richter lebte. Die Bücher *1. Samuel, 2. Samuel, 1. Könige* und *2. Könige*, die unmittelbar auf *Richter* und *Rut* folgen, sind eine vierbändige Geschichte der Könige Israels. Die Israeliten, die das von Gott eingesetzte System der Richter leid waren, beschlossen, dass sie einen König wollten, weil alle anderen Völker um sie herum ebenfalls von Königen regiert wurden. Es gab eine lange Linie von Königen. Sie war noch länger als die Linie der Richter. Und am Ende dieser Ära wurde das Volk Israel von den Babyloniern geschlagen und aus dem verheißenen Land in die Gefangenschaft geführt.

1. Chronik und *2. Chronik* wiederholen die Geschichte der Könige Israels, die von *1. und 2. Samuel* bis *1. und 2. Könige* wiedergegeben wird. So haben wir mehrfache Berichte über die Könige Israels genauso wie wir mehrfache Berichte über das Leben Jesu haben (*Matthäus, Markus, Lukas* und *Johannes*). Jedesmal ist es dieselbe Geschichte aus einer anderen Perspektive.

Die letzten drei Geschichtsbücher, *Esra, Nehemia* und *Ester*, berichten über die Zeit nach der Vertreibung des Volkes Israels aus dem verheißenen Land. Viele Israeliten wurden über die ganze Welt verstreut, aber einige von ihnen kehrten zurück, um ihren Wohnort wieder aufzubauen in dem Land, das den Nachkommen Abrahams verheißen worden war. Der Ruhm des Volkes war verblasst, aber die Hoffnung der Menschen auf eine glückliche Zukunft immer noch vorhanden.

Die Weisheitsliteratur und die poetischen Bücher

Die ersten 17 Bücher der Bibel zeichnen Geschichte auf. Wenn wir beim 18. Buch ankommen, erkennen wir eine abrupte und krasse Veränderung. Ja, die nächsten fünf Bücher stellen eine ganz eigene Rubrik dar. Man nennt sie »Weisheitsliteratur« oder »poetische Bücher«. Wir werden später noch auf die Art und das Wesen dieser Literaturgattung zurückkommen und näher darauf eingehen.

Das erste Buch in dieser Rubrik ist das Buch *Hiob*. Die Handlung findet ganz am Anfang und ganz am Ende des Buches statt, der größte Teil ist Dialog. Es liest sich wie ein Theaterstück. Das Thema: Die Leiden der Gottesfürchtigen.

Das Buch der *Psalmen* ist, wie bereits erwähnt, aus 150 einzelnen Stücken zusammengestellt. Ein Psalm ist wie ein Lied. Manche Psalmen sind traurig, andere fröhlich, wieder andere nachdenklich und manche bersten förmlich vor Energie.

Die *Sprüche* sind eine Sammlung von . . . nun ja, Sprüchen, und zwar über 500 davon. Obwohl sie schon vor langer Zeit niedergeschrieben wurden, handeln sie mit großer Weisheit vom Wesen des Menschen, das sich anscheinend im Laufe der Jahrtausende nicht besonders stark verändert hat.

Der *Prediger Salomos* hat wieder einen anderen Schreibstil. Das Buch liest sich wie ein Essay. Es lobt die Weisheit, räumt aber auch ein, dass sich auch bei aller Weisheit nicht alle Fragen beantworten lassen. Das letzte Buch aus diesem Abschnitt ist das *Hohelied Salomos,* das in Form eines Liebesgedichtes geschrieben ist. Seine bunte und sinnliche Sprache können einen zum Erröten bringen.

Die Prophetenbücher

Die ersten 22 Bücher der Bibel handeln von Mose, von der Geschichte des Volkes Israel, oder sie enthalten Dichtung. Die übrigen 17 Bücher des Alten Testaments sind bekannt unter der Bezeichnung »Prophetenbücher«. Die ersten fünf dieser Bücher nennt man die »großen Propheten« und die restlichen zwölf Bücher heißen die »kleinen Propheten«. Die Einteilung in große und kleine Propheten bezieht sich nicht auf ihre Körpergröße, sondern auf den relativen Umfang ihrer Schriften. Die Schriften der ersten Gruppe sind allgemein länger als die der zweiten Gruppe.

Jesaja hat ein gutes Jahrhundert vor dem Ende des Königreichs Juda und der Verbannung des Volkes aus dem verheißenen Land davon gesprochen und geschrieben. *Jeremia* hat dann selbst diese schreckliche Zeit der Verbannung miterlebt. Die *Klagelieder* sind Trauergesänge über die Zerstörung des Landes. *Hesekiel* ist einer derer, die nach Babylon in die Gefangenschaft geführt wurden. Auch *Daniel* wurde aus Juda weggeführt und verkündigte auf fremdem Boden das Wort Gottes.

Die restlichen zwölf Propheten (die kleinen Propheten) – *Hosea, Joel, Amos, Obadja, Jona, Micha, Nahum, Habakuk, Zefanja, Haggai, Sacharja und Maleachi* – haben zwar vom Umfang her weniger geschrieben, aber sie prangerten mit dem gleichen Eifer das Böse an und sie waren genauso sicher in ihrer Hoffnung auf Gott.

Die ersten neun der »kleinen Propheten« wirkten etwa zur gleichen Zeit wie Jesaja bis Jeremia. Die letzten drei lebten nach der Rückkehr des Volkes Israel aus der Verbannung. Wenn wir die fünf Bücher Mose (die Geschichtliches sowie Gesetze enthalten) zu den Geschichtsbüchern zählen, dann können wir die 39 Bücher des Alten Testamentes wie folgt unterteilen:

> Geschichtsbücher – 17
> Weisheitsliteratur – 5
> Prophetenbücher – 17

Wenn man also die Bücher der Bibel durchsieht, sind nicht nur bestimmte Buchtypen erkennbar, sondern auch ein Mengenverhältnis, das man sich gut merken kann. Der größte Teil der Geschichte Israels ist in den ersten 17 Büchern zu finden. Die Weisheitsliteratur und die prophetischen Bücher enthalten auch geschichtliche Einzelheiten, aber diese Einzelheiten passen in den Rahmen, der in den ersten 17 Büchern festgesetzt worden ist. Der Geschichtsaspekt wird erst mit den vier Evangelien im Neuen Testament wieder aufgegriffen.

Die vier Evangelien

Matthäus, Markus, Lukas und *Johannes* gehören zu den bekanntesten Verfassern biblischer Bücher. Fast jeder hat ihre Namen schon einmal gehört und weiß, dass sie über das Leben Jesu geschrieben haben. Jedes dieser vier Bücher wird als ein »Evangelium« bezeichnet, was soviel wie »gute Nachricht« heißt und sich auf Jesus bezieht – sein Leben, sein Tod und seine Auferstehung. Jedes Evangelium betrachtet den Dienst und die Botschaft von Jesus Christus aus einem anderen Blickwinkel.

Wie die historischen Berichte der früheren Bücher der Bibel, erzählen die Evangelien hauptsächlich von Worten und Taten. Geschliffene Beschreibungen des Umfeldes, der Atmosphäre, die ausführliche Darstellung von Handlungsmotiven oder innere Monologe, wie wir es aus der modernen Literatur gewöhnt sind, fehlen weitgehend. Die Erzählungen der Bibel spornen einen nicht so sehr an, weiter zu blättern, sondern fordern zum Innehalten und Nachdenken auf. Man will nicht unbedingt wissen, »wie es ausgeht«, sondern begreifen, was da steht.

Apostelgeschichte

Alle vier Evangelien enden mit der Auferstehung Jesu vom Tod drei Tage nach seiner Kreuzigung. Die *Apostelgeschichte* setzt an diesem Punkt ein und berichtet von Jesu Himmelfahrt 40 Tage nach seiner Auferstehung. Der Rest des Buches geht von der Annahme aus, dass Jesus im Himmel tätig ist, während die Jünger auf der Erde wirken. Aus den Schülern sind Lehrer geworden.

Mit dem Ende des Buches der Apostelgeschichte kommt auch das Ende der Geschichte der Bibel. Einiges von dem, was sonst noch während dieser Zeit geschah, kann aus den Briefen hergeleitet werden, die noch folgen. Aber diese Einzelheiten stimmen mit der Geschichte überein, die von den Evangelien und der Apostelgeschichte dargelegt wird, genauso wie die Weisheitsliteratur und die Prophetenbücher mit dem Zeitrahmen übereinstimmen, der durch die vorhergehenden Geschichtsbücher gesetzt wird.

Die Briefe der Apostel und die Offenbarung des Johannes

Die restlichen Bücher der Bibel sind allesamt Briefe. Sie wurden in der Zeit der ersten christlichen Gemeinden geschrieben – bevor die Kirche eine feste Einrichtung wurde. Damals war es eine Bewegung ... eine Bewegung von Leuten, die glaubten, dass der jüdische Messias namens Jesus wirklich vom Tod auferstanden war und im Himmel regierte.

Man geht davon aus, dass die meisten der Briefe von einem Jünger namens Paulus geschrieben wurden (*Römer, 1. und 2. Korinther, Galater, Epheser, Philipper, Kolosser, 1. und 2. Thessalonicher, 1. und 2. Timotheus, Titus* und *Philemon*). Was die anderen Briefe angeht: Der *Hebräerbrief* gibt seinen Verfasser nicht preis. Es gab einen einzelnen Brief von Jakobus *(Jakobus),* dann zwei Briefe von Petrus *(1. und 2. Petrus)* und drei von Johannes *(1., 2. und 3. Johannes)*. Die Bibel endet schließlich mit einem kleinen Brief von Judas *(Judas)* und einem »Knüller« von Johannes *(Offenbarung)*, der kein Brief ist, sondern als prophetisches Buch bezeichnet werden muss.

Gut sortiert

Es wird später noch mehr über jedes einzelne der biblischen Bücher zu sagen sein. Im zweiten Teil des vorliegenden Bibelführers gibt es ein Kapitel für jede Abteilung der Bibel. Fürs erste haben wir jetzt jedoch einen kurzen Rundgang durch die Bibelbibliothek beendet. Bitte beachten Sie, dass wir keines der biblischen Bücher umgestellt haben. Wir haben sie in der Reihenfolge genannt, in der wir sie vorgefunden haben und wir haben gemerkt, dass sie gesammelt und geordnet worden sind.

Eine andere Möglichkeit, den Aufbau der Bibel zu verstehen, besteht darin, sie wie ein Spielkartenblatt zu betrachten. Wenn man nach dem Geben bei einem Kartenspiel sein Blatt in der Hand hält, dann sortiert man in der Regel als erstes die Karten, die man bekommen hat. Wie man die Karten sortiert, hängt davon ab, welches Spiel gespielt werden soll. Im Allgemeinen sortiert man nach Farben (alle Kreuz zusammen, alle Pik zusammen, alle Herz und alle Karo). Dann sortiert man die Karten noch einmal innerhalb der jeweiligen Farbe nach ihrem Wert, entweder aufsteigend oder absteigend. Vielleicht ordnen Sie ihr Blatt anders als ein anderer Mitspieler.

Vielleicht ändern Sie sogar hin und wieder ihr eigenes Ordnungssystem. Das Wesentliche ist auch nicht, *welche* Ordnung Sie haben, sondern dass es überhaupt eine Ordnung gibt. Und der Zweck des Ordnens besteht darin, einen Überblick über das eigene Blatt zu haben und die Karten zu finden, wenn man sie braucht. Die Karten in ihrem Bibelblatt sind nach einer bestimmten Ordnung sortiert. Erst nach der Farbe. Das heißt Geschichtsbücher, Weisheitsliteratur etc. Dann innerhalb jeder Farbe wieder nach einer anderen Ordnung, chronologisch zum Beispiel, also nach ihrem Entstehungszeitpunkt.

Vielleicht haben Sie die biblischen Bücher auch anders sortiert. Vielleicht haben wir die Prophetenbücher vor die Weisheitsliteratur gestellt. Oder wir haben sie alle alphabetisch nach dem Titel geordnet. Frauen sortieren ihre Bücher oft ganz anders als Männer – sogar wenn sie dieselben Bücher lesen. Es ist nicht unsere Absicht, eine Ordnung zu kritisieren. Die ist im Falle der Bibel sowieso festgeschrieben. Wir wollen die Ordnung einfach nur verstehen, damit wir ein bestimmtes Buch auch finden, wenn wir es suchen.

Und wenn der Aufbau meiner Bibel mit dieser Liste nicht übereinstimmt?

Enthält Ihre Bibel weniger Bücher als die, die ich aufgezählt habe? Dann könnte es eine Auswahlbibel sein, in der sich nur bestimmte Teile der Bibel befinden oder es ist möglicherweise eine jüdische Bibel. In einer modernen jüdischen Bibel fehlen die vier

Evangelien, die Apostelgeschichte und die Briefe (also das, was als Gesamtheit das »Neue Testament« genannt wird). Außerdem tauchen die Bücher vielleicht in einer anderen Reihenfolge auf und unter anderen Bezeichnungen als die von mir genannten. Beispielsweise werden möglicherweise die Bücher, die ich als *1. und 2. Chronik* bezeichnet habe, zusammengefasst einfach *Chroniken* genannt. Und oft sind die zwölf »kleinen Propheten« zu einem Buch gebündelt. Wenn sie solche Zusammenfassungen enthalten, haben manche jüdische Bibeln lediglich 22 Bücher, aber der Inhalt wäre vom Umfang und Inhalt her derselbe wie in den 39 Büchern, die ich von Mose bis *Maleachi* aufgezählt habe. Und welche Ordnung und Zusammenstellung von Büchern Sie in Ihrer Bibel auch vorfinden mögen, Sie werden immer die fünf Bücher Mose am Anfang finden, denn wie wir ja bereits festgestellt haben, sind diese fünf Bücher der Grundstein der Bibel – egal, welche Fassung Sie vor sich haben. Selbst wenn Ihre Bibel kürzer ist als die von mir beschriebene, wird Ihnen der vorliegende Leitfaden eine Hilfe sein.

Wenn Ihre Bibel mehr Bücher enthält als ich aufgezählt habe, dann haben Sie wahrscheinlich eine katholische oder orthodoxe Bibel vor sich. Auch manche protestantischen Gruppen benutzen eine längere Bibel. Die zusätzlichen Bücher gehören zum Alten Testament, denn die 27 Bücher des Neuen Testamentes sind heutzutage eigentlich unbestritten. Alle Bibeln mit einem Neuen Testament enthalten diese 27 Bücher – nicht mehr und nicht weniger. Die zusätzlichen Bücher im Alten Testament werden auch Apokryphen genannt (nicht zu verwechseln mit der »Apokalypse«, wie das Buch der *Offenbarung* auch manchmal genannt wird). Die Anzahl der Bücher, die zu den Apokryphen gerechnet werden, ist unterschiedlich: Bei den Katholiken sind es mehr als bei den Protestanten; bei den Orthodoxen sind es wiederum mehr als bei den Katholiken. In allen Fällen handelt es sich um relativ wenig Stoff. In Ihrer Bibel sind diese Bücher vielleicht in einem eigenen Abschnitt zwischen dem Alten und dem

Neuen Testament zu finden, oder sie sind in die Bücher des Alten und Neuen Testamentes »eingearbeitet«. Sie wurden nach den Propheten aber vor der Zeit Jesu geschrieben. Ob sie in Ihrer Bibelausgabe vorhanden sind oder nicht, ändert nichts an der Bedeutung, die die Bibel für uns hat.

Für unsere Zwecke gehen wir von den biblischen Büchern aus, die in allen Bibeln zu finden sind, und lassen die Apokryphen einmal beiseite.

»66 plus X« Schriftstücke in der Bibel

Wir haben festgestellt, dass die Bibel ein sehr dickes, umfangreiches Buch ist. Und wir haben entdeckt, dass sie so umfangreich ist, weil sie nicht nur *ein* Buch ist, sondern eine Sammlung von Büchern. Wir haben außerdem festgestellt, dass sie eine unglaubliche Vielfalt enthält, und zwar nicht nur in Bezug auf den Umfang der einzelnen Bücher, sondern auch in Bezug auf deren Form und Stil. Wir haben gesehen, dass die Bücher systematisch gesammelt worden und auf eine bestimmte Weise geordnet sind. Wir haben festgestellt, dass die Bibel mindestens 66 eigenständige Schriften enthält, und ich sage »mindestens«, weil wir ja auch gemerkt haben, dass sich das einzelne Buch der Psalmen noch einmal in 150 einzelne Schriftstücke unterteilen ließe. Und wenn man dann bedenkt, dass über 500 verschiedene Sprichwörter das Buch der Sprüche ergeben, dann kommen wir auf eine sehr hohe Anzahl einzelner Stücke in der Bibel, von denen manche sehr klein sind.

Wir brauchen uns vom Umfang der Bibel jedenfalls nicht mehr einschüchtern zu lassen. Sie ist kein umfangreiches, dickes Buch, sondern eine Sammlung kleiner Bücher. Wenn Sie in die Bibliothek gehen, um sich dort ein Buch auszuleihen, dann haben Sie ja auch kein schlechtes Gewissen, weil sie nicht auch alle anderen Bücher lesen, die dort stehen. Vielleicht lesen Sie ein paar von den Büchern, vielleicht aber auch nur das eine. Sie sind einfach nur glücklich darüber, dass Sie ein Buch zum Lesen haben und Sie freuen sich, dass es dort noch mehr Bücher gibt, die Sie sich holen können, wenn Sie es möchten. Und das macht die Anziehungskraft der Bibel aus. Der Umfang, der uns früher eingeschüchtert hat, ist jetzt einladend und anziehend für uns. Zwischen den beiden Umschlagseiten findet sich immer etwas, das interessant und kurz genug ist, dass wir es lesen.

Die Bibel ist wie ein kaltes Büfett, das alle möglichen unterschiedlichen Geschmacksrichtungen befriedigen kann. Man kann immer wieder hingehen und dabei herausfinden, was einem besonders gut schmeckt. Das eine, was wir probieren, schmeckt uns ausgezeichnet, etwas anderes ist ein echter »Reinfall«, schmeckt einem aber vielleicht zu einer anderen Zeit. Ich mochte als Kind auch keinen Spargel – jetzt liebe ich ihn. Menschen, deren einzige Erfahrung mit der Bibel darin besteht, dass sie vergeblich versucht haben, sie von vorne bis hinten durchzulesen, »verderben sich den Magen« und halten nicht viel von der Bibel.

Ich möchte jetzt nicht den Eindruck erwecken, als hätte ich etwas dagegen, die Bibel von vorn bis hinten durchzulesen. Es kann Zeiten geben, da möchte man genau das tun und man ist hinterher froh, dass man es dann auch gemacht hat. Aber weil die Bibel eigentlich und ursprünglich als Sammlung, als eine Art Anthologie gedacht war, warum sollten wir da erwarten, dass sie unsere Aufmerksamkeit fesselt, als ob sie wie ein Roman geschrieben wäre? Romanautoren, besonders diejenigen, die umfangreiche Bücher schreiben, wissen, dass das Interesse des Lesers geweckt und ständig wach gehalten werden muss. Die Bibel kann einen solchen Anspruch in der Regel nicht Seite um Seite erfüllen, und zwar ganz einfach, weil sie dazu gar nicht gedacht war.

Wenn Ihnen die verschiedenen Abschnitte der Bibel zunehmend vertrauter werden, werden Sie merken, dass Ihnen im Umgang mit ihr immer wohler wird. Die einzelnen Bezeichnungen für die Abschnitte der Bibel erinnern mich an Pralinenschachteln, wie man sie manchmal geschenkt bekommt. Auf der

Unterseite der Schachtel sind manchmal »Pralinenporträts« zu finden. Die einzelnen Pralinen werden abgebildet und beschrieben. Von außen sehen alle Pralinen ähnlich aus, weil sie alle mit Schokolade überzogen sind, aber jede hat eine andere Füllung. Da gibt es eine Sorte, die möchte man vielleicht nicht so gern erwischen, und deshalb orientiert man sich auf der Schachtelunterseite.

Und schließlich – denken Sie einmal an den Aufbau und den Umfang einer Tageszeitung. Sie berichtet nicht nur über ein paar wichtige Tatsachen, beispielsweise nur über Erdbeben, sondern sie vermittelt uns eine Vielzahl von Tatsachen, große und kleine, die wir gar nicht alle auf einen Schlag verarbeiten können. Wenn ich zu meiner Frau sage, dass ich die Zeitung fertig gelesen habe, dann geht sie nicht davon aus, dass ich wirklich alles aufgenommen habe, was darin steht. Selbst wenn ich sie noch so gründlich gelesen habe, habe ich bestimmt nicht die Kleinanzeigen gelesen und die Werbung. Selbst Leute, die Aktien besitzen, lesen in der Regel nur die Zeilen im Wirtschaftsteil, die den Wert ihrer Aktien anzeigen (oder der Aktien, die sie gern hätten). Genauso enthält auch die Bibel viel mehr Informationen als wir verarbeiten können.

Es gibt vieles in der Bibel, was wir einfach nur überfliegen. Aber wie bei der Zeitung, suchen wir irgendwann hastig genau nach dem Teil, den wir früher übersprungen haben. Als ich noch klein war, habe ich in der Tageszeitung alles übersprungen, um zu den Cartoons zu kommen. Doch das Leben geht weiter. Deshalb ist es unmöglich zu sagen, welche Teile der Bibel wichtig sind und welche man überfliegen oder gar überspringen kann.

Hat es bei Ihnen zu Hause schon mal folgenden Dialog gegeben?

»Der Hund hat Teile von der Zeitung zerfetzt.«

»Wichtige Teile?«

»Kommt drauf an. Ich zeig dir die unzerkauten Teile und sehe dann, ob du erleichtert aussiehst oder deprimiert.«

Wichtig ist, was den Einzelnen interessiert. Und was jetzt interessant ist für Sie, interessiert Sie in zehn Jahren vielleicht kein bisschen mehr. Man muss sich einfach damit beschäftigen und es selbst herausfinden.

Was Sie sich aus diesem Kapitel unbedingt merken sollten, ist, dass sich die Bibel viel leichter liest, wenn man sie als Sammlung betrachtet und nicht als ein einzelnes gigantisches Buch und dann entsprechend vorgeht. Wenn Sie Ihre dicke Wochenendausgabe der Tageszeitung nur Wort für Wort und von vorne bis hinten lesen dürften, dann würden Sie sie wahrscheinlich bald gar nicht mehr lesen, genau so wie Sie die Bibel gar nicht mehr lesen, wenn Sie es auf diese Art tun müssen. Nur weil Sie wissen, dass Ihre Tageszeitung nach einer bestimmten Ordnung aufgebaut ist, können Sie sich die Teile heraussuchen, die interessant für Sie sind. Je vertrauter Ihnen der Aufbau der Bibel wird, desto häufiger greifen Sie nach ihr und desto mehr Spaß macht es Ihnen, darin zu lesen.

Aber den Aufbau der Bibel als eine Sammlung einzelner Bücher zu verstehen, ist nur einer der Aspekte, die das Lesen erleichtern. Es gibt einen weiteren Faktor, der uns die Bibel erschließt. Bananen kauft man nicht nur in einem Bündel, sondern sie haben auch eine Schale. Wenn man sich eine aus dem Bund ausgesucht hat, die man essen möchte, muss man immer noch die Schale entfernen, bevor man hineinbeißt. Lassen Sie mich das im folgenden Kapitel erklären.

2) Was zur Bibel hinzugefügt wurde

Bananen wachsen in Stauden. Sie können vom Baum geerntet und genau so an Ihren Tisch geliefert werden. Sie sehen die Banane, die Sie essen möchten, und pflücken sie von der Staude ab. Sie ziehen die Schale ab und beißen hinein. Obwohl Sie die Schale nicht essen, sind Sie dankbar dafür, dass sie ihren Zweck erfüllt hat. Sie hat nämlich die Banane, die Sie jetzt gerade genüsslich verspeisen, frisch gehalten und geschützt.

Im letzten Kapitel haben wir festgestellt, dass die Bibel eine Art »Bücherstaude« ist. Das vorliegende Kapitel soll zeigen, dass jedes Buch der Bibel eine bestimmte Verpackung hat, oder, um im Vergleich zu bleiben, eine Schale. Das heißt, es gibt Elemente, die nicht von den ursprünglichen Verfassern stammen. Diese Elemente sind im Nachhinein von anderen hinzugefügt worden, als Verständnishilfe für uns Leser. Wir müssen allerdings wissen, dass diese Elemente hinzugefügt wurden, sonst hindern sie uns am Verstehen. Ich werde Ihnen zeigen, was ich damit meine.

Kapitel und Verse

Die Einteilung unserer Bibel in Kapitel und Verse stammt nicht von den ursprünglichen Verfassern. Sie wurde erst viele Jahre später hinzugefügt. Es ist wichtig, dass wir nicht glauben, Matthäus hätte sein erstes Kapitel geschrieben, wäre dann zum zweiten gekommen und so weiter. Vielleicht unterteilen wir damit seine Gedanken auf eine Art, wie er es gar nicht gewollt hätte. Und bestimmt wird es dadurch viel schwieriger, sein Buch zu lesen.

Wenn heute ein Buch in Kapitel unterteilt ist, stammt diese Unterteilung vom Autor. Kapitel sind für ein Buch, was einzelne Sätze für einen Absatz sind. Sie unterteilen die Gedanken des Autors in »mundgerechte« Stücke. Aus diesem Grund bestimmt der Verfasser, wo die Kapitelunterteilungen sind, genauso wie er bestimmt, wo die Satzzeichen hinkommen.

Aber die Kapitelunterteilungen in der Bibel wurden nicht von den Verfassern der Texte festgesetzt, die wir jetzt in der Bibel lesen. Sie wurden erst Jahrhunderte nach der Entstehung der Texte eingebracht, als die Verfasser schon lange tot waren. Die ursprünglichen Verfasser haben die Unterteilungen weder geplant noch beabsichtigt. Aber wir sind so an Bibeln mit Kapitel- und Versunterteilungen gewöhnt, dass wir manchmal vergessen, wie unnatürlich das eigentlich ist. Die Kapitel- und Versnummerierungen in den Briefen der Apostel beispielsweise sollten uns genauso fremd vorkommen wie folgendes:

Liebe Tante Susi

Kapitel 1

1. Letzte Woche waren wir in der Stadt und
2. haben dort erfahren, dass ...

Vielleicht wird Ihre Korrespondenz eines Tages so wertvoll sein, dass man ein Nummerierungssystem einsetzt, damit die Menschen sich intensiv mit diesen Briefen befassen und sie studieren können. Aber das heißt nicht, dass die Briefe von Ihnen ursprünglich auch so verfasst wurden.

Eigentlich ist die Unterteilung in Kapitel und Verse ja auch gar nicht schlecht, denn sie ist eine Orientierungshilfe. Ich habe ja als Beispiel schon das größte Gebot erwähnt, das Jesus in den tiefsten Tiefen des 3. Buches Mose gefunden hat. Wenn Sie diesen Abschnitt finden wollten, wäre Ihnen dann wohl dabei, das nur mit dieser einen Information suchen zu müssen? Wohl kaum. Aber wenn ich schreiben würde »3. Mose 19,18«, dann wüssten Sie genau, an welcher Stelle Sie nachschauen müssten. Zuerst würden Sie das neunzehnte Kapitel des 3. Buches Mose finden. Und dann würden Sie zum achtzehnten Vers weitergehen und dort würden Sie die Worte »Liebe deinen Nächsten wie dich selbst« finden.

Das System der Kapitel- und Versnummerierung ist so hilfreich wie die Längen- und Breitengrade auf dem Globus und auf Weltkarten. Sie versetzen uns in die Lage, bestimmte Punkte auf der Erde zu finden. Der Grand Canyon beispielsweise liegt an einem Punkt in der Nähe des 36. Breitengrades und des 112. Längengrades. Wenn Sie aber zum Grand Canyon fahren wollten, dann würden Sie wahrscheinlich den Fremdenführer nicht fragen: »Wo sind denn die Linien?« Sie wissen nämlich, dass es sich dabei um imaginäre Linien handelt. Sie sind nicht wirklich in der Landschaft zu finden.

Wenn wir den Umgang mit dem Globus lernen, dann lernen wir auch die richtige Anwendung der Linien, die darauf verlaufen. Wenn wir Bibellesen lernen, dann lernen wir auf ganz ähnliche Weise den Umgang mit den Kapitel- und Versnummern. Die Linien sind unverzichtbar, wenn man bestimmte Stellen finden möchte, aber sie sollten nicht mit dem Text selbst verwechselt werden. Zuerst gab es die Erde und erst sehr viel später die Längen- und Breitengrade. Erst gab es die Bibel und erst viel später die Kapitel- und Versunterteilung. Wir sollten lernen, über die Kapitel- und Versunterteilungen hinwegzulesen, genau so wie wir über die Linien der Längen- und Breitengrade auf dem Globus hinwegsehen.

Manche Bibeln haben sogar innerhalb der einzelnen Kapitel noch speziell gekennzeichnete Absätze. Man könnte argumentieren, dass die Verfasser ja auch logisch vorgegangen sind und sich solche später hinzugefügten Unterteilungen nur an ihrem gedanklichen Gerüst orientieren. Das ist ein gutes Argument, denn anscheinend ist es der Stil der Bibel, absatzartige Abschnitte zu bündeln. Auf diese Weise würde es eigentlich besser passen, sie in Abschnitte einzuteilen als in Kapitel und Verse. Wir dürfen aber nicht vergessen, dass all diese Arten der Einteilung nur Annahmen sind, die häufig, aber eben nicht immer, zutreffen. Die ursprünglichen Verfasser der Bibel hatten nicht die Absicht, Absätze oder Verse zu nummerieren oder ihr Geschriebenes in Kapitel zu unterteilen.

Ein Teil der Bibel, zu dem die Kapiteleinteilung wunderbar passt, ist das Buch der *Psalmen*. Jeder Psalm stellt ein eigenes Kapitel dar und dadurch gibt es eine Entsprechung zwischen der

Unterteilung der Kapitel und der Unterteilung der Gedanken. Aber das ist auch eine der wenigen Stellen in der Bibel, wo das so hundertprozentig der Fall ist. Gleich als Nächstes folgen ja die *Sprüche* und dort können die Unterteilungen ausgesprochen irreführend sein. Einige der Sprüche bestehen nämlich aus einer oder zwei Zeilen, aber andere sind auch länger. Die 31 Kapitel der *Sprüche* vermitteln den Eindruck, als gäbe es 31 ordentlich abgegrenzte Abschnitte. Aber wenn man das Buch der Sprüche dann liest, stellt man fest, dass sie gar nicht so ordentlich und eindeutig abgegrenzt sind. Aber dann wieder kann man im Vergleich auch sagen, dass das Gitter aus Längen- und Breitengraden auf dem Globus auch genauer und gerader ist, als die Erdoberfläche in Wirklichkeit aussieht. Auch wenn Landesgrenzen manchmal genau auf den Längen- bzw. Breitengraden liegen, so ist das doch eher die Ausnahme.

Druck und Bindung

Eine weitere hilfreiche Hinzufügung zur Bibel, die richtig verstanden sein will, sind Druck und Bindung. Wenn man 66 Bücher in derselben Schrifttype druckt, alle 66 gleich gestaltet und sie dann zusammenklebt, entsteht ein Eindruck von Einheitlichkeit, die aber in den Originaltexten ganz und gar nicht vorhanden war. In der Oberstufe des Gymnasiums bekamen wir ein sehr dickes Buch mit Texten. Es war eine Anthologie, die eine Vielfalt der wichtigsten Beispiele guter Literatur enthielt. Es gab Gedichte und Geschichten, manche Stücke waren humorvoll, andere tragisch. Auf der einen Seite stand eine Abenteuergeschichte, auf der nächsten ein Meditationstext. Dieses Buch konnte man nicht locker von vorn bis hinten durchlesen; manchmal ging das Lesen von einer Seite bis zur nächsten nicht einmal locker. Aber das Buch war auch gar nicht dazu gedacht, dass man es von vorn bis hinten durchlas. Es war vielmehr wie eine Art Lesebüfett gedacht. Dabei isst man zwar alles vom selben

Teller, aber man isst trotzdem nicht den Salat mit dem Löffel oder die Suppe mit der Gabel. So wie die Art des Essens bestimmt, wie man es essen sollte, so gibt die Art der Literatur vor, wie man sie liest.

Die äußere Einheitlichkeit verdeckt jedoch häufig, wie vielfältig die biblischen Bücher sind. Ein Teil dieser Vielfalt ist aber dennoch erkennbar. Wir können beispielsweise an der Zeilenanordnung auf der Seite erkennen, dass die *Psalmen* anders gelesen werden als die Regeln und Bestimmungen im *3. Buch Mose*. Lyrik sieht anders aus als Prosa. Aber es gibt viele Bibeln, in denen die Gesetze im *2. Buch Mose* genauso gedruckt sind wie der sehr persönliche Brief an *Philemon*. Und der Stil eines Briefes an einen guten Freund unterscheidet sich doch eigentlich erheblich von dem eines Briefes ans Finanzamt.

Wenn zwei verschiedene Bücher genau gleich gedruckt sind, dann sollten Sie sich dadurch nicht zu dem Rückschluss verleiten lassen, man könne sie im gleichen Tempo lesen. Denken Sie daran, dass es sich hier um eine Sammlung ganz unterschiedlicher Bücher handelt, von verschiedenen Verfassern in ganz unterschiedlichem Stil geschrieben.

Überschriften der Bücher

Ein weiteres Beispiel späterer Hinzufügung zum Zweck der Einheitlichkeit sind die Überschriften der einzelnen Bücher. Die meisten Bücher wurden von ihren ursprünglichen Verfassern nicht betitelt. Genau wie die Kapitel- und Versunterteilungen folgten die Buchüberschriften erst später, damit man sie besser identifizieren konnte. Jedes Buch musste eine Bezeichnung haben, damit es von den anderen zu unterscheiden war.

Manche Überschriften beziehen sich auf das Thema des Buches (beispielsweise *Exodus* und *Genesis*), andere wurden nach dem Verfasser bezeichnet (*Jesaja, Jeremia*) und wieder andere nach den Empfängern (*Römer, Epheser*). Die Überschriften wurden von denen gemacht, die die Bücher aufbewahrten und hegten, nicht von den Verfassern selbst. Es liegt auf der Hand, dass Jakobus seinen Brief nicht mit »Jakobus« überschrieben hätte. Sie würden ja wahrscheinlich auch nicht Ihre Briefe mit »Jutta« oder »Jürgen« überschreiben, auch wenn das Ihr Name wäre. Und all das führt uns zu einem weiteren interessanten Punkt.

Was an der Bibel fehlt

Manches, was wir sonst bei Büchern gewohnt sind, fehlt hier offensichtlich. Zum Beispiel:

– Den Büchern der Bibel fehlt zwar nicht der Titel, aber es fehlen ihnen *Titel, wie wir sie aus anderen Sachbüchern gewohnt sind*. Die Buchtitel, die wir kennen, sind Schöpfungen der Autoren oder der Verlage, bei denen der Versuch unternommen wurde, die Aussage des Buches in einem Satz auf den Punkt zu bringen. Ein Titel wie beispielsweise »Kochen mit Wurzelgemüse« benennt das Thema des Buches. Wenn aus dem Titel nicht ganz eindeutig oder nicht deutlich genug hervorgeht, worum es darin geht, greift man oft zu Untertiteln.

Man muss allerdings auch sehen, dass die biblischen Buchtitel gar nicht so aussagekräftig sind. Sie sind nicht völlig überflüssig, aber ein einzelnes Wort, hin und wieder zusammen mit einer einzelnen Ziffer *(1. Chronik)* ist kaum so befrachtet mit Informationen oder Anspielungen, wie wir es sonst von Buchtiteln gewohnt sind. Außerdem wurden die meisten Titel der biblischen Bücher von den Lesern gemacht, weil die Originalschrift gar keinen Titel hatte. Deshalb gibt es in der Bibel nicht die Art von Buchtiteln, die wir sonst gewohnt sind.

– In den Büchern der Bibel fehlt zwar nicht die Unterteilung in Kapitel, aber es fehlen *Kapitel der Art, wie wir sie kennen*. Wir sind Kapitelunterteilungen gewohnt, die dem Zweck des Buches dienen sollen – wobei jedes einzelne Kapitel ein genau abgegrenzter Schritt dorthin ist, nämlich uns am Gedankengang des Verfassers entlang zu führen. Wie wir ja bereits festgestellt haben, dienen die Kapiteleinteilungen in den Büchern der Bibel lediglich dem Zweck, beim Auffinden bestimmter Stellen zu helfen. Der Verfasser war gar nicht anwesend, als über eine Einteilung gesprochen wurde. Deshalb gibt es keine Kapiteleinteilung, wie wir sie gewohnt sind.

– Es gibt ein Inhaltsverzeichnis der gesamten Bibel, aber für die einzelnen Bücher gibt es keins. Auch das ist für uns ungewohnt. Die meisten Bücher haben ein Inhaltsverzeichnis, in dem der Verfasser den von ihm verfolgten Kurs festlegt. Die Verfasser der Bibel stellen einen solchen Leitfaden nicht zur Verfügung. Deshalb fehlt uns auch die Art von Inhaltsverzeichnis, wie wir es sonst gewohnt sind.

– Weil es zur Zeit, als die Bibel verfasst wurde, noch keine Urheberrechte gab, können wir die Bücher nicht so genau datieren, wie wir es von einem Buch eigentlich erwarten. Wir schlagen normalerweise die ersten Seiten eines Buches auf und können dort im Impressum feststellen, wann der Autor dieses Buch geschrieben hat, zumindest aber wann die erste Auflage erschienen ist. In den Büchern von heute ist ein Impressum mit Angaben zum Copyright und anderen urheberrechtlichen Informationen Vorschrift. Archäologen, Historiker und Bibelwissenschaftler können Schätzungen darüber abgeben, wann die einzelnen biblischen Bücher verfasst wurden, aber sie sind sich längst nicht immer einig und mit neuen historischen Erkenntnissen können sich ihre Schätzungen auch ändern. Deshalb gibt es die Art von Datierung, die wir sonst aus Büchern kennen, in der Bibel nicht.

Damals gab es noch kein Verlagswesen wie heute. Wenn das der Fall gewesen wäre, dann wären die aufgezählten »fehlenden« Dinge wahrscheinlich vorhanden. Aber damals waren sie einfach nicht nötig. Es ist wie mit Straßen und Verkehrsschildern. Im Altertum gab es Straßen, genau wie heute, aber an unseren Straßen stehen viel mehr Verkehrsschilder. Wir flitzen so schnell in der Gegend herum, dass wir einfach auf sie angewiesen sind. »Keine Durchfahrt« . . . »Bahn kreuzt« . . . »Tempo 100« . . . »Ausfahrt 500m«. Solche Schilder hätten eine Landschaft im Altertum nur verschandelt. Wahrscheinlich hätten die Menschen damals keine 100 km/h fahren können, selbst wenn sie es gern gewollt hätten. Die Literatur des Altertums war weniger hektisch als unsere, genauso wie der Straßenverkehr damals weniger hektisch war.

Wenn man häufiger in der Bibel liest, dann beunruhigt es einen nicht mehr so sehr, dass griffige Titel, Inhaltsverzeichnisse, sinnvolle Kapiteleinteilungen und die Daten der Erstveröffentlichung fehlen. Man kann auf der Straße auch ohne die zusätzlichen Verkehrszeichen unterwegs sein, die man sonst gewohnt ist. Man kann der einfachen Straßenführung leicht folgen. Vielleicht empfindet man das gemütliche Tempo der Straße von damals sogar als angenehm. Je mehr Sie auf diesen Straßen unterwegs sind, desto besser werden Sie verstehen, was ich damit meine.

Anmerkungen und Übersetzung

Zusätzlich zu den Überschriften der einzelnen Bücher, zu den Kapiteln und der Verseinteilung gibt es in unseren Bibeln oft noch eine Vielzahl von Anmerkungen. Auch sie wurden nicht von den ursprünglichen Verfassern zusammengestellt, sondern von Leuten, die die Bibel studiert haben.

Aus manchen Büchern kennen wir Fußnoten, aber in der Bibel tauchen solche nicht nur unten auf der Seite auf, sondern auch am Seitenrand oder mitten im Text. Es gibt verschiedene Möglichkeiten, die Anmerkungen zu ordnen und jede Bibel hat ein eigenes System. Viele Menschen mögen keine Bücher mit vielen Fußnoten, weil sie das zu sehr an Schule und Studium erinnert. Aber man kann das Auge wirklich so trainieren, dass es die Fußnoten überliest, genauso wie man auch Kapitel- und Versunterteilungen überlesen kann.

Wie schon gesagt, stammen diese Anmerkungen nicht von den Verfassern selbst. Warum stehen sie dann da? In vielen Fällen haben die Anmerkungen mit der Übersetzung einer bestimmten Zeile oder eines Ausdrucks zu tun. Wenn in Ihrer Bibel nicht das Alte Testament auf Hebräisch und das Neue Testament auf Griechisch abgedruckt ist, dann handelt es sich um eine Übersetzung. Die meisten Menschen auf der Welt beherrschen heute weder Hebräisch noch Griechisch und deshalb sind die meisten gedruckten Bibeln Übersetzungen.

Rein technisch gesehen ist die Übersetzung vielleicht nichts, was zur Bibel hinzugefügt wurde. Trotzdem ist das Übersetzen ein Prozess, den die Bibel durchlaufen hat, bevor sie in unsere Hände gelangt ist. Übersetzen ist gar nicht so einfach. Selbst die gescheitesten Gelehrten und Wissenschaftler sind sich oft nicht darüber einig, wie ein bestimmter Satz oder Ausdruck am treffendsten übersetzt wird. Wenn irgendetwas nicht ganz klar ist, fügen sie eine Fußnote ein, die andere Übersetzungsmöglichkeiten nennt. Oder die Übersetzung ist ganz klar, es soll aber noch eine Anmerkung hinzukommen, durch die die Bedeutung noch klarer wird. Wenn beispielsweise ein Wort als »Heiden« übersetzt wird, könnte eine Anmerkung hinzugefügt werden, in der darauf hingewiesen wird, dass mit diesem Begriff alle Nichtjuden gemeint sind. Solch eine Anmerkung macht die Übersetzung klarer.

Wenn es um solche Anmerkungen geht, gehen die Wissenschaftler, die mit biblischen Texten arbeiten, sehr respektvoll mit dem Originaltext um, weil sie ihn möglichst unverfälscht weitergeben möchten. Das heißt, Anmerkungen werden in der Regel so angefügt, dass der Text möglichst genau so aussieht, wie es der ursprüngliche Verfasser beabsichtigt hat. Der Text ist das, was der Verfasser selbst geschrieben hat, die Anmerkungen daneben oder darunter sind Hinzufügungen. Die Verfasser der Bibel haben nie Fußnoten oder Anmerkungen eingebracht, weil sie in der Sprache ihrer Zuhörer bzw. Leser schrieben. Anmerkungen zur Übersetzung waren deshalb gar nicht nötig.

Was die Übersetzungen angeht, streitet man sich darüber, welche »am besten« oder »richtig« sind. Die meisten Leute kümmern sich um solche Streitigkeiten gar nicht. Allgemein lässt sich vielleicht sagen, dass die meisten Übersetzungen gut sind, aber keine perfekt ist. Natürlich gibt es bei den Vereinten Nationen gute und weniger gute Übersetzer und selbst bei den sehr guten verstehen wir vielleicht nicht jedes Wort. Aber solange wir verstehen, worum es geht, sind wir zufrieden.

Wenn Sie mit der Bibel zufrieden sind, die Sie haben, dann ist das gut so. Es gibt darin vielleicht manche Zeilen, die etwas ungewöhnlich klingen, aber Ihr Schwager sagt auch manchmal Dinge, die Sie nicht so ganz verstehen. Wenn Sie der Meinung sind, dass es für Sie vielleicht eine bessere Übersetzung geben könnte, suchen Sie die nächste Buchhandlung auf und schauen Sie, was es dort gibt. Je mehr Sie in der Bibel lesen, desto besser wissen Sie, welche Art von Übersetzung Sie gern hätten. In der Regel lässt sich aus dem Vorwort jeder Ausgabe gut ablesen, was mit dieser speziellen Übersetzung beabsichtigt wird.

Manche Übersetzungen streben das genau entsprechende Wort an (»Du salbst mein Haupt mit Öl«), während andere lieber mit Übertragungen arbeiten (»Du begrüßt mich als deinen Gast«). Manche Übersetzer arbeiten mit einem kleineren Wortschatz als andere, um die Bibel für jüngere Leute lesbarer zu machen. Es gibt verschiedene Arten, einen Kuchen zu zerteilen. Und Sprache verändert sich ja auch ständig. Deshalb gibt es immer Gelegenheiten für neue Übersetzungen. Manche Leute greifen lieber nach neuen Übersetzungen, während andere glücklich mit den alten sind. Wie viele andere Leute auch, landen Sie am Ende vielleicht bei mehreren unterschiedlichen Übersetzungen, weil jede für Sie persönlich Ihren besonderen Reiz und ihre spezielle Anwendungsmöglichkeit hat.

Querverweise und Parallelstellen

Wenn die Seiten einer Bibel wirklich ganz voll aussehen, dann liegt das wahrscheinlich daran, dass zusätzlich zu den Anmerkungen Querverweise einbezogen wurden. Querverweise beziehen einen bestimmten Abschnitt auf andere Abschnitte mit ähnlichen Gedankengängen oder Ausdrücken. Ein Beispiel:

In Johannes 3,14 spricht Jesus von sich selbst als dem Menschensohn und sagt:

»Und wie Mose in der Wüste die Schlange erhöht hat, so muss der Menschensohn erhöht werden.«

Wenn Sie eine Bibel mit Querverweisen haben, dann wird irgendwo beim Wort »Mose« oder »Schlange« eine kleine Zahl oder ein Buchstabe eingefügt sein. In den Anmerkungen auf der entsprechenden Seite finden Sie dann den entsprechenden Eintrag. An der besagten Stelle steht wahrscheinlich: »4. Mose 21,9«. Das bezieht sich auf den neunten Vers des 21. Kapitels des vierten Buches Mose. Wenn Sie diesen Abschnitt aufschlagen, werden sie den Vorfall finden, auf den sich Jesus hier bezieht. Es wird dort berichtet, wie Mose in der Wüste eine Schlange aus Bronze hochhielt, die auf einem Stab befestigt war. Die Menschen, die Jesus zuhörten, waren fast alle Juden und kannten sich in der Geschichte ihres Volkes gut aus. Sie wussten, auf welchen Vorfall Jesus hier anspielte. Für uns, die wir Tausende Jahre später in der Bibel lesen und vielleicht nicht vertraut sind mit der Geschichte des Volkes Israel, ist ein solcher Querverweis eine echte Hilfe.

Aber nicht alle Querverweise sind so konkret und direkt. In 1. Korinther 13,13 beispielsweise kommt die folgende Zeile vor:

»Nun aber bleiben Glaube, Hoffnung und Liebe, diese drei; aber die Liebe ist die größte unter ihnen.«

Der Querverweis dazu kann ein Vers mit ähnlichem Inhalt sein wie beispielsweise 1. Johannes 4,16, wo es heißt: ». . . Gott ist die Liebe . . .«

Neben den Querverweisen, die auf einen Vers hinweisen, die thematisch mit dem erzählten Sachverhalt zu tun haben, gibt es noch eine besondere Art Querverweis: die so genannten »Parallelstellen«. Die Geschichte Jesu etwa ist uns in vier Varianten (den vier »Evangelien«) erzählt. Einige Geschichten aus dem Leben Jesu, etwa die Kreuzigung, haben wir also viermal, immer aus unterschiedlicher Perspektive. Wird in einem Evangelium auf die drei anderen verwiesen und die betreffenden Stellen werden genannt, so spricht man von Parallelstellen. Ähnliches gibt es im Alten Testament, wenn Stellen aus den Samuel- oder Königsbüchern in den Chronikbüchern noch einmal erzählt werden.

Nicht alle Querverweissysteme sind gleich. Aber Sie verstehen jetzt wahrscheinlich das Prinzip dahinter, nämlich Gedankenverbindungen durch die verschiedenen Bücher der Bibel hindurch aufzuzeigen. Manche Querverweissysteme sind so kompliziert, dass es im Text von winzigen Buchstaben und Zahlen nur so wimmelt und selbst das beste Auge sich anstrengen muss. Für Menschen, die Bücher mit Fußnoten als zu wissenschaftlich verabscheuen, ist so etwas ein wahrer Alptraum. Aber es gibt zwei einfache Lösungen. Sie können eine Bibel ohne Querverweise kaufen, dann sind die Seiten übersichtlicher. Oder Sie trainieren es, all das Kleingedruckte zu überlesen.

Die zweite Lösung ist vielleicht die bessere, weil man nie weiß, wann man doch einmal einen Exkurs machen möchte, um zu sehen, was andere Autoren der Bibel zu den gleichen Gedanken zu sagen haben. Wenn man hin und wieder solche Exkurse macht, dann kann man Erstaunliches über die Bibel erfahren, nämlich: wie einheitlich sie eigentlich ist.

Bisher habe ich Ihnen unablässig eingebläut, wie vielfältig die Bibel ist und wie sehr es ihr an Einheitlichkeit mangelt. Was hat es nun also mit der Einheitlichkeit auf sich? Diese Einheitlichkeit gibt es nicht, was Stil und Form angeht, aber sehr wohl in Bezug auf die Grundgedanken. Was Mose gesagt hat, hat Jesaja geglaubt. Was Mose und Jesaja gesagt haben, hat Jesus geglaubt. Was Mose, Jesaja und Jesus sagten, glaubte Petrus. Obwohl jedes einzelne Buch der Bibel unabhängig für sich gelesen werden kann, baut ihr Denken immer auf dem auf, was zuvor geschrieben wurde.

Querverweise zu benutzen ist nicht die einzige Möglichkeit, die innere Stimmigkeit der Bibel zu erkennen. Sie wird auch deutlich, wenn man die Bücher selbst liest. Inmitten all der Vielfalt – Einheitlichkeit. Sie spiegelt die Menschheit selbst wider. Inmitten all der Vielfalt gibt es Dinge, die wir alle gemeinsam haben. Völlig ungeachtet unserer Hautfarbe, unseres Geschlechts und Hunderter anderer Dinge, die uns unterscheiden, gibt es im menschlichen Leben eine Gleichheit, die uns alle verbindet. Und die Einheitlichkeit der Verfasser der Bibel geht sogar noch weiter, denn sie betrachteten Gott und das Leben mit derselben Grundeinstellung.

Je mehr Sie in der Bibel lesen, desto mehr werden Sie darüber staunen, wie Autoren, die von ihrer Persönlichkeit her so unterschiedlich waren und zu so unterschiedlichen Zeiten gelebt haben, die Dinge so ähnlich sehen konnten. Es ist wie das Wunder, das es manchmal in Ehen gibt, wo der Mann und die Frau vom Temperament her so unterschiedlich sind, aber trotzdem ein ganz ähnliches Weltbild haben und mit gleicher Stimme sprechen. Wie ein Orchester mit Instrumenten, die so unterschiedlich sind wie Pikkoloflöte und Tuba, fröhliche Musik macht, ergänzen sich die Verfasser der Bibel auf unbeschreibliche Weise. Mehr will ich dazu an dieser Stelle nicht sagen. Wie bei der Schönheit eines Sonnenaufgangs werden Sie überwältigt sein, wenn Sie das erkennen, und jede Beschreibung davon, die Sie schon einmal gehört haben, wird Ihnen unzulänglich erscheinen.

Was sonst noch hinzugefügt wurde

Die Reihe von Elementen, die der Bibel hinzugefügt werden können, ist schier endlos. Ich will gar nicht versuchen, sie alle zu nennen.

Bisher habe ich ja die Elemente aufgezählt, die in fast jeder Ausgabe zu finden sind.

Im Folgenden ein paar, die nicht in jeder Bibel auftauchen.

Zwischenüberschriften: In verschiedenen Bibelausgaben haben die Herausgeber die Kapitel der Bibel, die ja manchmal sehr lang sein können, noch einmal in »mundgerechte Stücke«, also in Sinneinheiten aufgeteilt und diesen Unterteilungen Zwischenüberschriften gegeben. Diese sind wie eine Inhaltsangabe und heißen etwa »Judas Sieg über die Kanaaniter« oder »Gleichnis vom verlorenen Sohn«.

Sowohl die Aufteilung als auch die Überschriften sind also »Verpackung« und gehören nicht zum ursprünglichen Text der Bibel. Sie können in verschiedenen Bibelausgaben auch ganz unterschiedlich sein. In der Regel sind sie eine nützliche Hilfe, um den Überblick zu behalten und sinnvolle kürzere Abschnitte zum Lesen zu finden.

Konkordanz: Das ist ein alphabetischer Index, den man manchmal hinten in der Bibel findet. Dort sind Begriffe aufgeführt, das Buch (einschließlich Kapitel- und Versangabe), in dem dieser Begriff zu finden ist, und zumindest ein paar Wörter, die vor und nach dem Stichwort stehen, damit man einen Zusammenhang erkennen kann. Ein solcher Eintrag könnte so aussehen:

LIEBE
3Mo 19,18 l. deinen Nächsten wie dich selbst
Lk 6,27 l. deine Feinde
1Kor 13,13 die L. ist die größte unter ihnen
1Joh 4,16 Gott ist L.

Jede Konkordanz in einer Bibel ist selektiv, muss sich also auf eine Auswahl von Stichwörtern beschränken. Aber es gibt auch spezielle Konkordanzen, in denen jedes Wort für sich aufgelistet ist mit jeder Stelle, an der es vorkommt. Es braucht wohl nicht speziell erwähnt zu werden, dass solche Konkordanzen ziemlich voluminöse Schwarten sind.

Fett gedruckte Stellen: Irgendwann ist jemand auf die Idee gekommen, besonders wichtige Bibelstellen fett zu drucken. Das ist in etwa so, als unterstreiche man für sich selbst besonders wichtige Stellen.

Landkarten: Kein Verfasser eines biblischen Buches hat jemals eine Karte gezeichnet – jedenfalls ist es niemandem gelungen, eine solche Karte bis heute zu erhalten. Die Karten werden auf der Grundlage archäologischer und historischer Forschungsergebnisse erstellt. Meistens gibt es mehr als eine Karte in einer Bibel, weil sich Grenzen und Ortsnamen im Laufe der Zeit verändert haben. Man denke nur einmal daran, wie sehr sich die Karte Deutschlands im Laufe der vergangenen 300 Jahre verändert hat. Die Geschichte der Bibel umfasst etwa die fünffache Zeitspanne! Normalerweise sind die Karten bezeichnet, damit man weiß, welche Karten sich auf welche biblischen Bücher beziehen.

Besondere Kennzeichnung von Zitaten aus dem Alten Testament: Die meisten Bücher des Neuen Testamentes zitieren direkt aus dem Alten Testament. Viele Bibelausgaben kennzeichnen solche Zitate nicht nur mit Anführungszeichen, sondern drucken sie darüber hinaus fett oder kursiv oder auf andere Weise vom übrigen Text abgesetzt. So kann beispielsweise Paulus (dessen Schriften zum Neuen Testament gehören) Mose (dessen Schriften zum Alten Testament gehören) etwa so zitieren (das Zitat steht in 1. Korinther 9,9–10):

»Denn im Gesetz des Mose steht geschrieben: › *Du sollst dem Ochsen, der da drischt, das Maul nicht verbinden.* ‹ Sorgt sich Gott etwa um die Ochsen? Oder redet er nicht überall um unsertwillen? Ja, um unsertwillen ist es geschrieben . . .«

Die Übersetzer machen den Leser darauf aufmerksam, dass Paulus hier aus dem Alten Testament zitiert, indem sie die Schriftart ändern. Wenn Ihre Bibel Querverweise enthält, dann steht dort jetzt bestimmt, wo genau dieser Vers im Alten Testament steht. Paulus selbst hat die Stelle nicht angegeben, weil ja, wie bereits festgestellt, die Kapitel- und Versnummerierung erst viel später erfolgte, nachdem die Bibel schon längst vollständig war.

Nun könnten Sie natürlich mit Recht sagen, dass eine besondere Kennzeichnung gar nicht nötig war, weil Paulus ja ausdrücklich darauf hinweist, dass er hier Mose zitiert. Aber bei vielen Zitaten gibt es solche Hinweise nicht. In solchen Fällen hat der Verfasser einen Hinweis unterlassen, weil er davon ausgegangen ist, dass die Leser oder auch Zuhörer ohnehin wussten, woher das Zitat stammt. Die Übersetzer versuchen, uns in unserer mangelnden Bibelkenntnis zu helfen. Und selbst in Fällen, wo jemand wie Paulus konkret die Herkunft des Zitates benennt, markiert der Übersetzer die Stelle auch, einfach um der Einheitlichkeit willen.

Einleitungen und Gliederungen: In einigen Bibeln gibt es von Theologen verfasste Einführungen in jedes biblische Buch. Zu solchen Einführungen gehören der Name des Verfassers, der das betreffende biblische Buch geschrieben hat, der ungefähre Entstehungszeitpunkt des Buches und eine kurze Erläuterung des Inhalts. Vielleicht merken Sie, dass der Zweck all dieser Maßnahmen darin besteht, uns all die »Merkmale« zu bieten, nach denen wir normalerweise suchen, wenn wir anfangen, ein Buch zu lesen. Das kann hilfreich, aber auch irritierend sein. Wissenschaftler, die sich mit der Bibel befassen, sind sich nämlich nicht immer einig über Entstehungszeitpunkt und Verfasserschaft der biblischen Bücher. In solchen Punkten können sich verschiedene Bibelausgaben durchaus unterscheiden.

Kommentare: In manchen Bibelausgaben gibt es Kommentare und Anmerkungen zu bestimmten Themen. In manchen wird auf den kulturellen Hintergrund der biblischen Zeit eingegangen. Andere erklären, wie die biblische Geschichte mit anderen historischen Aufzeichnungen zusammenpasst. Theologische Kommentare in einer Bibel sind nicht selten aus einer bestimmten theologischen Position heraus geschrieben. In einer anderen Bibel können solche Kommentare daher wieder ganz anders lauten.

Listen: So wie in der Konkordanz Kapitel und Verse aufgeführt werden, in denen bestimmte Wörter und Begriffe vorkommen, können auch Listen erstellt werden, in denen Kapitel und Verse zu bestimmten Themen zusammengestellt wurden. Zum Beispiel kann es eine Auflistung aller in der Bibel enthaltenen Gebete geben. Oder eine Liste der Wunder. Oder eine Liste aller Könige des Volkes Israel. Es gibt da fast unbegrenzte Möglichkeiten.

Und noch mehr Hinzugefügtes

Außer den bisher genannten gibt es noch mehr Hinzufügungen zur Bibel, die von Menschen vorgenommen wurden, um das Bibellesen und die Beschäftigung mit der Bibel zu vereinfachen.

Es gibt sogar Bibeln, die offiziell »Studienbibeln« heißen. Darin gibt es wesentlich mehr Anmerkungen und Querverweise als in normalen Bibeln. Außerdem gibt es darin für jedes biblische Buch eine Einleitung und eine Gliederung. Studienbibeln haben eine bestimmte Lesergruppe im Blick. Sie können beispielsweise für Teenager konzipiert sein, für Theologiestudenten oder für Angehörige einer bestimmten Konfession oder theologischen Ausrichtung.

Wir wollen uns hier mit der Feststellung begnügen, dass manchmal in eine Bibel so viele Zusatzinformationen hineingestopft werden, dass kaum noch erkennbar ist, was davon noch Bibeltext ist. Manchmal muss man einfach all die Hilfsmittel beiseite lassen und den Text für sich selbst sprechen lassen. Es ist nichts dagegen einzuwenden, wenn man sich nach einer politischen Wahlrede einen Kommentar im Fernsehen dazu anhört oder einen Leitartikel in der Tageszeitung liest, aber wenn man seine eigene Meinung bilden will, dann ist es vielleicht ganz nützlich, den Kommentar erst einmal zu überspringen. Wenn man Bibeltexte für sich selbst sprechen lässt, dann können sie viel sagen. Psalm 23 beispielsweise hat schon viele Herzen angerührt, ohne dass das Datum der Erstveröffentlichung angegeben oder jede Einzelheit analysiert war.

Wie gehe ich mit den Hinzufügungen um?

Das folgende Kapitel soll dabei helfen, eine Trennlinie zu ziehen zwischen den Schriften der Bibel und der Verpackung, in der man sie bekommt. Wir wissen die Verpackung und auch die Bezeichnungen zu schätzen, aber wir wollen beides nicht mit den Inhalten durcheinanderbringen. Sonst beißen wir nämlich in die ungenießbare Schale und die köstliche Banane flutscht dabei an den Seiten heraus. Vielleicht ist jetzt der richtige Zeitpunkt, darauf hinzuweisen, dass auch die Begriffe »Altes Testament«, »Neues Testament« und »Bibel« Bezeichnungen sind, die ebenfalls erst lange nach der Entstehung der biblischen Schriften erdacht wurden.

Es war nicht so, dass Jesaja bei sich dachte: »Ich glaube, Gott möchte, dass ich einen Band für die prophetische Abteilung der Bibel schreibe«, sondern er schrieb ganz einfach, was er schreiben musste. Seine Mit-Israeliten bewahrten und schätzten seine Schriften hoch. Als Jesus kam, sprach er von diesen Schriften mit derselben Hochachtung wie von den Schriften des Mose.

Und auch Paulus hat nicht gesagt: »Ich glaube, ich sollte ein Buch fürs Neue Testament schreiben und *Galater* wäre doch eigentlich ein ganz passabler Titel.« Wenn man den *Galaterbrief* liest, erkennt man sofort, dass es sich dabei um einen Brief handelt, den Paulus an die Christen in einer Region namens Galatien schrieb. Sie hatten ein Verständnisproblem und Paulus half ihnen dabei, es zu lösen. Es war ganz und gar nicht so, dass er ein Manuskript ablieferte, das zu einem Buch namens Bibel gehören sollte, geschweige denn zu dem Teil »Neues Testament« dieses Buches.

Das Wort »Bibel« kommt in der Bibel selbst überhaupt nicht vor. Diese Bezeichnung wurde erst verwendet, nachdem alle Bücher gesammelt und geordnet worden waren. Während die Schriften gesammelt wurden, hatten die Verfasser alle möglichen Bezeichnungen für diese Sammlung, aber der Begriff »Bibel« war nie darunter. Die frühesten Bezeichnungen für diese Schriftensammlung beziehen sich alle auf Mose, wahrscheinlich weil er als Verfasser der ersten Bücher der Bibel galt: »Das Gesetz des Mose«, »Das Gesetz des Herrn« oder einfach »Mose«. Weil die anderen zusätzlichen Schriften für das Werk von Propheten gehalten wurden, wurde der gängige Begriff für diese Schriften »Mose und die Propheten« oder etwas Ähnliches. Zur Zeit des Neuen Testamentes war eine weitere gängige Bezeichnung »Schrift« oder »Schriften«, oft mit dem hinzugefügten Adjektiv »heilig«.

Wenn man in der Bibel auf diese ganz unterschiedlichen Bezeichnungen stößt, ist das eine Bekräftigung der Tatsache, dass die Bibel nicht als ein einzelnes Buch verfasst wurde. Dass jemand diese Schriften zusammengestellt und sie an uns weitergegeben hat, ist zwar ganz wunderbar, aber wir sollten diese Zusammenstellung nicht mit den Schriften verwechseln, die darin enthalten sind. Ebenso wie »Bibel« ein Begriff ist, der für die Schriftensammlung verwendet wird, so sind auch die Begriffe »Altes Testament« und »Neues Testament« Begriffe, die hinzugefügt wurden, um beim Ordnen der Inhalte zu helfen. Inhalte wie beispielsweise Geschichte, Weisheitsliteratur, Prophetie etc.

Ihre Bibel umfasst also eine Sammlung von Schriften, die im Laufe von etwa 1500 Jahren von Dutzenden von Autoren verfasst wurden. Während sie zusammengetragen und geordnet wurden, hat man der Sammlung zur besseren Verständigung bestimmte Namen gegeben. Dazu gehören auch die Begriffe »Bibel« und »Altes und Neues Testament«, sowie die Titel der meisten anderen Bücher.

Diese Verpackung und die Bezeichnungen wie auch das andere Beiwerk wie Querverweise, Kommentare usw. erscheinen uns zwar oft wichtig, können die eigentlichen Inhalte aber auch überlagern. Wir müssen dafür sorgen, dass jede der Schriften mit ihrer eigenen Stimme weiterklingt und wir müssen die Verpackung jedesmal wieder entfernen, wenn wir merken, dass sie stört. Leute, die der Meinung sind, dass die Bibel kein lesbares Buch ist, haben meistens die Verpackung noch gar nicht entfernt. Es ist, als äßen Sie einen Schokoriegel, der noch in Papier verpackt ist.

Wer Bananen mag, weiß, dass man nicht ein ganzes Bündel auf einmal essen muss, und dass man auch nicht die Schale mitessen muss. Man entscheidet selbst, wie hungrig man ist. Man sucht sich entweder eine kleine oder eine große Banane aus. Man zieht die Schale ab und dann isst man. Und dann achtet man auch noch darauf, dass nicht noch diese langen bitteren Fasern an der Banane sind. Die muss man ebenfalls entfernen, bevor man abbeißen kann.

Und das alles ist uns nicht zu mühsam. Es ist auch nicht schwieriger, Bezeichnungen und Zahlen in der Bibel einmal außer Acht zu lassen, als die Linien auf einem Globus zu ignorieren. Wenn man so vorgeht, dann erlebt man die Vielfalt und

Lebendigkeit der Schriften. Dann versteht man nicht mehr nur Bahnhof, sondern erkennt lebendige Literatur. Man sieht nicht nur Buchstaben und Zahlen, sondern Licht und Leben. Man benutzt die Bezeichnungen zwar immer noch, aber man benutzt sie so, dass sie einen nicht mehr irritieren können.

Jedoch selbst wenn es uns gelingt, die Bibel von ihrer Verpackung zu befreien, gibt es bestimmte Stellen beim Lesen, in denen wir einfach versinken. Ich möchte zeigen, wie man solche Sümpfe vermeiden kann. Oder wie man wieder herauskommt, wenn man darin stecken geblieben ist. Wer weiß? Wenn Jesus auf Wasser gehen konnte, dann können wir vielleicht über Sümpfe gehen. Lassen Sie mich einige der gängigen Möglichkeiten aufzeigen.

3) Moderne Leser und die alte Bibel

Jetzt haben wir also die Verpackung von der Bibel entfernt und sind so weit, »hineinzubeißen«. Aber wie so oft, wenn wir etwas Unbekanntes probieren: Wenn wir den ersten Bissen im Mund haben, merken wir, dass der Geschmack dessen, was wir da zu uns nehmen und auch die Beschaffenheit dessen, was wir kauen, für uns ganz neu und ungewohnt sind. Es sei denn, wir sind es gewohnt, uns mit Literatur zu befassen, die vor Tausenden von Jahren geschrieben wurde. (Das ist ein weiterer Grund für all die Verpackung: Geschmack und Struktur von etwas zu erhalten, das vor langer Zeit geschrieben wurde.)

Die Autoren des Altertums haben anders geschrieben als moderne Autoren; sie verwendeten andere Wörter und formulierten anders. Ihre Themenwahl, ihr Hauptaugenmerk beim Schreiben und selbst der Ton unterscheiden sich erheblich von ihren modernen Entsprechungen. Bibelübersetzer machen sich schon einige Mühe, um diese alten Schriften für uns »normal« klingen zu lassen. Dennoch haben die antiken Schriften, insbesondere die biblischen, einen Stil, der sich von Literatur von heute unterscheidet. Es ist ein sehr einfacher Stil – so einfach, dass wir manchmal darüber stolpern.

Keine Sorge: Es dauert nicht lange, Geschmack am Stil der Bibel zu finden. In vielerlei Hinsicht ist es einfacher, sich daran zu gewöhnen, als an den Stil moderner Autoren. Je mehr man in der Bibel liest, desto mehr Gefühl bekommt man für sie. Bis es aber so weit ist, möchte ich auf ein paar Möglichkeiten hinweisen, wie man sich den Texten annähern kann, damit sie einem beim Lesen nicht mehr so fremd vorkommen.

Den Zeitunterschied überbrücken

Abgesehen von konkreten Dingen wie Namen und Daten hat die Bibel außerdem einen altertümlichen und auch fremdartigen Stil, an den sich der moderne Leser erst gewöhnen muss. Es ist fast 2000 Jahre her, seit die letzte Schrift der Bibel abgeschlossen wurde. Ich habe mich in der Schulzeit mit dem Satzbau in Shakespeares Dramen abgemüht, und das ist nur 400 Jahre her. Ich habe sogar meine Schwierigkeiten mit den Dialekten in Mark Twains Werken gehabt und seine Werke sind erst vor etwa 100 Jahren entstanden. Die Zeitlosigkeit der biblischen Wahrheiten und die Einfachheit ihres Stils können für sich in Anspruch nehmen, nach all der Zeit immer noch Leser zu finden.

Vielleicht ist die Bibel *für* die Nachwelt geschrieben worden, aber sie ist nicht *an* die Nachwelt geschrieben worden. Die Schrift war nicht in einer Zeitkapsel versiegelt mit der Anweisung, diese erst im Jahre 2000 n.Chr. zu öffnen. Sie war für die Menschen von damals geschrieben. Wenn wir beispielsweise die Briefe des Neuen Testamentes lesen, dann lesen wir die Korrespondenz zweier Parteien. Sie beziehen sich darin auf Situationen, Gedanken und Gebräuche, die uns heute unbekannt sind. So lange wir nicht mit der Erwartung an die Bibel herangehen, auch jede kleine Andeutung zu verstehen, können wir sie mit

Gewinn lesen. Wenn wir aber erwarten, dass jede einzelne Zeile für uns einen Sinn ergeben muss, so als wäre der Brief an uns persönlich adressiert, werden wir ständig frustriert sein.

Wenn Sie sich schon einmal mit alter Familienkorrespondenz beschäftigt haben, dann wissen Sie, dass nicht alles, was der Schreiber erwähnt, für Sie völlig verständlich ist. Manche Dinge werden Sie aber heute überhaupt nicht mehr nachvollziehen können. Wenn Briefwechsel schon nach einer oder zwei Generationen an manchen Stellen etwas unklar werden, warum sollten wir dann erwarten, dass jedes einzelne Wort in der Bibel für uns vollkommen klar und verständlich sein muss?

Wenn Sie in der Buchhandlung einen Krimi kaufen oder einen Liebesroman, dann können Sie sich darauf verlassen, dass dieses Buch für Sie geschrieben wurde. Der darin verwendete Wortschatz ist den meisten Menschen bekannt und vertraut. Wenn darin etwas Ungewöhnliches oder Unbekanntes vorkommt – Sitten, geographische Angaben oder bestimmte Ereignisse – dann werden diese Dinge im Text erklärt. Stellen Sie sich nun einmal vor, dass ein paar dieser Romane etwa 2000 Jahre aufbewahrt werden. Glauben Sie, dass die Menschen im Jahre 4000 all die Hinweise verstehen, die Sie verstanden haben? Natürlich nicht. Sie werden den allgemeinen Verlauf der Geschichte verstehen und auch etliches von den Begleitumständen, denn die Leidenschaften und Verhaltensweisen der Menschen überdauern alle Zeitalter. In der Bibel selbst heißt es ja: »Es ist nichts Neues unter der Sonne.« Aber vieles, was heute zum Allgemeinwissen gehört, wird bis dahin sehr altertümlich und möglicherweise auch unklar sein.

Die Bibel hat all die Jahre nur deshalb überdauert, weil sie von den unveränderlichen Themen der menschlichen Existenz handelt: Leben, Tod, Freude, Kummer, Errungenschaften, Scheitern und so weiter. Aber all diese Themen sind eingebettet in die Sprache des Altertums. Wenn man sich das immer wieder vor Augen führt, wird man beim Lesen auch angerührt.

Sind Sie schon einmal mit dem Auto über eine alte Kopfsteinpflasterstraße gefahren? So lange sie langsam fahren und mit
Geholper rechnen, werden Sie die Straße völlig in Ordnung finden und sie werden ihr Ziel erreichen. Wenn Sie aber an die glat-
te, asphaltierte Autobahn gewöhnt sind und nicht abbremsen,
dann werden sie kräftig durchgeschüttelt.

Die Bibel insgesamt ist alt und ihre einzelnen Teile haben unterschiedlich viele Jahre auf dem Buckel. Bei einer Zeitspanne
von über tausend Jahren zwischen der Entstehung der ersten
und der letzten Texte gibt es sehr viel Gelegenheit zur Veränderung des literarischen Stils zwischen den beiden Buchdeckeln
der Bibel. Bedenken Sie einmal Folgendes: Es ist zwischen der
Entstehung des ersten und des letzten Buches der Bibel mehr als
halb so viel Zeit vergangen wie zwischen der Entstehung des
letzten Buches und heute. Das heißt, man kann unterschiedliche
Schreibstile nicht nur zwischen der Bibel und moderner Literatur von heute erwarten, sondern auch zwischen den einzelnen
biblischen Büchern.

Die beste Möglichkeit, mit dem Alter und den stilistischen
Unterschieden der Bibel fertig zu werden, besteht darin, langsamer . . . zu . . . lesen . . . als . . . Sie . . . es . . . normalerweise . . . tun. Denken Sie an die Kopfsteinpflasterstraße! Wenn Sie
langsamer lesen, dann können Sie den Satzbau und auch den
Rhythmus erspüren. Dadurch können Sie den Gedankengängen
folgen und mehr von dem Sinn des Geschriebenen aufnehmen.
Selbst wenn Sie in einer Stunde nicht so sehr viele Seiten lesen
können, haben Sie danach vielleicht sehr viel mehr Wissen und
Verständnis pro Seite gewonnen, als Sie es gewohnt sind. Und
das ist so, weil in den biblischen Büchern eine unglaubliche
Dichte von Gedanken herrscht. Wenn Sie schnell lesen, können
Sie einfach nicht alles erfassen, was Sie gelesen haben.

Wenn Sie anfangen, langsamer zu lesen, lesen Sie aber lieber
auch nicht *zu* langsam, denn das wird Ihnen auch keinen Spaß
machen. Was ist denn nun das angemessene Tempo? Sie werden

es beim Lesen merken. Die Straße selbst zeigt Ihnen, wie schnell Sie fahren können. Wenn Sie dem Gedankenfluss auf einer Seite folgen und Sie daran denken, über die Verpackung hinauszublicken, dann werden Sie den Rhythmus dieses speziellen Buches spüren. Dieser Rhythmus kann sich sogar innerhalb ein und derselben Schrift verändern. Die Autoren des Altertums hatten vielleicht keine Ahnung von den Methoden des modernen Verlagswesens, aber sie wussten sehr wohl, wie man den Leser packt und mitreißt.

Wenn man sich einmal eingesteht, dass das Leben schwer ist, dann ist es ein bisschen einfacher, damit umzugehen. Nur wenn man davon ausgeht, dass das Leben auf jeden Fall einfach sein muss, ist es so schwierig, dass man kaum damit fertig werden kann. Ähnlich ist es, wenn man erst einmal begriffen hat, dass diese alten Texte langsam gelesen werden müssen. Wenn man das wirklich begriffen hat, kann man anfangen, etwas schneller zu lesen. Nur wenn man glaubt, man könnte sie in aller Eile verschlingen, sind diese Texte unmöglich zu verarbeiten.

Eher fürs Ohr als fürs Auge

In der Antike lasen die Menschen auch dann laut, wenn sie nur für sich lasen. Das stille Lesen, wie wir es heute praktizieren, war damals weitgehend unbekannt. Das ist nur ein Aspekt der Tatsache, wie sehr die Literatur des Altertums, besonders die in der Bibel, sich mehr am Ohr als am Auge orientierte.

Bedenken Sie, dass diese Schriften lange vor der Zeit der Druckpresse und des kommerziellen Verlagswesens erstellt wurden. Es war damals sehr schwierig, an Schreibmaterial zu kommen und Fotokopierer waren noch Zukunftsmusik. Wenn man also für ein großes Publikum schrieb, dann *Literatur zum Vorlesen.*

Heutzutage ist es völlig normal, in den Buchladen in der Nachbarschaft zu gehen und eine Bibel zu kaufen, wenn man das so beschlossen hat. Für die Menschen in der Antike war das nicht so einfach, selbst wenn sie wussten, dass es die Bibel gab. Viel wahrscheinlicher war es, dass sie Worte daraus bei irgendwelchen kirchlichen Festen hörten. Wenn man also damals eine Umfrage durchgeführt hätte, woher die Menschen die Bibel kannten, wäre man zu dem Ergebnis gekommen, dass der größte Prozentsatz sie vom Hören und nicht vom Selberlesen kannte.

Die Verfasser der Bibel wussten also, dass die Worte, die sie niederschrieben, laut vorgelesen werden würden. Das hatte auch Einfluss auf ihren Schreibstil. Geschriebene und gesprochene Sprache unterscheiden sich ja in vielerlei Hinsicht. Was beim einen funktioniert, braucht beim anderen gar nicht zu funktionieren. Wenn man bestimmte Dinge häufig wiederholt, kann das beispielsweise dem Zuhörer eine Hilfe sein, sich auch über längere Zeit auf das Thema zu konzentrieren. Beim stillen Lesen können solche Wiederholungen dagegen sehr störend wirken.

Deshalb haben auch gedruckte Reden nie die Wirkung wie die gesprochene Fassung. Und deshalb ist auch das Bibellesen für uns Leser von heute nicht so glatt und fließend – die Bibel wurde zum Vorlesen geschrieben.

Die Stammbäume, die uns beim Lesen so oft aus der Bahn werfen, waren möglicherweise sogar eine Methode der Verfasser, die Leser (d.h. Zuhörer) wach zu halten. Abrupte Stil- und Tempowechsel verhinderten, dass der Text eintönig wurde. Und in Büchern, in denen über Könige berichtet wird, wurde jeder neue König eingeführt und später dann »verabschiedet« mit einer Art Refrain »und König soundso starb und legte sich zu seinen Vätern«.

Solche Stichwörter zeigen deutlich, dass die Verfasser der Bibel sehr wohl wussten, wie man Eintönigkeit vermeidet. Wenn Sie schon einmal einer Gruppe etwas laut vorgelesen haben, dann wissen Sie, dass die Aufmerksamkeitsspanne der Zuhörer mehr als jede Kapitelunterteilung bestimmt, wann Sie aufhören müssen. Im Gegensatz dazu benutzt ein einzelner Leser, der still für sich liest, die Kapitelunterteilungen, um sein Lesen zu beschleunigen. Er sieht, dass es nur noch eine oder zwei Seiten bis zum Kapitelende sind und dann zwingt er sich, es bis dahin noch zu schaffen. Oder er stellt fest, dass das folgende Kapitel sehr lang ist und es deshalb keinen Zweck mehr hat, jetzt noch damit anzufangen. Solche visuellen Markierungspunkte sind für einen Zuhörer absolut keine Hilfe. Deshalb benutzt der Schreiber andere »Markierungen« wie beispielsweise gut platzierte Aussagen, die wie ein Refrain ständig wiederholt werden.

Der größte Teil der Bibel war ursprünglich mündlich überliefertes Material, das erst nachträglich niedergeschrieben wurde. Das heißt: Die Menschen haben damals Geschichten erzählt, die irgendwann schriftlich festgehalten wurden. Das bedeutet für uns, dass wir immer im Blick behalten müssen, dass die Bibel eigentlich zum Hören gedacht war. Und wenn Sie jemals in irgendeinem Abschnitt steckenbleiben, versuchen Sie einmal, ihn laut zu lesen. Vielleicht hilft Ihnen das weiter.

Kulturschock zwischen den Zeitaltern

Schafe, Weiden, Salböl und ähnliche Dinge, die zu biblischen Zeiten normal und bekannt waren, sind uns heute nicht mehr vertraut. Aber diese Aspekte der Kultur und der Zeit beeinträchtigen normalerweise nicht unser Verständnis. Wir greifen doch häufig auch nach Romanen, die uns in Gefilde bringen, mit denen wir heute nicht tagtäglich Kontakt haben. Aber es gibt einige Dinge, die konsternieren uns dann doch so, dass wir uns überlegen müssen, wie wir damit umgehen sollen.

Die Bibel spricht über Wunder, ohne sie zu erklären oder auch nur den Tonfall zu verändern. Anders ausgedrückt: Sie rechnet nicht mit Skepsis. Sie betrachtet die gesamte Schöpfung als ein einziges Wunder. Deshalb zeigt sie die gleiche Ehrfurcht vor einem Sonnenaufgang wie vor einem Tag, an dem die Sonne stillsteht. Sie staunt mit offenem Mund über *jede Geburt*, nicht wie wir nur über Geburten, die unter besonderen Umständen verlaufen sind. Sie betrachtet unsere gesamte Existenz als Wunder und das, was wir heute als Wunder betrachten, hält sie für eine ungewöhnliche, momentane Abweichung vom normalen Verlauf dieses Wunders.

Moderne Autoren haben in der Regel einen ganz anderen Ansatz. Jede Erwähnung des Wundersamen wird normalerweise hinterfragt und deshalb wird sofort irgendein Beweis oder eine Erklärung angeboten. An diesen Unterschied muss man sich als Leser gewöhnen.

Das ist auch einer der Gründe, weshalb ich Ihnen die Bibel so präsentiere, wie sie dasteht. Das heißt, ich interpretiere und übertrage nicht jeden Abschnitt und sage, dass Sie *dies* ganz ernst nehmen müssen, aber *das* nicht. Wissenschaftler, die sich mit der Bibel befassen, nehmen oft eine Verteidigungshaltung ein. Sie merken, dass bestimmte Dinge vom modernen Menschen nur schwer zu akzeptieren sind und versuchen, das auszugleichen, indem sie dem Leser sagen, was er als glaubhaft betrachten kann und was nicht. Die Folge ist, dass der arme Leser mit archäologischen Tatsachen und wissenschaftlichen Theorien bombardiert wird und dabei den Überblick darüber verliert, welche Zeilen angeblich zuverlässig sein sollen und welche nicht. Ich denke, es ist viel besser, den Text einfach so zu nehmen, wie er da steht und ihn für sich selbst sprechen zu lassen. Wenn es einem Buch an Integrität fehlt, dann haben die meisten Leser genügend Urteilsvermögen, um das zu merken. Wenn es der Bibel an Integrität fehlen würde, dann wäre sie schon längst in der Versenkung verschwunden.

Einen Kulturschock bekommen viele auch, wenn es um das Thema der Gleichberechtigung der Geschlechter geht. Autoren von heute geben sich die größte Mühe, jeden möglichen Hinweis auf die Bevorzugung eines Geschlechts in ihrem Buch zu vermeiden. Schriftsteller, denen das nicht gelingt oder die das gar nicht erst versuchen, werden beschimpft oder gar nicht erst gelesen. Deshalb gibt es heute auch Tendenzen, alle Hinweise darauf, dass Gott männlich sein könnte, zu vermeiden. Wenn Ihnen die Bibel langsam vertrauter wird, werden Sie feststellen, dass sie die Gleichwertigkeit der Geschlechter vor Gott vertritt, ohne zu so extremen Mitteln greifen zu müssen.

Zunächst hat es den Anschein, dass in den Mann-Frau-Beziehungen in der Bibel – verglichen mit unserem heutigen Maßstab – die Männer über die Frauen dominieren. Wenn man aber die Bibel mit dem Maßstab der Zeit vergleicht, in der sie geschrieben wurde, dann wird man feststellen, dass die Frau, entgegen den Gepflogenheiten der antiken Umwelt, aufgewertet wird. Es wird ihr in der Bibel ständig ein besserer Platz im Leben zugestanden, als es in der damaligen Kultur üblich und akzeptabel war.

Zweitens: Wenn man alle Hinweise auf einen männlichen Gott in der Bibel ausmerzt, dann beraubt man sie einiger ihrer schönsten und überzeugendsten Bilder in Bezug auf Gott und die Menschheit. Unsere Beziehung zu Gott soll beide Seiten begeistern. Wir lieben ihn und er liebt uns: Eine Verbindung mit enormen Chancen auf Glück und Fruchtbarkeit.

Aber mehr noch als Wunder und die Gleichwertigkeit der Frau ist es das Thema des Polytheismus, der Vielgötterei, das unsere heutige Zeit von der biblischen unterscheidet. Erst nach der Zeit, in der die Bibel entstand, wurde der Monotheismus, der Glaube an *einen* Gott, die beherrschende Weltanschauung der westlichen Welt. Inzwischen ist sie so üblich, dass viele Leute darüber gar nicht mehr nachdenken. Erst wenn wir Literatur aus dem Altertum lesen, merken wir, dass es nicht immer so war. Es ist erstaunlich, dass wir von den alten Griechen und Römern so viele Gedanken übernommen haben, ohne die Vorstellungen und Gedanken über ihre vielen Götter, ihre Mythologie also, wenigstens in Ansätzen zu übernehmen.

Heutzutage sagt ein Atheist, dass er nicht an Gott glaubt – er sagt nicht, dass er nicht an Götter glaubt. In der Antike gab es solche Atheisten nicht. Jeder Mensch und jedes Volk hatte mindestens einen eigenen Gott. Die Zeiten haben sich geändert, aber die Bibel nimmt uns mit zurück in die Art, wie die Dinge einmal waren.

Das Befreiende und Faszinierende an der Bibel ist jedoch die Tatsache, dass sie aus monotheistischer Sicht geschrieben wurde, und das in der damaligen polytheistischen Zeit. Deshalb ist sie uns dann letztlich doch gar nicht so fremd. Aber es ist ganz hilfreich, sich daran zu erinnern, dass der Monotheismus, der von der Bibel vertreten wird, in seinem kulturellen Umfeld damals als etwas Fremdes und Seltsames betrachtet wurde. Dieser grundlegende Unterschied im Weltbild erklärt viele der Konflikte und Spannungen in den biblischen Geschichten und der sich entwickelnden Geschichte des Volkes Israel.

Fremdartige Namen für Menschen, Orte und Dinge

Die Bibel ist voller Namen. Viele dieser Namen sind uns sehr fremd und das ist für uns manchmal ein Stolperstein beim Lesen. Dieses Stolpern lässt sich jedoch vermeiden, wenn man ein paar Dinge beachtet.

Die Bibel handelt genauso von Menschen wie von Gott. Menschen sind Menschen; die Fremdartigkeit einiger ihrer Namen hat nur etwas mit ihren unterschiedlichen Kulturen, ihren Sprachen und mit der Zeit zu tun, in der sie lebten. Diese Besonderheiten müssen uns beim Lesen aber nicht unbedingt behindern – im Gegenteil, sie können uns dabei auch bereichern. Ein Name wie »Hamlet« kann umso bezaubernder und leichter zu merken sein, weil sich eben nur ganz wenige Kinder auf den Spielplätzen von heute angesprochen fühlen, wenn man ihn ruft. Und auch wenn der Name »Habakuk« für einige von uns vielleicht ein wenig fremd und merkwürdig klingt, so war er für Habakuks Mama und Papa bestimmt etwas ganz Besonderes. Außerdem sind wir doch selbst oft nicht mehr als eine Generation von den Namen entfernt, die früher als komisch galten und jetzt wieder total »in« sind. Es braucht doch nur einmal jemand mit einem ungewöhnlichen Namen berühmt zu werden und schon macht eine Generation von Babys den Namen zu etwas ganz Normalem.

Außerdem sind uns auch viele biblische Namen sehr vertraut: Maria, Elisabeth, Josef, Johannes und so weiter. Wir suchen selbst für unsere Kinder solche biblischen Namen aus. Andererseits nennen doch nicht allzu viele Eltern ihre Kinder Hiob, Methusalem oder Obadja und erst recht sicher nicht Habakuk. Jedenfalls nicht in unserer Generation. Natürlich ändern sich gerade solche Dinge ja oft schnell. Namen, die Kinder in der Generation vor uns bekamen, werden ausgetauscht durch andere Namen der folgenden Generation. (Die Petras der einen Generation werden ersetzt durch die Jennifers der folgenden.) Und wer weiß, wie Kinder in den kommenden Generationen noch heißen werden?

Wie wir wissen, kommen in der Bibel zwar keine Nachnamen vor, aber wir können dort Vorläufer unserer heutigen Nachnamen finden. Beispielsweise finden wir den Namen »Josef, der Sohn Jakobs«. Es wäre doch gar nicht fremd, wenn man heute jemandem begegnen würde, der Josef Jakobsen hieße. Und es ist doch nur ein kleiner Sprung von »Sohn des Johannes« zu »Johannsen«.

Aber Nachnamen werden nicht nur von den Namen der Eltern abgeleitet, sondern auch von deren Beruf. Leute, die wir unter dem Namen »David Schäfer« kennen oder die »Josef Zimmermann« heißen, hießen vielleicht früher einmal »David, der Schafhirte« oder »Josef, der Zimmermann«. Nachnamen werden auch von Ortsnamen abgeleitet. Wenn wir also erkennen, wie Nachnamen entstanden sind, dann merken wir auch, dass die alten Namen sich von den heutigen gar nicht so sehr unterscheiden.

Selbst wenn man über die Geschichte alter Völker eingermaßen informiert ist, kennt man kaum die Palette der biblischen Namen wie »Midianiter«, »Amalekiter«, »Philister« etc. Von diesen alten Kulturen sind nur Überreste geblieben, und manchmal nicht einmal die. Aber genauso wie Amerikaner Menschen aus Amerika sind und Engländer Menschen aus England, so waren die Midianiter Menschen aus Midian und Amalekiter Leute aus Amalek. Doch Völkerbezeichnungen ändern sich im Laufe der Zeit, so wie sich auch Völker und äußere Umstände ändern. Die Bewohner des alten Israel wurden Israeliten genannt, während die des neuen Israel Israelis heißen.

Ortsnamen in der Bibel gehen oft auf die Person oder die Personen zurück, die dort gesiedelt haben. Das Land Israel hat also seinen Namen von dem Mann, dessen Nachkommen sich dort ansiedelten: Israel. Zuvor war das Land nach dem Mann benannt worden, dessen Nachkommen dort lebten: Kanaan. Auch wenn viele der biblischen Namen ungewohnt für uns sind, ist diese Art der Namengebung ganz normal.

Man ist leicht überwältigt von der Menge von Namen in der Bibel. Sie enthält Tausende von Menschen- und Ortsnamen. Aber genau wie manche Sterne heller strahlen als andere, so strahlen auch manche dieser Namen im Text der Bibel heller als andere. Wenn man sie immer wieder sieht, dann merkt man sie sich irgendwann. Die Stadt Jerusalem ist in der Bibel der herausragende Ort im Laufe der Jahrhunderte. Achten Sie auf die Ortsnamen, die immer wieder erwähnt werden und verwenden Sie nicht so viel Zeit mit Orten, von denen nur einmal die Rede ist. Dasselbe gilt auch für Personen, die in der Bibel vorkommen.

Noch eines zum Thema Menschen und Orte: Die Schriften der Bibel wurden in erster Linie für das Volk Israel verfasst. Diese Dokumente waren Teil ihres Lebens, Aufzeichnungen über ihre Vorfahren und ihre Heimat. Sie brauchen nicht an sich selbst den Anspruch zu stellen, dem in allen Einzelheiten folgen zu können, genauso wenig, wie das die ursprünglichen Leser konnten. Wir können zwar nicht alle Bäume identifizieren, die sie damals kannten, aber wir können aus dem zeitlichen Abstand heraus den Wald besser erkennen. Der Leser von heute hat den Vorteil, dass er größere Themenkomplexe und Trends in der Bibel erkennen kann.

Ein Wort zur Aussprache der fremdartigen Namen

Die unbekannten Wörter der Bibel sind vielleicht noch ein zusätzliches Problem. Die Angst, sich zu blamieren, wenn man ein unbekanntes Wort aus der Bibel falsch ausspricht, verhindert vielleicht, dass Sie überhaupt über die Bibel sprechen. Hier ein paar Fakten, die Ihnen eigentlich dabei helfen sollten, solche Befürchtungen abzulegen.

Erstens: Ich selbst habe schon viele biblische Namen falsch ausgesprochen und dadurch schon für so manchen Lacher gesorgt.

Zweitens: Die Aussprache solcher Wörter ist ohnehin eine subjektive Angelegenheit, weil all diese Wörter schon aufgeschrieben worden sind, lange, lange bevor wir überhaupt geboren wurden. Wie kann da jemand mit absoluter Gewissheit sagen, wie ein solches Wort richtig ausgesprochen wird?

Drittens: Unterschiedliche Bibelausgaben schreiben die Namen zum Teil anders. In der einen Bibel steht Noah, in der anderen Noach; in der einen Hesekiel, in der anderen Ezechiel, in der einen Hiob, in der anderen Ijob usw. Das hängt mit Überlegungen zusammen, wie man die hebräische Sprache so ins Deutsche übertragen kann, dass sie ähnlich klingt, wenn man den Namen liest. »Ijob« ist hier zum Beispiel wissenschaftlich korrekter. Aber Hiob ist gebräuchlicher – oder haben Sie schon einmal von Ijobsbotschaften gehört? Deshalb: Scheuen Sie sich nicht, auch weiterhin »Hiob« zu sagen. Niemand wird Sie deswegen verurteilen. (Im Gegenteil: Wenn Sie »Ijob« benutzen, wird man Sie womöglich für einen Bildungsprotz halten.)

Viertens: Wir sprechen deutsch, eine Sprache, die der Bibel

fremd ist. Sprachwissenschaftler wissen, dass schon das moderne Hebräisch und das moderne Griechisch sich in der Aussprache von ihren alten Entsprechungen unterscheiden – erst recht kann die deutsche Aussprache die Namen gar nicht hundertprozentig richtig wiedergeben.

Die »alten, klassischen« Sprachen sind tot. Es gibt niemanden mehr, der eine offizielle Aussprache bestätigen könnte. Warum sollten wir uns also daran hindern lassen, über die Bibel zu sprechen, nur weil jemand sich darüber lustig machen könnte, wie wir einen alten biblischen Namen aussprechen?

Daten

Die Bibel datiert Ereignisse auf etwas andere Weise als heutzutage üblich. Wir sind beispielsweise Zahlen wie 1943 oder 1999 gewohnt. In der Bibel stoßen wir stattdessen auf Zeilen wie die folgenden:

> »Im vierhundertundachtzigsten Jahr nach dem Auszug Israels aus Ägyptenland, im vierten Jahr der Herrschaft Salomos über Israel, im Monat Siw, das ist der zweite Monat, wurde das Haus dem Herrn gebaut.« 2. Könige 6,1

Israel bezeichnete seine Monate anders als wir heute – aber das gilt für alle alten Kulturen. Und die Fremdheit des Wortes »Siw« wird dadurch überwunden, dass unmittelbar darauf die vertraute Zeitangabe »der zweite Monat« folgt, der allerdings nicht mit unserem Monat Februar identisch ist, sondern auf den April und Mai fällt.

Die Erwähnung von Salomo und dem Auszug aus Ägypten stellen eine Beziehung zwischen der Geschichte und anderen interessanten Bibelstellen her. Diese Datierungsmethode verknüpft biblische Ereignisse miteinander. Die Zeitrechnung orientiert sich also an bestimmten Punkten, wie zum Beispiel dem Auszug aus Ägypten oder dem Regierungsantritt eines Königs. Wir orientieren uns in unserer Zeitrechnung auch an einem bestimmten Punkt, der Geburt Christi. Der Unterschied zur Bibel ist der, dass wir dieses Ereignis einmal als Ausgangspunkt für unsere *gesamte* Zeitrechnung gewählt haben, während die Israeliten sich stets neue solcher Fixpunkte ausgesucht haben.

Lebendige Abschnitte

Wir müssen daran denken, dass jeder Bibelabschnitt von einem Leser, der nicht mit der Bibel vertraut ist, entweder als lebendig oder als langatmig beschrieben werden kann. Ich werde einige der langatmigeren Abschnitte erwähnen und Strategien, wie man über sie sprechen kann, aber zunächst möchte ich etwas über die interessanteren Abschnitte sagen. Eigentlich gibt es so viel darüber gar nicht zu sagen, weil genau diese Lebhaftigkeit bedeutet, dass sie ohne weitere Erklärungen relativ einfach zu lesen sind.

Die lebendigsten Abschnitte in der Bibel sind die Geschichten. Es geht darin um Menschen und sie sind voller »Action« – zwei Zutaten für leichtes Lesen. Aber auch hier ist es hilfreich, nicht zu schnell zu lesen. Und zwar, weil die Geschichten im Vergleich mit modernen Geschichten eine große Dichte haben.

Da ist beispielsweise die Geschichte von Josef und seinen Brüdern:

> »Als nun seine Brüder hingegangen waren, um das Vieh ihres Vaters in Sichem zu weiden, sprach Israel zu Josef: Hüten nicht deine Brüder das Vieh in Sichem? Komm, ich will dich zu ihnen senden. Er aber sprach: Hier bin ich.
>
> Und er sprach: Geh hin und sieh, ob's gut steht um deine Brüder und um das Vieh, und sage mir dann, wie sich's verhält. Und er sandte ihn aus dem Tal von Hebron, und er kam nach Sichem.
>
> Da fand ihn ein Mann, wie er umherirrte auf dem Felde;

der fragte ihn und sprach: Wen suchst du? Er antwortete: Ich
suche meine Brüder; sage mir doch, wo sie hüten.«

1. Mose 37,12–16

Der und der tat, der und der sagte – viel mehr ist das gar nicht.
Dieser Erzählstil ist typisch für die erzählerischen Abschnitte
der Bibel.

Wir sind es gewohnt, Romane und sogar historische Berichte
zu lesen, die sehr viel genauer ausführen, was dieser dachte und
jener fühlte. Und wir sind auch eine viel genauere Beschreibung
der Kulisse gewohnt. Im Vergleich mit vielen Romanen ist die
Bibel eher ein Gerippe, nach dem Motto: »Nur die Fakten, bitte!« Es gibt auch Stellen, an denen Motive, Gefühle und innere
Gedanken offenbart werden, aber solche Offenbarungen sind
eher selten. Die Bibel setzt sie ein wie das Salz im Essen: Ohne
Salz schmeckt das Essen fad, aber man kann auch leicht zu viel
hineintun und dadurch den Geschmack der einzelnen Zutaten
verderben.

Der moderne Schriftsteller oder Historiker übernimmt für
uns einen großen Teil des Denkens, und ein guter Schriftsteller
oder Historiker sorgt dafür, dass wir immer schon der nächsten
Seite entgegenfiebern. Aber die Verfasser der biblischen Bücher
haben so geschrieben, dass der Leser langsam vorgehen und
quasi durch den Text schlendern muss. Er muss reagieren, im
Dialog stehen, nachdenken. Biblische Geschichten gab es ja ursprünglich nur in der mündlichen Überlieferung, bevor sie irgendwann aufgeschrieben wurden. Das ist wohl auch der
Grund, weshalb sie so kompakt sind. Man hat wahrscheinlich
am meisten von diesen Geschichten, wenn man sie so liest, als
würden sie einem am Lagerfeuer vorgelesen.

Zu anderen lebendigen Abschnitten gehört ein großer Teil
der Weisheitsliteratur, auch wenn manches gar nicht so einfach
zu verstehen ist. Es gibt direkte Lehrabschnitte, wie sie in der
Bibel häufig vorhanden sind. Abschnitte wie: »Liebe deinen

Nächsten wie dich selbst.« Solche Abschnitte sind zwar ausgesprochen schwer in die Praxis umzusetzen, aber sie sind keineswegs schwer zu lesen. Ja, eigentlich liegt auch die Herausforderung der Lehren Jesu – Zeilen wie »wenn dich jemand auf deine rechte Backe schlägt, dem biete die andere auch noch dar« – darin, dass seine Worte so klar und eindeutig sind.

Langatmige Abschnitte

Die Bibel ist mehr als eine Sammlung von Geschichten und Lehrsätzen. Sie ist auch eine Quelle mit wichtigen Informationen, die, so wertvoll sie auch sind, sehr schwer lesbar sein können. In den Büchern von heute sind solche Informationen in der Regel hinten in einem Anhang gesammelt, aber in der Bibel können sie an jeder beliebigen Textstelle auftauchen. Die oben zitierte Geschichte von Josef beispielsweise folgt auf eine kapitellange Ahnentafel. Da solche langweiligen Passagen öfter vorkommen, möchte ich einige gängige Arten von solchen Abschnitten beschreiben und erklären, wie man damit umgehen kann, wenn sie plötzlich auftauchen.

Ahnentafeln: Normalerweise sind Ahnentafeln total spannend – wenn es unsere eigenen sind. Ansonsten sind solche Stammbäume nur zum Gähnen. X zeugte Y. Wen interessiert das schon? Deshalb ist die Anfängerstrategie im Umgang mit Ahnentafeln, sie einfach zu überspringen. Ansonsten können sie einem sehr schnell das Lesen verleiden.

Hier zum Beispiel der Beginn eines Stammbaums aus dem Matthäusevangelium:

> »Das ist das Buch von der Geschichte Jesu Christi, des Sohnes Davids, des Sohnes Abrahams. Abraham zeugte Isaak. Isaak zeugte Jakob. Jakob zeugte Juda und seine Brüder. Juda zeugte Perez und Serach mit der Tamar. Perez zeugte Hezron. Hezron zeugte Ram . . .«   Matthäus 1,1–3

Und so geht das noch zig Zeilen weiter. Wir kennen eine solche Art von Auflistung höchstens aus dem Telefonbuch. Aber wir sind es keineswegs gewohnt, es uns damit in unserem Lieblingssessel gemütlich zu machen. Wenn Sie also anfangen, die Bibel zu lesen und an solche Stellen kommen, ist es klug, das Band einfach vorzuspulen. Die Ahnentafeln sind nicht endlos und wenn sie zu Ende sind, geht die Geschichte dort weiter, wo sie vor der Ahnentafel aufgehört hat.

Vielleicht haben Sie ein komisches Gefühl, wenn Sie einfach bestimmte Passagen überspringen. Viele Menschen haben gelernt, dass sie immer und auf jeden Fall den Teller leer essen müssen, auch das Gemüse. Und vielleicht ist dieses komische Gefühl auch noch begleitet von der leisen Befürchtung, dass Sie etwas Wesentliches überspringen und Sie deshalb irgendwann den Faden der Geschichte verlieren. Die komischen Gefühle und Befürchtungen sind zwar verständlich, aber unnötig. Auch hier ist es wie beim Telefonbuch. Eine Ahnentafel wird in dem Augenblick wichtig, in dem Sie eine Information brauchen, die darin enthalten ist. Bis das aber der Fall ist, gibt es nichts Langweiligeres als die Lektüre von Ahnentafeln.

Nun fragen Sie sich vielleicht, wann eine solche Information einmal nötig sein könnte. Antwort: Wenn Sie einmal tiefer in die Geschichten in ihrem Gesamtzusammenhang einsteigen wollen. Nehmen wir als Beispiel einmal die oben zitierte Ahnentafel von Jesus. Wenn Sie im Matthäusevangelium ein paar Geschichten über Jesus gelesen haben, dann möchten Sie vielleicht noch einmal an den Anfang zurückkommen und die Ahnentafel lesen. Sie bietet Hintergrundinformationen und beantwortet Fragen wie: Warum wurde Jesus manchmal auch »Sohn Davids« genannt? oder Warum ist Jesu Beziehung zu Abraham so wichtig? Anders ausgedrückt: Die Namen ergeben für Sie keinen Sinn, wenn Sie sie bloß in einer Aufzählung lesen. Doch wenn Sie erst einmal die Geschichten gelesen haben und dadurch »ein Gesicht« mit dem Namen verbinden können, bekommt der Name in einem Stammbaum eine Bedeutung für Sie.

Warum gibt es solche Stammbäume in der Bibel überhaupt? Wir haben ja bereits festgestellt, dass die Bibel das offizielle Buch des Volkes Israels war. Außerdem muss man bedenken, dass das alte Volk Israel eine Folge der Verheißung Gottes an einen Mann namens Abraham *und seine Nachkommen* war. Deshalb war es damals außerordentlich wichtig, die eigene Abstammung von Abraham zurückverfolgen zu können. Wer Priester werden wollte, um im Heiligtum Dienst zu tun, der musste sogar die Abstammung von einem bestimmten Nachkommen Abrahams nachweisen. Schon aus diesem Grunde war es von nationalem Interesse, Ahnentafeln zu erstellen und auf dem Laufenden zu halten. Deshalb finden wir sie auch in der ganzen Bibel verstreut.

Je mehr man in der Bibel liest, desto interessanter findet man also die Ahnentafeln. Denn je mehr Namen einem vertraut werden, desto mehr fällt es auf, wenn sie in diesen Listen vorkommen. Und so knüpft man dann selbst die Verbindungen, wer vor wem bzw. auf wen folgte. Wird auf diese Weise eine historische Sicht entwickelt, sind irgendwann die biblischen Geschichten nicht mehr zusammenhanglose Bruchstücke, weil man dann die einzelnen Personen einordnen kann. Anders ausgedrückt: Niemand befiehlt Ihnen, die Stammbäume zu lesen, Sie werden es irgendwann selbst wollen. Bis dahin mein Rat: Kümmern Sie sich nicht darum!

Volkszählungslisten und Zahlen: Ein naher Verwandter der Ahnentafel ist die Volkszählungsliste. Die Bibel hält fest, wie das Volk Israel sich zahlenmäßig entwickelte. Aus Einzelpersonen wurden Familien, aus Familien Stämme und aus Stämmen Völker. In jeder Phase findet man in der Bibel, zumindest im Alten Testament, Abschnitte, in denen Namen in Verbindung mit Zahlen aufgezählt werden. Hier ein Beispiel:

»Dies ist die Zahl der Männer vom Volk Israel: Die Söhne Parosch 2172; die Söhne Schefatja 372; die Söhne Arach 652; die Söhne Pahat-Moab, nämlich die Söhne Jeschua und die Söhne Joab, 2818; die Söhne Elam 1254; die Söhne Sattu 845 . . .«   Nehemia 7,7–13

Und so geht das noch mindestens 50 Zeilen weiter. Diese Volkszählung taucht urplötzlich mitten in Nehemias Erzählung auf. Wenn man sie nicht nur überfliegen oder gar überspringen will, wie ich es auch für Ahnentafeln empfohlen habe, dann können sie einen wirklich runterziehen und dann kommen Sie vielleicht gar nicht mehr zu Nehemias anderen lebendigen Geschichten, die unmittelbar danach folgen.

Ähnlich wie bei den Stammbäumen kommt vielleicht irgendwann der Zeitpunkt, an dem Sie sich für Einzelheiten interessieren. Aber selbst dann werden Sie sie wahrscheinlich eher lesen wie ein Telefonbuch (selektiv) und nicht wie einen Roman (in Folge).

Die Volkszählungslisten haben auch abgesehen von der Menge von Einzelheiten über Einzelpersonen, Familien und Stämme einen Wert. Wenn man Sie miteinander vergleicht, vermitteln sie einen Eindruck davon, wie das Volk Israel größer oder kleiner wurde. Die Zahlen erzählen eine Geschichte. Höhere Zahlen sprechen für zunehmenden Wohlstand der Nachkommen Israels, niedrigere Zahlen zeugen vom Tribut für Hungersnot und Krieg. Die Erzählpassagen der Bibel werden verstärkt und veranschaulicht durch solche Statistiken. Nur wenn man sie isoliert betrachtet, sind sie trockenes Zahlenmaterial.

Baumaße: Als Gott Noah sagte, er solle eine Arche bauen, wurden die Anweisungen im ersten Buch Mose aufgezeichnet. Eigentlich hätten wir ja lieber eine Bauzeichnung als Anweisung, denn es sind viele Worte nötig, um klar zu beschreiben, wie etwas aussehen soll, gerade bei so einem nicht ganz simplen Bau. Eine klar gezeichnete Skizze ist da handlicher. Aber in der Bibel gibt es keine Zeichnungen, außer denen, die von modernen Wissenschaftlern erst später hinzugefügt wurden. Die alten Verfasser haben uns nur Worte hinterlassen – viele Worte.

Aber weil Gott in der Bibel versprochen hat, dass er nie wieder eine Flut wie die zur Zeit Noahs kommen lassen wird, brauchen wir auch gar keine Zeichnung zur Veranschaulichung und Beschreibung der Arche. Natürlich mag es andere Gründe geben, weshalb wir froh sein können, die Maße der Arche zu kennen. Aber die meisten Leser werden solche Informationen mit wenig Gewinn lesen. Sie können sie also ruhig übergehen.

Die Bibel enthält nicht nur die Maße zum Bau der Arche, sondern auch die anderer großer Bauprojekte, die Gott in Auftrag gab. In den Schriften des Mose sind eine Menge solcher Informationen enthalten, weil er den Auftrag bekam, die Stiftshütte (ein Heiligtum) zu bauen, einschließlich der gesamten Einrichtung. Jahrhunderte später baute Salomo dann einen dauerhaften Tempel in Jerusalem statt der transportablen Konstruktion. Auch von dem Gebäude erfahren wir die genauen Maße. Seien Sie also gewarnt: Es gibt solche Abschnitte in der Bibel und wenn Sie darauf treffen, wissen Sie jetzt, wie Sie vorgehen können.

Beschreibungen von Grenzen: Genauso wie es eigentlich einen Bauplan von der Arche Noah geben könnte, wäre es auch gut, eine Karte von den Ländern der Bibel zu haben Die Verfasser der Bibel haben uns weder das eine noch das andere hinterlassen. Als sie die Grenzen Israels festlegten, beschrieben sie (ihnen) bekannte Merkmale wie Flüsse, Berge und Wüsten. Das gilt nicht nur für die äußeren Grenzen, sondern auch für die inneren Grenzen der verschiedenen Provinzen, der Stammesgebiete. Die Karten in unseren Bibeln sind anhand der biblischen Angaben von modernen Wissenschaftlern aufbereitet worden. Solche »Sprachkarten« sind eine weitschweifige Angelegenheit. Wir

Leser von heute können sie nur ermüdend finden, bis uns die Kennzeichen und Merkmale vertrauter sind, auf die sie sich beziehen.

Detaillierte Beschreibungen von Ritualen und Gesetzen: Israel war ein einzigartiges Volk, das bereit sein sollte, anderen Völkern auf der Welt zu dienen. Dazu hatte das Volk eine Priesterschaft, die die Einrichtung der Stiftshütte – später des Tempels – in Ordnung hielt, sowie Opfer- und Reinigungsrituale vollzog. Alle detaillierten Informationen dazu sind in den Schriften enthalten, aber für die meisten Leser sind sie nicht von unmittelbarem Interesse. Die alten Israeliten, die noch keine Priester waren, hatten trotzdem eine Reihe genau festgelegter Ordnungen, die von ihnen als Angehörige eines einzigartigen Volkes befolgt werden mussten. Bestimmte Festtage mussten eingehalten werden, es gab spezielle Speisen, die erlaubt oder verboten waren, besondere Opfer, die dargebracht werden mussten. Die Stiftshütte oder der Tempel, um den herum sich all diese Aktivitäten drehten, gibt es nicht mehr. Außerdem ist es Jahrhunderte her, dass solche Praktiken ein Muss waren. Da ist es nur logisch, dass wir kein besonders großes Interesse an ihnen haben. Wir können an diesen Ritualen und Regeln gewisse Grundsätze erkennen und ableiten, auch etwas über das Wesen Gottes erfahren, aber das passiert in der Regel erst dann, wenn uns die Geschichten und allgemeinen Lehren der Bibel vertrauter sind. Auch werden wir einige Bibelstellen besser verstehen, wenn uns die Rituale oder Gesetze geläufiger sind. Aber auch solche Stellen, die eine Hintergrundkenntnis dieser Dinge erfordern, gehören nicht zu den Texten, mit denen Sie beim Bibellesen anfangen sollten.

Wiederholung von Abschnitten: Wir Leser von heute finden es ärgerlich, wenn in einem Buch dauernd Wiederholungen vorkommen. Aber denken Sie daran, dass die Bibel eine Textsammlung (Anthologie) ist und damit ein gewisses Maß an Wiederholungen nicht nur unvermeidbar ist, sondern auch ein Zeichen dafür, dass die Texte authentisch sind . . . und deshalb sind solche Wiederholungen erwünscht. Wenn beispielsweise ein Zeuge in einem Gerichtsverfahren die Aussage eines anderen Zeugen bestätigt, dann ist diese Aussage für das Gericht glaubwürdiger.

Außerdem bieten Wiederholungen von Abschnitten bisweilen zusätzliche Informationen, die im Originalabschnitt nicht vorhanden waren. Kompliziert wird die Sache dadurch, dass bisweilen in Einzelheiten Unterschiedlichkeiten bei den Abschnittswiederholungen festzustellen sind. Aber auch diese Tatsache bestätigt die Zuverlässigkeit der Aussagen. Denn wenn zwei Zeugenaussagen haargenau gleich sind, dann riecht das nach abgesprochener Falschaussage. Und der eine Zeuge liefert Details, die der andere nicht kennt, ohne dass sie sich deswegen widersprechen müssen. (Ein misstrauischer und tendenziös voreingenommener Mensch wird allerdings immer Widersprüche hineinlesen können.)

Wenn man erst einmal gemerkt hat, dass man einen Wiederholungsabschnitt liest, dann möchte man ihn wahrscheinlich nur überfliegen, um schnell zum neuen Stoff zu kommen. Die Vorteile solcher Doppel- oder Parallelabschnitte sind aber wahrscheinlich für Sie in Ihren ersten Bibelexkursionen nicht so besonders wichtig.

Wie fange ich an?

Im ersten Kapitel des vorliegenden Buches ging es um den Aufbau der Bibel. Wenn man diesen Aufbau versteht, bekommt man einen besseren Zugang zu ihr. Das zweite Kapitel handelte von der Verpackung. Wenn man die Verpackung vom Inhalt unterscheiden kann, wird die Bibel lesbarer. Im vorangehenden Kapitel ging es um die Struktur des Geschriebenen – vieles davon ist zwar »wohlschmeckend«, aber es gibt auch einiges, was schwer im Magen liegt.

Wenn wir Abschnitte vermeiden, die uns wie Hindernisse scheinen, dann wird uns das Bibellesen mehr Freude machen. Jeder kann also die Bibel zugänglich und lesbar finden und sogar Spaß am Bibellesen haben.

In der Bibel gibt es kurzweilige Bücher und langatmige. Am häufigsten sind jedoch die Bücher, die kurzweilig sind, aber auch langatmige Passagen haben, genau wie es langatmige Bücher mit einigen kurzweiligen Abschnitten gibt. Sie sind jetzt besser darauf vorbereitet, sich einen Weg zu bahnen, egal, wo Sie in der Bibel mit Lesen beginnen.

Doch wo soll man anfangen? Am Anfang, also im ersten Buch Mose? Und wenn nicht am Anfang, wo dann? Die beste Möglichkeit, das zu entscheiden, besteht darin, sich jedes einzelne Buch der Bibel etwas genauer anzusehen. Und genau das soll im folgenden Kapitel geschehen. Jedes der folgenden sieben Kapitel behandelt eine Abteilung bzw. einen Typ biblischer Bücher. Es soll dadurch ein klarerer Eindruck von den Büchern entstehen, die zusammmen die Bibel bilden, von der Reihenfolge, in der sie stehen, und vom jeweiligen Buchtyp. Sie bekommen Anregungen, wo Sie anfangen könnten zu lesen und was sie dann als Nächstes lesen könnten.

Im vorigen Kapitel haben Sie bereits einen schnellen Rundgang durch die Bibliothek der Bibel hinter sich gebracht. Wir wollen jetzt noch einmal dorthin zurückkehren und uns ein bisschen gründlicher umsehen.

B. Die Bücher der Bibel

1) Die fünf Bücher Mose

Im ersten Abschnitt über die biblischen Bücher wollen wir einen etwas näheren Blick auf die fünf Bücher Mose werfen. Diese fünf Bücher finden wir nicht nur als erstes, wenn wir die Bibel aufschlagen, sondern sie sind die ursprüngliche, die »Basisbibel« – der Grundstein aller folgenden biblischen Bücher, die von späteren Generationen hinzugefügt wurden. Aber gerade weil diese Bücher die ersten biblischen Bücher sind, heißt das nicht, dass sie dort stehen, damit jeder bei ihnen mit dem Bibellesen anfangen sollte. Denn: In diesen fünf Büchern sind zwar einige der schönsten Passagen der gesamten Weltliteratur zu finden, aber auch einige der schwierigsten Abschnitte.

Umfang und Bandbreite

Wenn die gesamte Bibel aus zehn Büchern bestünde, dann würden die Mosebücher zwei davon umfassen. Wir haben es also mit einer recht umfangreichen Abteilung zu tun. Stellen wir uns einmal vor, die Bibel sei die Erde und jede große Abteilung der Bibel ist wie einer der Kontinente. Die Mosebücher könnten in dieser Übertragung Afrika sein – unendlich weit und sehr abwechslungsreich. In der Weite Afrikas sind trockene Wüsten zu finden, aber auch üppige Wälder; heiße Winde, aber auch reißende Flüsse. Und auch wenn das Gelände manchmal abschreckend ist, gibt es reiche Vorkommen an Bodenschätzen, die unter der Erde ruhen. Die Weite des Landes wird nur noch durch seine Vielfalt übertroffen. Afrika ist kein Ort für ängstliche, schüchterne Menschen, aber es ist ein Paradies für Leute, die es mögen und sich darauf einlassen.

Wichtig ist, dass selbst, wenn man die Bibel unterteilt und sich immer nur mit *einer* Abteilung biblischer Bücher zur Zeit befasst, jede Abteilung für sich gesehen einen schon wieder einschüchtern kann – besonders die fünf Bücher, die Mose zugeschrieben werden. Man kann einen kleinen Teil von Afrika besuchen oder auch jeden Quadratmeter davon erkunden, das liegt ganz an einem selbst. Wenn Sie den Umfang und die Bandbreite der Mosebücher gar nicht einschätzen können, dann ist die Wahrscheinlichkeit ziemlich groß, dass Sie die Orientierung verlieren und sich darin verirren.

Die Namen der Bücher

Die fünf Bücher Mose haben alle einen Namen: Genesis, Exodus, Levitikus, Numeri und Deuteronomium. Die Namen sind abgeleitet von den Themen, um die es im jeweiligen Buch geht. »Genesis« bedeutet wörtlich übersetzt »geboren werden«. Von demselben Wort stammen übrigens auch Begriffe wie »genetisch« oder »Genealogie« ab. Das Buch *Genesis* markiert den Beginn der Schöpfung. Auf den Seiten dieses Buches finden sich die Anfänge der Welt, des Volkes Israel und auch, sozusagen als Samen, viele Grundgedanken, die hier gesät werden und deren Saat in späteren biblischen Büchern aufgeht und sich entwickelt.

»*Exodus*« stammt von zwei griechischen Wörtern: Das erste hat die Bedeutung »aus . . . heraus« und das zweite heißt »Weg«. Zusammen vermitteln sie die Bedeutung »Der Weg aus . . . heraus«. Damit ist gemeint, wie die Israeliten ihren Weg aus der Sklaverei in Ägypten herausfanden, und genau diese Geschichte wird im Buch »*Exodus*« erzählt.

Das Wort »*Levitikus*« ist abgeleitet von »Leviten«. Die Leviten waren der Stamm des Volkes Israel, der zu einem bestimmten Dienst am ganzen Volk berufen war. Diesem Stamm waren alle Einzelheiten der Religion des Volkes anvertraut, einschließlich der Durchführung von Tieropfern. Weil viele dieser Einzelheiten in dem Buch aufgezeichnet sind, wurde es *Levitikus* genannt.

Das Buch *Numeri* beginnt und endet mit einer Zählung des Volkes Israel. Deshalb heißt es »*Numeri*«, auch wenn es in diesem Buch um mehr geht als das.

Deuteronomium ist das letzte der fünf Bücher, in dem viel von dem, was in den vorhergehenden vier Büchern steht, noch einmal wiederholt wird – beispielsweise die Zehn Gebote, die zuerst in Exodus, also dem 2. Buch Mose genannt werden. Das Wort »*Deuteronomium*« stammt von zwei Begriffen ab, von denen der eine »zweite« bedeutet und der andere »Gesetz«. Anders ausgedrückt, es war eine zweite Gesetzgebung, eine Wiederholung. Aber das Buch enthält noch sehr viel mehr als das.

Wie die fünf Bücher zusammengehören

Strecken Sie einmal die Finger Ihrer rechten Hand aus, wobei die Handfläche von Ihnen weg zeigt. Dabei werden Sie etwas darüber erfahren, wie die fünf Bücher Mose zusammenhängen. Erstens: Die fünf Teile gehören zu einem Ganzen. Zweitens: Obwohl die fünf Teile sich ein wenig ähneln, sind sie nicht gleich. Und drittens: Die vier rechten Finger haben mehr gemeinsam als der eine linke, der Daumen.

Genesis ist das Buch links. Es ist der Daumen. *Exodus* bis *Deuteronomium* beschreiben all die Ereignisse zu Lebzeiten des Mose. Aber Genesis geht in der Geschichte weiter zurück, um die Ursprünge zu beschreiben – den Ursprung des Universums, den Ursprung der Israeliten und so weiter. Mose könnte als Augenzeuge und Beteiligter vieler Ereignisse sprechen, die in den Büchern zwei bis fünf beschrieben werden. Die Bücher *Exodus* bis *Deuteronomium* berichten von Ereignissen aus seinem Leben (das allerdings sehr lang war – Mose wurde 120 Jahre alt). Genesis dagegen fasst die Ereignisse von Tausenden von Jahren zusammen. Deshalb erfahren wir viel über die Zeit des Mose – mehr als über die Zeit der Generationen vor ihm, von denen nur die »Highlights« erwähnt werden. Aber weil der Daumen sich am meisten von den anderen Fingern unterscheidet, ist er auch der Finger, der am meisten dazu beiträgt, dass alle Finger zusammen als Hand funktionieren können. Genauso wären die Bücher Mose erheblich eingeschränkt ohne das erste Buch Mose.

Zu den fünf Büchern Mose kam es durch ein großartiges Ereignis, nämlich durch die Geburt des Volkes Israel. Man kann diese Schriften als eine Art nationale Geburtsurkunde betrachten. Jede Nation hat ihren ganz einzigartigen Ursprung. Nehmen wir als Beispiel einmal die Geburt der Vereinigten Staaten. Obwohl sich die Geschichte der USA in vielerlei Hinsicht von der Israels unterscheidet, haben die Unabhängigkeitserklärung und die Verfassung eine ähnliche Funktion wie die Schriften des Mose. Die Dokumente des Volkes Israel und die der USA wurden im Zusammenhang mit der Gründung einer Nation verfasst. Beide wollten die Rechtmäßigkeit der Nation festschreiben. Beide wurden geformt durch das Denken großer Führer, die viel riskierten, um dem neuen Land die Freiheit zu sichern. Und obwohl es die Grundgedanken zur Unabhängigkeitserklärung und zur Verfassung wahrscheinlich schon gab, bevor sie in Dokumenten niedergeschrieben wurden, war es die Gründung der neuen Nation, die dazu führte, dass diese Dokumente entstanden und von den nachfolgenden Generationen so hochgeschätzt wurden. So war es auch mit den fünf Büchern Mose.

Das erste Buch Mose (Genesis)

Wenn das Gesetz des Mose Afrika ist, dann ist das 1. Buch Mose das größte Gebiet dort, weil es mindestens 20 Prozent umfangreicher ist als die anderen Bücher aus dieser Abteilung. Sie sehen vielleicht schon das Problem: Der ahnungslose Leser schlägt die

Bibel auf Seite eins auf. Er findet die Schöpfungsgeschichte und es überrascht ihn nicht, dass das Buch Gottes so anfängt. Aber schon nach ein paar Kapiteln wird er müde von Ahnentafeln, unverständlichen Namen und dadurch, dass der rote Faden der Geschichte nicht mehr zu erkennen ist. Er ist mit großen Hoffnungen auf eine abenteuerliche Entdeckungsreise an der afrikanischen Küste gelandet, aber schon bald gibt er entmutigt auf, unfähig, die Reise fortzusetzen.

Doch wie kommt man hier weiter? Das *1. Buch Mose* muss man nicht angehen, indem man einfach anfängt und nach vorn schaut, sondern indem man beim *2. Buch Mose (Exodus)* steht und zurückblickt. Das *1. Buch Mose* erzählt, wie es zu der Situation im *2. Buch Mose* überhaupt gekommen ist. Während *Exodus* von der ägyptischen Unterdrückung berichtet, beantwortet *Genesis* die Frage: »Wie sind die Israeliten bloß in diesen Schlamassel hineingeraten?« Das *1. Buch Mose* ist die Antwort auf diese Frage. Es erzählt die Geschichte der Vorfahren des Volkes Israel – bis zurück zu den ersten Menschen. Mose versucht nicht, die Geschichte der ganzen Welt darzustellen, sondern nur die seines Volkes. Manchmal gehören dazu Ereignisse von weltweiter Bedeutung wie die Schöpfung und die Sintflut, aber ebenso können dazu auch scheinbar unwesentliche Ereignisse gehören, wie beispielsweise der Verkauf eines einfachen Linseneintopfes und die Träume eines jungen Mannes.

Das 1. Buch Mose ist Hintergrund und Vorwort zu allem, was vom *2. bis zum 5. Buch Mose* passiert. Die Einzelheiten, die darin erwähnt werden, sind für diesen Zweck wichtig; Einzelheiten, die ausgelassen werden, sind für diesen Zweck unwichtig. Wenn es heute geschrieben würde, wäre es bestimmt anders aufgebaut und es würde uns nicht so fremd vorkommen. Aber das ist ein grundsätzliches »Problem« mit der Literatur des Altertums: Sie ist so – alt. Wenn einem jedoch das *1. Buch Mose* vertrauter wird, beginnt man, seine Konturen zu schätzen.

Ich werde von jetzt an Kapitelnummern benutzen, so wie man Kilometerschilder an einer Autobahn benutzt. In diesem Stadium der Reise brauchen wir Markierungen, die wir an der Straße sehen können. Machen Sie sich jedoch keine Sorgen, dass ich jetzt jedes Kapitel einzeln nennen werde – immerhin 50 Kapitel im *1. Buch Mose* und 1189 in der gesamten Bibel – denn Ihnen ist es wahrscheinlich lieber, wenn nur ein paar ausgesuchte erwähnt werden.

In Genesis 1 und 2 wird die Schöpfungsgeschichte erzählt. Im Dezember 1986 überwanden Astronauten zum ersten Mal die Erdanziehungskraft und gelangten zur erdabgewandten Seite des Mondes. Als sie um den Mond herum kamen, sahen und fotografierten sie den ersten »Erdaufgang«, als die Erde über dem Mondhorizont erschien. Millionen von Menschen verfolgten das Ereignis in Fernsehen und Radio und die Astronauten beschlossen, dem Ereignis besondere Weihe zu geben, indem sie aus diesem ersten Kapitel der Bibel vorlasen: »Am Anfang schuf Gott . . .« So viel zu der angeblichen Unvereinbarkeit von Bibel und Wissenschaft.

1. Mose 3 erzählt vom Ungehorsam Adams und Evas im Garten Eden und in Kapitel 4 wird berichtet, wie Kain seinen Bruder Abel umbrachte. Wir haben in vielen Punkten bestimmt Schwierigkeiten, eine Verbindung zwischen uns und Adam und Eva zu sehen. Aber die Verführung zum Ungehorsam kennen wir doch alle. Und wir können uns zwar wahrscheinlich nicht alle in den Mord an Abel hineinversetzen, aber die Eifersucht, der Zorn und der Hass, die dazu führten, sind uns nur allzu vertraut. Im *1. Buch Mose* geht es um Menschen. Und auch wenn diese Menschen des Altertums vielleicht anders gegessen, anders gesprochen und anders gearbeitet haben als wir, so aßen, sprachen und arbeiteten sie immerhin, sie taten also das, was Menschen in allen Jahrhunderten taten und tun. Die Menschen – sie sind unsere Verbindungslinie zum *1. Buch Mose*.

1. Buch Mose 5 besteht ausschließlich aus einer Ahnentafel.

Aber wie Sie ja gelernt haben, erfordert das vom Leser nicht mehr, als das Band zur nächsten »Action-Szene« vorzuspulen. Es sei denn, irgendetwas an diesem Stammbaum interessiert Sie. Er reicht von Adam bis zu Noah. 1. Mose 6 bis 9 ist ein Bericht über Noah und die Sintflut. Kapitel 10 ist wieder eine Ahnentafel, in der diesmal die Nachkommen der drei Söhne Noahs aufgezählt werden. Der erste Teil von Kapitel 11 erzählt vom Turmbau zu Babel, der zweite ist (schon wieder) ein Stammbaum, der von Noah bis zu Abraham reicht.

Alles, was wir bisher vom *1. Buch Mose* gesehen haben, gehört noch zur Einführung der Hauptfigur des Buches: Abraham. Seine Geschichte steht im Mittelpunkt und sie wird in den Kapiteln 12–25 erzählt. Alles, was vorher kommt, sind Hintergrundinformationen, um ihn besser zu verstehen. Und alles, was dann folgt, ist im Zusammenhang mit der Beziehung zu sehen, die Gott mit ihm einging.

Abraham hatte einen Sohn namens Isaak. Der wiederum hatte zwei Söhne, von denen der jüngere, Jakob, besondere Bedeutung für die Geschichte des Volkes Israel bekam. Im weiteren Sinne handelt das *1. Buch Mose* von Abraham, Isaak und Jakob. Oder man könnte auch sagen, es handelt vom Gott Abrahams, Isaaks und Jakobs. Die Israeliten, die zur Zeit des Exodus lebten und auf die Befreiung aus der Sklaverei warteten, hielten diese Einzelheiten über ihre Vorfahren für enorm wichtig. Wenn man die Geschichten liest, beginnt man zu erkennen, wie sie miteinander verknüpft sind und je mehr man liest, desto mehr Verbindungen erkennt man.

Gott hatte Abraham mehrere Verheißungen gegeben und die erstaunlichste davon war, dass er viele Nachkommen haben würde. Und sie war so erstaunlich, weil Abraham kinderlos und 75 Jahre alt war, als Gott ihm dieses Versprechen gab. Er war hundert, als es schließlich eingelöst wurde, seine Frau Sara war nur zehn Jahre jünger. Lassen Sie sich übrigens nicht durch die Namen Abram und Sarai durcheinander bringen. Das waren ihre Namen am Anfang der Geschichte, aber in Kapitel 17 gab Gott ihnen die Namen Abraham und Sara als Zeichen seines Wirkens in ihrem Leben.

Die Kapitel 18 und 19 erzählen von den verdorbenen Städten Sodom und Gomorra. In Kapitel 21 wird Abrahams lang ersehnter Sohn Isaak geboren. In 1. Mose 22 geht es darum, dass Abraham zur Prüfung von Gott aufgefordert wurde, Isaak zu opfern. Er bestand die Prüfung und es blieb ihm erspart, den Sohn zu verlieren, auf den er so lange gewartet hatte.

Die Geschichte im *1. Buch Mose* geht weiter mit Isaak, speziell mit seinen Zwillingssöhnen Esau und Jakob. Esau war zwar der Erstgeborene und ihm stand deshalb nach damaligem Brauch das größere Erbe zu, aber er verkaufte dieses Recht für eine Schüssel Eintopf an seinen Bruder Jakob. Dieser mindestens für uns heute sonderbare Vorfall sollte für die Israeliten, die ihre Vorfahren bis zu Jakob und Esau zurückverfolgen konnten, noch ungeheure Folgen haben.

Jakob bekam zwölf Söhne – eine beachtliche »Anzahlung« auf Gottes Verheißung, Abraham viele Nachkommen zu schenken. Einer von Jakobs Söhnen hatte den anderen etwas größenwahnsinnig erscheinende Träume über seinen Platz im Weltgeschehen. Er hieß Josef und steht im Mittelpunkt von 1. Mose 37 bis zum Ende des Buches. Als er dem Rest der Familie seine Träume erzählte, verstärkte das die bereits bestehende Rivalität zwischen den Geschwistern noch.

Obwohl die Brüder wütend genug auf Josef waren, dass sie ihn hätten töten können, kamen sie schließlich überein, ihn als Sklave an reisende Kaufleute zu verkaufen. Josef überwand viele Schwierigkeiten und wurde schließlich sogar zweiter Mann im Staat Ägypten. Jahre später versöhnte er sich mit seiner Familie und alle gesellten sich zu ihm und lebten in Ägypten in Ehre, Frieden und Wohlstand. Und so endet das Buch, das die Kulisse für das *2. Buch Mose* (Exodus) darstellt.

Das zweite Buch Mose (Exodus)

Das *2. Buch Mose* beginnt einige Hundert Jahre nach dem Ende des *1. Buches Mose (Genesis)*. Aus Jakob und etwa 70 seiner Familienmitglieder sind inzwischen Hunderttausende von Menschen geworden. Die Verheißung an Abraham, dass er Nachkommen haben würde, schien anfangs etwas langsam anzulaufen, aber schon bald erfolgte ein richtiger Sprung, als Jakob zwölf Söhne bekam. Eine solche »Bevölkerungsexplosion« in einer Generation hat einen verstärkenden Effekt bei den nachfolgenden Generationen.

Der Begriff »Israeliten« bedeutete einfach, dass diese Leute alle Nachkommen eines Mannes namens Israel waren. Israel war der Name, den Gott Jakob zusätzlich gegeben hatte (so ähnlich wie er Abrams Namen in Abraham umgeändert hatte). Wenn man also liest »Kinder Jakobs« oder »Israeliten«, ist damit dasselbe gemeint. Genauso gut hätten sie auch Abrahamiten heißen können, aber »Israeliten« war eben der Name, der hängen blieb.

Das zentrale Thema des *1. Buches Mose* – dass ein Mann namens Abraham Nachkommen haben würde – erfährt also dramatische Erfüllung. So dramatisch, dass es in Ägypten nur so von diesen Nachkommen wimmelt. Ein Ägypten, das der Familie von Josef wohl dankbar war, als sie noch keine 100 Mitglieder zählte, fand sie in größerer Anzahl eher bedrohlich. Im Laufe der Jahrhunderte wurden diese bevorzugten Diener des Pharao zu verachteten Sklaven.

Die ersten beiden Kapitel des *2. Buches Mose* handeln von den ersten Jahren im Leben des Mose. In den Kapiteln 3 und 4 lebt er in der Wüste, weil er aus Ägypten, wo er geboren wurde, fliehen musste. Er sieht einen brennenden Dornbusch, der nicht vom Feuer verzehrt wird. Als er sich dem faszinierenden Anblick nähert, hört er die Stimme Gottes, die ihn beauftragt, nach Ägypten zurückzukehren und die Israeliten aus der Gefangenschaft herauszuführen.

In 2. Mose 5 überbringt Mose diese Nachricht dem herrschenden Pharao (Pharao war nicht der Name einer Person, sondern der Titel des Königs von Ägypten): »So spricht der Herr, der Gott Israels: Lass mein Volk ziehen, dass es mir ein Fest halte in der Wüste.« Dem Pharao gefiel der Gedanke gar nicht, einen so wesentlichen Wirtschaftsfaktor zu verlieren – kostenlose Arbeiter. Die Folge war, dass für Ägypten eine lange Zeit des Elends folgte, als Gott eine Plage nach der anderen schickte mit der Absicht, den Pharao dazu zu bringen, seinen Anspruch auf die Nachkommen Abrahams aufzugeben. Das alles wird in 2. Mose 5–12 geschildert. Bei der zehnten Plage, dem Tod aller Erstgeborenen des ägyptischen Volkes, gibt der Pharao endlich nach und die Israeliten packen ihr Hab und Gut zusammen und machen sich auf den Weg in ein neues Leben.

Aber die Verheißungen Gottes an Abraham versprachen mehr als Nachkommen. Die Verheißungen umfassten auch die eher praktische Frage nach einem Land, wo all die Nachkommen leben sollten. Damals wurde dieses Land, das nordöstlich von Ägypten lag, Kanaan genannt, nach einem Enkel des Noah, dessen Nachfahren hier gesiedelt hatten. Heute heißt dieses Gebiet Palästina oder Israel. Das war das eigentliche Ziel der Israeliten, auch wenn ihr kurzfristiges Ziel erst einmal die Wüste war, die östlich von Ägypten lag und südlich von Kanaan. In Ihrer Bibel gibt es wahrscheinlich Karten, auf denen sie das alles finden können.

Während die Israeliten gerade dabei waren, Ägypten in Richtung Wüste zu verlassen, beschloss der Pharao erneut, sie lieber doch zu behalten. Er jagte ihnen nach und es kam zur Durchquerung des Roten Meeres, die in 2. Mose 13–15 beschrieben wird. Während sich das Wasser für die Israeliten teilte, war es nicht annähernd so freundlich zu den ägyptischen Verfolgern. Der Pharao und seine gesamte Armee ertranken. Die Tage der Sklaverei waren vorüber, aber jetzt tauchten neue Probleme auf.

Die Kapitel 16–19 erzählen von den anfänglichen Erfahrungen des Volkes Israel in der Wüste. Der Aufenthalt dort war kein Picknick. Die Menschen murrten gegen Gott, gegen Mose und gegeneinander. Selbst Wasserquellen, die aus Felsen sprudelten, und Brot vom Himmel (Manna) ließen all das Klagen nicht verstummen. Einige der Israeliten wünschten sich sogar zurück nach Ägypten, aber Mose hatte sie jetzt schon zu weit gebracht, als dass sie noch hätten umkehren können. 2. Mose 20 berichtet über den Augenblick am Berg Sinai, als Gott Mose mitten in Rauch und Feuer die Zehn Gebote übergab, die er an das Volk weitergeben sollte. Das war wie eine erweiterte Version des Erlebnisses mit dem brennenden Busch. Vielleicht hat Mose bis dahin Zweifel daran gehabt, dass er das Volk herausführen konnte, aber jetzt mussten sich alle Zweifel den Fakten beugen.

Beginnend mit 2. Mose 21 bekommen wir es mit einer Vielzahl detaillierter Bestimmungen für das Volk zu tun. Wenn Sie die Bibel bis hierhin gelesen haben, war der Stoff bis hierhin sehr bekömmlich gegenüber dem, was nun folgt. Bis zu diesem Punkt haben das *1. und 2. Buch Mose* hauptsächlich aus *Geschichten* bestanden. Gute Geschichten sind leicht zu lesen und das Urteil der Geschichte ist, dass die Geschichten im 1. und 2. Buch Mose alle gut sind. Aber wenn Mose anschließend an die Zehn Gebote anfängt, gesetzliche Regelungen für das neue Volk in allen Einzelheiten zu verkünden, dann fühlt sich der begierige Leser wie ein Passagier in einem Zug, der entgleist. Und es gibt keinerlei Hinweise dafür, wie das passiert ist oder wann der Zug wieder auf die Schienen gestellt wird. An dieser Stelle werfen die meisten Bibelleser die Flinte ins Korn. (Es gibt auch nur sehr wenig Menschen, denen es Spaß macht, Steuergesetze zu lesen.) Ab und zu ein paar Zeilen oder auch ein ganzes Kapitel mit Stammbäumen zu überspringen ist eine Sache, aber Kapitel um Kapitel von Regeln zu durchforsten, die einen nicht unmittelbar betreffen, immer in der Hoffnung auf ein bisschen frischen Wind, das ist dann doch etwas starker Tobak.

Von Kapitel 21 bis zum Ende des *2. Buches Mose* enthalten nur das Kapitel 24 und die Kapitel 32–34 Handlung, die das Geschehen weitertreibt. Hier wird allerdings der berühmte Zwischenfall mit dem Goldenen Kalb erzählt. In Abwesenheit von Mose, der gerade auf einem Berg die Gebote Gottes in Empfang nahm, machten sich die übrigen Israeliten eine goldene Stierstatue, die als Götterbild dienen sollte, ganz nach Gepflogenheit anderer Völker der damaligen Zeit. Das, so meinten sie, sei der Gott, der sie aus Ägypten befreit habe.

Als Mose zurückkam, packte ihn der Zorn. In der Folge machte er auf drastische Weise klar, was derjenige zu erwarten habe, der Götzendienst betreibt. Aber diese spannende Geschichte lesen Sie am besten selber nach.

Der Rest des Buches befasst sich mit Einzelheiten über Gesetze, nationale Feiertage und Ähnlichem. Im größten Teil geht es um Anweisungen zum Bau der Stiftshütte – einem transportablen Tempel für Gott. Wenn man bedenkt, wie komplex bereits die Anleitung zum Zusammenbauen eines Kleiderschranks ist, kann man sich vielleicht vorstellen, wie langatmig diese Beschreibungen zum Bau der Stiftshütte sein müssen. Sie müssen ja bedenken, dass Mose keine Zeichnungen hinterlassen hat – alle Anweisungen waren in Worten ausformuliert. Stellen Sie sich doch nur einmal vor, Sie müssten eine Ikea-Schrankwand ohne Abbildungen und Skizzen zusammenbauen!

Wenn Sie nicht an diesen Abschnitten scheitern wollen, müssen Sie lernen, sie zu umschiffen. Vielleicht möchten Sie deshalb solche Stellen markieren als »für spätere Lektüre aufbewahrt«. Wenn Sie mehr von der Bibel kennen, werden Ihnen diese Abschnitte nicht mehr so viel ausmachen, aber wenn Sie diese Passagen jetzt nicht überspringen, werden Sie wahrscheinlich gar nicht weiter in der Bibel lesen. Wie gesagt, betrachten Sie diese dichten Abschnitte nicht als wertlos – sondern lediglich als Teile der Zeitung, die Sie (vorläufig) nicht interessieren.

Das dritte Buch Mose (Levitikus)

Während das *1. Buch Mose (Genesis)* randvoll mit Geschichten ist und das *2. Buch Mose (Exodus)* halbvoll, gibt es im *3. Buch Mose (Levitikus)* fast gar keine Geschichten. Die Sorte detaillierter Bestimmungen und Anweisungen, die wir in der zweiten Hälfte des *2. Buches Mose* bereits vorgefunden haben, sind so ziemlich alles, was es im *3. Buch Mose* zu lesen gibt. Betrachten wir einmal die ersten Zeilen:

> »Und der Herr rief Mose und redete mit ihm aus der Stiftshütte und sprach: Rede mit den Israeliten und sprich zu ihnen: Wer unter euch dem Herrn ein Opfer darbringen will, der bringe es von dem Vieh, von Rindern oder von Schafen und Ziegen. Will er ein Brandopfer darbringen von Rindern, so opfere er ein männliches Tier, das ohne Fehler ist, vor der Tür der Stiftshütte, damit es ihn wohlgefällig mache vor dem Herrn, und lege seine Hand auf den Kopf des Brandopfers, damit es ihn wohlgefällig mache und für ihn Sühne schaffe.«
>
> 3. Mose 1,1–4

Und so geht es weiter, Seite um Seite, sieben Kapitel lang. Für Leute, die Tieropfer bringen wollen, ist eine solche Anleitung natürlich sinnvoll, aber für Leute, die aus dem Bibeltext eigentlich allgemeinere Grundsätze oder gar Anweisungen für das tägliche Leben heute ableiten wollen, ist das wirklich ein zähes Unterfangen.

In 3. Mose 8–10 lesen wir über die Einsetzung der Priester des Volkes Israel. Die Leviten hatten die Aufgabe, für den Rest des Volkes die Stiftshütte instand zu halten und sich um alle Gottesdienste zu kümmern. Die Priester sollten die entscheidenden Teile dieser Gottesdienste übernehmen. Moses Bruder Aaron wurde als erster Priester erwählt und all seine Nachkommen sollten dieses Amt innehaben. Aus der Skizze auf Seite 90 geht hervor, dass die Israeliten von Israel (Jakob) abstammten. Die

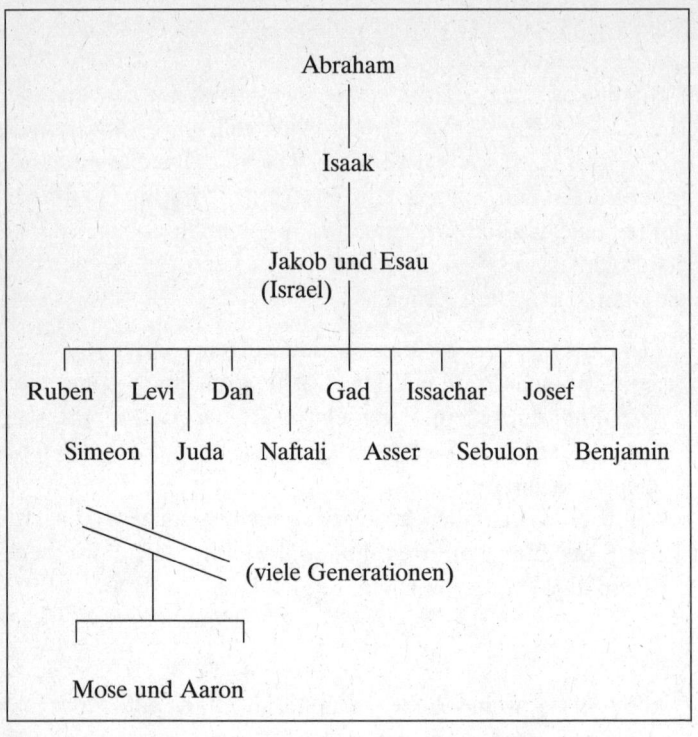

Leviten stammten von Israels Sohn Levi ab. Zu ihnen gehörten auch Mose und Aaron. Die Priester stammten von Aaron ab. Während nur eine Generation Israel von Levi trennte, lagen zwischen Levi und Aaron zahlreiche Generationen. Bedenken Sie, dass Hunderte von Jahren vergangen waren zwischen dem Ende des *1. Buches Mose* und den anderen vier Büchern Mose. Das *3. Buch Mose* betraf eigentlich alle Israeliten, aber niemanden so sehr wie die Priester und Leviten. Daher der Name *Levitikus*.

Wie die Menschen heute, machten sich auch die Israeliten damals Gedanken um ihre Gesundheit. In 3. Mose 11–15 geht es um Anweisungen, welche Nahrungsmittel gemieden werden sollten und was im Falle verschiedener Krankheiten zu tun war. Obwohl die dort genannten Einzelheiten auf unsere heutige Situation gar nicht übertragbar sind, sind doch ganz praktische Grundsätze erkennbar.

Von Kapitel 16 bis zum Ende (Kapitel 27) werden verschiedenste Themen angesprochen, wie etwa die Feiertage. Jede Nation hat ja ihre eigenen Feiertage, die sich durch die jeweilige Geschichte herausgebildet haben. Dazu gehören auch religiöse Feste, die ein Teil der Kultur eines Volkes sind. Beispielsweise sollten die Israeliten die Befreiung aus Ägypten jedes Jahr feiern. Dieser Anlass hieß Passa und sollte an die zehnte Plage erinnern, die Gott den Ägyptern aufgeladen hatte und mit der er die Israeliten rettete. Der Todesengel war an den Häusern der Israeliten vorbeigegangen und hatte nur die Erstgeborenen der Ägypter getötet. Zur Erinnerung wurde das Passafest eingerichtet. Dieser Abschnitt des *3. Buches Mose* ist wie ein Anleitungsheft, das für die Israeliten den Ablauf und die Bedeutung jedes dieser besonderen Tage erklärt.

Obwohl das *3. Buch Mose* seine Schwierigkeiten birgt, hat es auch »Diamanten« zu bieten und manche davon liegen dicht unter der Oberfläche. Als Jesus gefragt wurde, welches das größte Gebot im Gesetz des Mose sei, zitierte er das 3. Buch Mose:

> »Du sollst dich nicht rächen noch Zorn bewahren gegen die Kinder deines Volks.
> Du sollst deinen Nächsten lieben wie dich selbst; ich bin der Herr.«   3. Mose 19,18

Es gibt keine Blinkleuchten oder Hinweisschilder im Text, die den Weg zu diesem Kleinod zeigen. Es wäre allerdings reichlich verwegen, wenn wir das *3. Buch Mose* als die Stelle aussuchen würden, um mit dem Bibellesen anzufangen. Am besten liest man dieses Buch wie eine Art Anhang zum *2. Buch Mose*. Wenn die Einzelheiten der zweiten Hälfte des 2. Buches Mose anfangen, Sie zu interessieren, dann können Sie ins *3. Buch Mose* eintauchen. Bis dahin sind Sie vielleicht besser dran, wenn Sie einfach einen Bogen um dieses Buch machen.

Das vierte Buch Mose (Numeri)

Das 4. Buch Mose (Numeri) erzählt die Geschichte des Volkes Israel vom Fuße des Berges Sinai bis zur Grenze des verheißenen Landes. Das war wahrhaftig kein Sonntagsausflug. Es war etwa ein Jahr vergangen, seit sie aus Ägypten ausgezogen waren. Die meiste Zeit hatten sie damit zugebracht, die Stiftshütte zu errichten und die Priesterschaft einzusetzen. Wenn schon die Israeliten damals ein Jahr brauchten, um sich an die vielen Einzelheiten der Bestimmungen des Mose zu gewöhnen, dann sollten Sie nicht böse mit sich sein, wenn Sie sich nicht gleich hineinfinden.

Eine weitere Beschäftigung des Volkes Israel bestand darin, das Volk zu zählen, konkret: die kampffähigen Männer ab 20 Jahren, und zwar nach Stammeszugehörigkeit. Es ergab sich eine Zahl von 603 550. Gottes Verheißung auf Nachkommen für Abraham erweist sich also als eine mit erstaunlichen Ausmaßen. Diese Nachkommen hatten die Unterdrückung durch die Ägypter überstanden, ohne einen Speer zu erheben, aber die Eroberung Kanaans war wieder eine ganz andere Angelegenheit. Außer einer Hilfe im Blick auf die militärische Strategie war diese Zählung auch hilfreich bei der Verteilung der Menschen im verheißenen Land, wenn es erst einmal eingenommen sein würde. Den größeren Stämmen sollte mehr Land in Kanaan zugewiesen werden.

Außerdem wurde auch eine spezielle Zählung der Leviten und Priester vorgenommen. Sie waren zu beschäftigt mit dem Bau der Stiftshütte, deren Einrichtung, den Opferungen und dem Unterrichten des Gesetzes, um sich an Kämpfen zu beteiligen. Und weil sie das Volk unterrichten und unterweisen sollten,

sollten sie nicht ihr eigenes Gebiet bekommen. Stattdessen sollten ihre Familien unter allen Stämmen Israels zerstreut werden, um die Lehren des Mose allen Israeliten zugänglich zu machen. Nebenbei bemerkt, haben Sie jetzt ja sicher schon gemerkt, dass der Begriff »Gesetz des Mose« sich zum einen strikt auf das beziehen kann, was Mose direkt und konkret gelehrt hat, aber auch auf die fünf Bücher, in denen diese Lehren enthalten sind.

Bis zum Kapitel 10 sind die Vorbereitungen abgeschlossen und die flügge gewordene Nation mit ihrem Heer hat ihre Zelte abgebrochen. Nachdem die Israeliten ein Jahr in der Wüste hatten, um sich bereitzumachen, sind sie jetzt auf dem besten Wege zur glorreichen Inbesitznahme des verheißenen Landes. Kaum sind die Israeliten aufgebrochen, ist aber schon wieder Sand im Getriebe. Interne Querelen, die schon ihren Marsch zum Berg Sinai verdorben hatten, brechen wieder aus. Die Leute haben das Essen satt und sie haben es genauso satt, sich von Mose sagen zu lassen, was sie zu tun und zu lassen haben. Gott ist enttäuscht darüber, dass die Wunder, die er bereits getan hat, das Volk nicht von seiner Bereitschaft und seiner Fähigkeit überzeugt haben, für das Volk zu sorgen, auch mitten in einem ansonsten eher feindlichen Umfeld.

Den Höhepunkt finden diese Spannungen in 4. Mose 13 und 14. Dort beauftragt Mose zwölf Späher, einen aus jedem Stamm, das verheißene Land auszukundschaften. Sie brauchen für den Auftrag, das Land von einem Ende bis zum anderen zu erkunden, 40 Tage. Sie sind angenehm überrascht von dem Land, haben aber schreckliche Angst vor dessen derzeitigen Bewohnern. Die Kundschafter sagen: »Wir können uns nicht mit diesem Volk anlegen, denn es ist einfach zu stark für uns.« Nur zwei der Späher trauten Gottes Zusage und wollten das Land trotz allem einnehmen, aber sie wurden von den anderen überstimmt.

Also beschloss Gott, die nächste Generation abzuwarten, bevor ein neuer Versuch gestartet werden sollte, das Land zu erobern. Das hieß, dass die derzeitige Generation die nächsten

40 Jahre, ein Jahr für jeden Tag, den sie zum Auskundschaften des verheißenen Landes gebraucht hatten, in der Wüste umherirren sollte, bis sie sterben und einer neuen Generation Platz machen würde.

Über die nächsten 40 Jahre der Wüstenwanderung wird nicht viel berichtet, außer, dass das Murren und Klagen nie ganz aufhörte. Doch selbst während dieser »Strafrunde« versorgte Gott weiterhin sein Volk mit Nahrung und Kleidung. Als die 40 Jahre sich ihrem Ende näherten, gab es eine weitere Volkszählung und obwohl die Rangfolge der Stämme sich in Bezug auf die Größe geändert hatte, war die zahlenmäßige Größe des gesamten Volkes etwa gleich geblieben. Als die Zeit nahte, das verheißene Land einzunehmen, war Israel auf dem Weg dorthin im Kampf mit fremden Völkern konfrontiert. Jedesmal wurde den Israeliten der Sieg gewährt. Das stärkte ihr Selbstvertrauen, während sie sich Kanaan näherten.

Diese Zusammenfassung erweckt jetzt möglicherweise den Eindruck, dass das *4. Buch Mose (Numeri)* eine unwahrscheinlich spannende Angelegenheit sei. Aber dieser Eindruck täuscht. Die Handlung des Buches wird unterbrochen durch lange Abschnitte mit Volkszählungsangaben, Anweisungen für den Marsch des Volkes Israel und weitere detaillierte Bestimmungen, wie es im *2. und 3. Buch Mose* schon etliche gab. So ist dieses Buch auch nicht gerade etwas für Anfänger im Bibellesen.

Das fünfte Buch Mose (Deuteronomium)

Man könnte kaum einen passenderen Abschluss für die fünf Bücher Mose finden als das *5. Buch Mose (Deuteronomium)*. Es ist der persönlichste der fünf Bände. Hier sind die Worte niedergeschrieben, die Mose kurz vor seinem Tod sprach, als die Israeliten endlich so weit waren, das verheißene Land zu betreten. Mose war 80 Jahre alt gewesen, als er den Pharao zum ersten Mal aufgefordert hatte, das Volk Gottes ziehen zu lassen. Inzwischen war er 120 Jahre alt. Ursache des Todes war letztlich aber nicht »Altersschwäche«, sondern vielmehr seine eigenen Unzulänglichkeiten, die letztlich dafür sorgten, dass er zusammen mit der ungehorsamen Generation umkommen sollte. In seiner Größe hatte Mose aber nie auch nur ansatzweise behauptet, vollkommen zu sein.

Obwohl er das Land Kanaan nicht mehr betreten durfte, wurde ihm von einem Berggipfel aus ein Blick auf das Land gewährt. Schon der bloße Anblick berührte ihn so stark, dass er mit einer Beredtheit zu der nachfolgenden Generation sprach, die immer noch auf den Seiten dieses *5. Buches Mose* mitschwingt. Er versucht, die neue Generation anzuspornen und zu lenken, gegen allen Augenschein hoffend, dass sie die vorherige übertreffen würde.

In den ersten vier Kapiteln erinnert Mose noch einmal an einige wichtige Ereignisse der vergangenen 40 Jahre. Dazu gehören auch die Siege über Völker, die sich gegen Israel erhoben hatten. Aber noch häufiger ist er gezwungen, an die weniger glanzvollen Punkte in dieser Phase zu erinnern. Dazu gehören die Episoden, in denen das Volk murrt, zuerst erwähnt *im 2. und 4. Buch Mose.*

In 5. Mose 5 nennt Mose noch einmal die Zehn Gebote. In den folgenden Kapiteln wiederholt er die detaillierten Gesetze, die zuerst im *2., 3. und 4. Buch Mose* erlassen wurden.

Obwohl ein großer Teil dieser Rede, seien es Erlebnisse oder Gebote, aus der Vergangenheit stammen, soll sie sich positiv auf die Zukunft auswirken. Mose erinnert das Volk daran, dass ein Sieg gegen die Bewohner Kanaans davon abhängt, wie treu Israel sich an die Anweisungen Gottes hält.

Im Allgemeinen werden die Bewohner des verheißenen Landes Kanaaniter genannt. Manchmal werden sie auch genauer und mit anderen Namen bezeichnet und man findet eine Reihe von Namen wie Amoriter, Hetiter, Girgaschiter, Perisiter etc. Aber wie auch immer sie heißen mögen, warum sollten all diese

Leute gezwungen werden, ihr Land zu verlassen? Und warum sollte Israel dieses Land an sich reißen dürfen? Mose argumentierte, dass all diese Leute ihr Land verlieren, weil sie in Gottes Augen schlecht waren. Und auch das Volk Israel sollte das Land nicht etwa bekommen, weil es aus sich selbst heraus gut, sondern weil Gott gnädig war und sein Volk liebt. Und wenn das Volk Israel Gott nicht gehorchen sollte, würde es eines Tages ebenso enteignet werden wie die jetzigen Bewohner. Anders ausgedrückt: Der Gehorsam gegenüber dem Gesetz, das er verkündet hatte, war nicht nur eine Glaubensangelegenheit und eine Sache der Religion, sondern für das Volk eine Überlebensfrage.

Die Saat dieses Grundgedankens ist bereits ganz am Anfang der Bibel, in 1. Mose 15 zu finden, als Gott Abraham (damals noch Abram) sagte, dass das verheißene Land zwar für ihn bestimmt sei, dass es aber noch sehr lange dauern würde, bis er dort ankommen und es in Besitz nehmen würde. Grund für diese Verzögerung war nach Aussage Gottes: »Das Maß der Schuld der Amoriter ist noch nicht vollständig«. Mit anderen Worten: Die Bewohner des Landes waren selbst damals zu Abrahams Zeiten keineswegs rechtschaffen. Aber Gott ist geduldig, er musste noch viel mehr unter dem Ungehorsam der Amoriter leiden, bevor diese ihr Land einbüßten. Die Bedingungen, die Israel zum Krieg mit Kanaan veranlassten, und die in diesem Wettstreit dem Volk Israel den letztgültigen Sieg bringen sollten, hatten sich also über Jahrhunderte entwickelt.

Mose war entschlossen, diese Lektion dem Volk Israel einzuschärfen. Wie mit den Kanaanitern würde Gott auch mit ihnen Geduld haben. Wenn sie aber diese Geduld mit Gleichgültigkeit verwechselten, dann würden auch sie eines Tages von ihrem Stück Land vertrieben werden. In 5. Mose 27 und 28 legt Mose in allen Einzelheiten den Segen dar, den ihr Gehorsam mit sich bringen würde, und die Flüche für den Fall ihres Ungehorsams. Wie ein guter Vater hörte er nicht auf, seine »Kinder« zu richtigem Verhalten zu ermahnen, auch wenn er es wahrscheinlich ziemlich leid war.

Mose kannte das Wesen der Menschen viel zu gut, um uneingeschränkt optimistisch zu sein. Ja, seine Prophetien am Ende des Buches sagen dem Volk eine düstere Zukunft voraus. Aber hinter allem, was er sagt, steht eine Überzeugung, die sich durch Jahre der Prüfungen, die einen weniger glaubensstarken Mann wahrscheinlich vernichtet hätten, ihren Weg in ihm gebahnt hat: Wenn Israel Gutes tut, würde Gott das belohnen, wenn es Schlechtes tut, würde Gott es davon befreien – auf seine Weise. Mit dieser Ermahnung konnte er seine Sache abschließen und in Frieden sterben. So schließt das letzte Buch Mose.

Rückblick

Der ausgedehnte Ausflug durch den ersten Abschnitt der Bibel zeigt, was es mit dem Gesetz des Mose auf sich hat – in der Tat ein mächtiges Werk. Wenn man Zugang zur frühen Bibelgeschichte bekommen möchte, dann kann man das gesamte *1. Buch Mose* lesen, die erste Hälfte des *2. Buches Mose*, *das 3. Buch Mose* überspringen, das *4. Buch Mose* querlesen und schließlich das *5. Buch Mose* überfliegen. Dann hätte man ein ganz gutes Verständnis davon, wie das alte Israel gezeugt und geboren wurde. Andererseits kann es auch durchaus lohnenswert sein, sich ein Buch nach dem anderen vorzunehmen und die Schätze darin zu suchen. Ich habe ja jetzt nur die Höhepunkte der Geschichte erwähnt. Sie werden beim Lesen der Bücher viele faszinierende Wegbiegungen entdecken und sogar ein paar Umwege, die Ihnen bei der Lektüre Freude machen werden.

Vergessen Sie nicht, einen Stift bereitzuhalten. Vielleicht möchten Sie sich Notizen oder Zeichen machen, um zur eigenen Erinnerung zu markieren, wo Sie aufgehört haben zu lesen oder wo Sie Abschnitte übersprungen haben. Sich den Weg zu markieren ist dabei eine Hilfe, Zugang zur alten Literatur zu bekommen. Mit den Produkten der heutigen Zeit macht man es ja auch nicht anders.

Genesis, Exodus, Levitikus, Numeri und Deuteronomium (1.- 5. Buch Mose) sind der stabile Grundstein für den Rest der Bibel. Wie fünf große Berge stehen sie majestätisch da und laden zu Abenteuern ein. Obwohl sie einen einschüchtern können, würde es nicht länger als einen Tag dauern, jeden einzelnen von ihnen zu erklimmen, besonders wo wir jetzt auch ein wenig über jeden einzelnen Berg wissen. Trotzdem ist dies nur eine von vielen und wahrscheinlich nicht einmal die beste Stelle, um mit dem Bibellesen anzufangen. Lassen Sie uns zu anderen Abschnitten weitergehen, weil es mehr Türen zur Bibel gibt als nur diese fünf.

2) Die Geschichtsbücher

Wenn man die fünf Bücher Mose als Fundament der Bibel betrachtet, dann sind die folgenden zwölf Bücher in diesem Vergleich das Erdgeschoss. Die geschichtlichen Aufzeichnungen des Volkes Israels, die mit 1.-5. Mose begannen, werden in den folgenden zwölf Büchern fortgesetzt. Deshalb werden diese zwölf Bücher auch als »Geschichtsbücher« bezeichnet. Die ersten fünf Bücher der Bibel haben das Volk Israel an den Rand des verheißenen Landes gebracht und in den folgenden zwölf geht es nun darum, was geschah, nachdem das Volk Israel sich dort niedergelassen hatte. Zur Geschichte des Volkes Israel in diesem Land gehören Höhen und Tiefen. Die Höhen waren sehr hoch und die Tiefen sehr tief. Dabei versuchen die Schriften der Bibel nicht, das Versagen Israels oder ihrer Führer zu beschönigen. Fiaskos erhalten das gleiche Maß an Aufmerksamkeit wie positive Leistungen. Diese erfrischende historische Sicht stimmt mit dem Rest der Bibel und mit der Bestimmung des alten Volkes Israel überein: die positive Aufmerksamkeit nicht auf sich selbst, sondern auf den Schöpfer zu lenken.

Umfang und Bandbreite

Wenn die fünf Bücher Mose wie der Kontinent Afrika sind, dann sind die Geschichtsbücher wie Asien – sogar noch größer. Der gesamte Text dieser zwölf Bücher ist etwa ein Drittel länger als der der fünf vorhergehenden Bücher. Alles, was für »Afrika« galt – Weite und Vielfalt, die sowohl einschüchtern als auch einladen – gilt auch für dieses »Asien«. In mancherlei Hinsicht gilt das hier sogar noch verstärkt. Vom Umfang her sind die Geschichtsbücher in sich unterschiedlicher als die ersten fünf Bücher der Bibel. Bei den ersten fünf Büchern ist das längste fast doppelt so lang wie das kürzeste. Aber von den zwölf Geschichtsbüchern ist das längste fast zehnmal so lang wie das kürzeste. Und trotzdem ist das längste der Geschichtsbücher erheblich kürzer als das erste Buch Mose (das längste der Mosebücher). Geschichte wird hier also in verschieden großen Portionen serviert, von denen jedoch keine unzumutbar groß ist.

Allgemein betrachtet haben diese Bücher einen ähnlichen Stil wie die Mosebücher. Aber weil Mose die einzigartige Aufgabe hatte, das Gesetz für das Volk Israel niederzulegen, findet man dieses spezielle Element in den Geschichtsbüchern nicht. Man findet dort jedoch Zitate und Umformulierungen dieses Gesetzes sowie Anspielungen darauf. Dieses Gesetz war das, was der Geschichte Israels den Stempel aufgedrückt hat.

Die zwölf Geschichtsbücher sind in zeitlicher Reihenfolge geordnet. Sie fangen an in der Zeit unmittelbar nach dem Tod des Mose und umfassen etwa 1000 Jahre. Trotzdem gibt es in den historischen Aufzeichnungen auch Überschneidungen und Lücken. In *1. und 2. Chronik* werden beispielsweise geschichtliche Ereignisse, die in den Büchern *Samuel* und *Könige* aufgezeichnet sind, noch einmal erzählt. Und was die Lücken angeht, so wüssten wir vielleicht gern mehr über die Jahre zwischen dem letzten König Israels und der Rückkehr der Israeliten aus der Verbannung.

Darüber hinaus wird manchen Phasen mehr Aufmerksamkeit gewidmet als anderen. So erfahren wir beispielsweise weit mehr über die Zeit der Könige Israels als über die Zeit der Richter. Und es wird mehr über die Zeit der ersten Könige Israels berichtet als über die der letzten.

Diese Unterschiede in der Wiedergabe der Geschichte sind wieder ein weiterer Hinweis darauf, dass die Bibel nicht von einem einzelnen Verfasser als ein einzelnes Buch geschrieben wurde. Sie wurde stückweise abgefasst und die einzelnen Teile wurden dann gesammelt und zusammengestellt. Jeder Verfasser hatte einen etwas anderen Blickwinkel und einen etwas anderen Interessenschwerpunkt. Deshalb müssen wir die Bereitschaft mitbringen, ab und zu beim Lesen einen anderen Gang einzulegen, je nachdem, welches Buch gerade an der Reihe ist, auch wenn wir stetig weiterlesen.

Titel und Verfasser

Die Titel der zwölf Geschichtsbücher der Bibel sind im Allgemeinen von der Hauptfigur oder zumindest einer der Hauptfiguren des jeweiligen Buches abgeleitet. Deshalb sind die meisten Titel Personennamen – *Josua, Rut, 1. und 2. Samuel, Esra, Nehemia* und *Ester* oder Namen von Personengruppen – *Richter, 1. und 2. Könige*. Die einzige Ausnahme bildet dabei *1. und 2. Chronik*.

Wenn man die ersten fünf Bücher der Bibel als eine Einheit betrachtet, dann sind auch sie nach dem Namen der Hauptfigur überschrieben: Mose. Wenn man die Bücher einzeln betrachtet, sind die Titel abgeleitet vom Thema jedes Buches. Diese Art der Betitelung hat Ähnlichkeit mit der von *1. und 2. Chronik.* All das zeigt auch, dass die Titel der biblischen Bücher weniger aussagekräftig sind als die Buchtitel im modernen Verlagswesen.

Wissenschaftler spekulieren über die jeweiligen Verfasser jedes Buches, aber nur in zwei von ihnen gibt es konkrete Hinweise auf solch einen Verfasser. In den Büchern *Esra* und *Nehemia* schreiben die Verfasser abwechselnd in der ersten und dritten Person. Das lässt darauf schließen, dass Esra und Nehemia selbst die entsprechenden Autoren sind.

Wie bereits im ersten Teil des vorliegenden Buches festgestellt, gab es damals die normalen Verlagsangaben, die wir heute gewohnt sind – Autor, Titel, Veröffentlichungsjahr und Inhaltsverzeichnis – bei den einzelnen biblischen Büchern noch nicht. Stattdessen haben wir es aber mit Texten zu tun, die für sich selbst sprechen. Glücklicherweise sind diese Texte auf dieser Basis sehr aussagekräftig. Die dort aufgezeichneten Ereignisse und die Bedeutung, die ihnen beigemessen wird, machen das Fehlen von Titeln und Unterüberschriften zu einem höchstens geringfügigen Nachteil.

Das Buch Josua

Josua war der Nachfolger des Mose als Führer des Volkes Israel. Das Buch Josua zeichnet das Geschehen von der Zeit dieser Nachfolge bis zum Tode Josuas auf. Der Titel leitet sich aus der Tatsache ab, dass Josua das ganze Buch hindurch die Hauptfigur ist.

Zum größten Teil ist das Buch eine geradlinige Erzählung. In der Mitte wird sie allerdings ein bisschen langatmig und ich will erklären, warum das so ist.

Das Buch beginnt eine Weile nach dem Tod des Mose. Gott beauftragt Josua, die Israeliten über den Fluss Jordan in das verheißene Land Kanaan zu führen, das jedoch von zahlreichen Stadtstaaten besetzt ist. Der bekannteste von ihnen war

Jericho, eine durch eine Stadtmauer befestigte Stadt westlich des Jordan.

Josua bereitete das Volk auf die Invasion und auf Kämpfe vor. Für zweieinhalb der zwölf Stämme Israels gab er besondere Anweisungen. Diese zweieinhalb Stämme – Ruben, Gad und der halbe Stamm Manasse – hatten mit Mose ein Abkommen getroffen, das es ihnen gestattete, ihr Land östlich des Jordan abzustecken. Die Frauen und Kinder durften dort bleiben, während die Männer zusammen mit den anderen neuneinhalb Stämmen den Jordan überqueren und kämpfen mussten. Als das Land westlich des Jordan gesichert war, durften die zweieinhalb Stämme wieder zu ihren Familien östlich des Jordan zurückkehren.

Gott arrangierte für diese Generation von Israeliten die Jordanüberquerung genauso wie für die vorhergehende die Überquerung des Roten Meeres – sie kamen trockenen Fußes hinüber. Erinnern Sie sich, dass die Generation, die aus der ägyptischen Sklaverei befreit worden war, 40 Jahre lang in der Wüste umherwandern musste? Die beiden Ausnahmen waren Josua und Kaleb gewesen, die einzigen Späher, die die richtige Einstellung in Bezug auf die Verheißung Gottes gezeigt hatten. Nachdem sie den Jordan überquert hatte, merkte diese neue Generation, dass nach dem Morgentau immer weniger Manna vorhanden war – die Ackerbauerträge aus dem fruchtbaren Land, das sie bekommen hatten, sorgten dafür, dass sie jetzt in den Genuss einer sehr viel ausgewogeneren und vielseitigeren Ernährung kamen.

Auf dem Weg durch den Jordan wurde die Bundeslade, ein tragbarer goldener Kasten und zentraler Einrichtungsgegenstand der Stiftshütte, die sie während ihres Aufenthaltes in der Wüste gebaut hatten, von zwei Priestern vorangetragen, als Symbol für die Gegenwart Gottes inmitten seines Volkes.

Weil die Mauern von Jericho uneinnehmbar aussahen, umkreisten die Israeliten sie einfach sechsmal, angeführt von den Priestern, die die Bundeslade trugen. Es gab keinerlei Kämpfe und die Bürger von Jericho wunderten sich wahrscheinlich sehr über den Zweck dieses merkwürdigen Verhaltens. Am siebenten Tag stießen die Israeliten einen Kriegsschrei aus und die Mauern stürzten ein. So gewannen sie die Schlacht um die Stadt.

Die zweite Stadt in Kanaan, Ai, war dann ein bisschen schwieriger einzunehmen. Nicht dass Ai besser verteidigt wurde als Jericho, sondern Israel hatte Verhaltensweisen an den Tag gelegt, die sich negativ auf die Beziehung zu Gott ausgewirkt hatten. Mose hatte ganz klar darauf hingewiesen, dass Israels Anspruch auf das neue Land genauso erlöschen konnte, wie der der Kanaaniter, wenn ihr Verhalten und ihre Einstellung nicht in Ordnung waren. Josua erkannte die Ursache des Problems und Israel gelangte wieder auf die Siegerstraße.

Als die Nachrichten von den Siegen Israels sich ausbreiteten, bekamen die Könige der Stadtstaaten in Kanaan Angst. Die Stadt Gibeon erschlich sich ein Abkommen mit den Israeliten und als diese die List durchschauten, machten sie die Bewohner der Stadt zu Sklaven – was diese allerdings naturgemäß dem Tod vorzogen.

Andere Städte verbündeten sich gegen Israel und bekämpften das Volk gemeinsam, aber selbst die größere Schlagkraft dieser militärischen Bündnisse konnte den Vormarsch der Israeliten nicht aufhalten. Stadt um Stadt fiel. In Kapitel 12 werden 31 besiegte Stadtkönige aufgezählt.

Die »Action« und Faszination, von der die erste Hälfte des Buches gekennzeichnet ist, hört in den Kapitel 13 bis 20 abrupt auf. Hier wird nämlich die Aufteilung des verheißenen Landes an die Stämme in allen Einzelheiten beschrieben, in allen klitzekleinen Einzelheiten. Und das alles ohne Verweis auf eine Karte, was die Sache entsprechend wortreich macht. In Verbindung mit unserer Unkenntnis über die landschaftlichen Merkmale der damaligen Zeit ist dieser Abschnitt wirklich zäh zu lesen. Aber in den abschließenden Kapiteln des Buches *Josua* kommen wieder Geschichten, die die Handlung vorantreiben.

Besonders bewegend sind Josuas Worte an sein Volk kurz vor seinem Tod, wobei er noch einmal die letzten Worte des Mose, die dieser vor vielen Jahren gesprochen hatte, nachklingen lässt. Josua erinnert die Israeliten daran, dass sie in dieses Land gekommen sind, weil Gott schon lange diesen Plan für sie gehabt hat. Ihr Anspruch auf dieses Land beruht darauf, dass Abraham ihr Vorfahre ist. Aber ihr Recht, sich in Frieden dieses Landes zu erfreuen, ist an ihr Verhalten und an ihren Lebensstil gebunden – insbesondere daran, inwieweit sie sich an das von Mose übermittelte Gesetz halten. Genau wie Moses Rede im 5. Buch Mose, ist auch diese Rede Josuas ernüchternd, ohne aber zu entmutigen.

Das Buch der Richter

Nun hatten die Israeliten zwar das verheißene Land in Besitz genommen, aber es war ihnen nicht gelungen, alle Kanaaniter zu vertreiben. Auf dem Gebiet jedes einzelnen Stammes gab es immer noch Widerstandsnester der Kanaaniter. Gott hatte davor gewarnt, dass restliche Kanaaniter der »Stachel im Fleisch« der Israeliten bleiben würden. Diese Stachel würden wie Strafen sein und Israel daran erinnern, dass halbherziger Gehorsam nicht die Fülle des Segens bringen würde, die Gott zugesagt hatte.

Außer mit diesen Angriffen von innen hatte Israel auch mit äußeren Feinden zu tun. Diese Bedrohungen würden ab- bzw. zunehmen, je nachdem, ob Israel sich an das Gesetz Gottes hielt oder nicht. Wenn Israel seine Verpflichtungen Gott gegenüber erfüllte, kam es in den Genuss von Friedensphasen. Kam es jedoch vom Weg Gottes ab, erlebte es Krieg und Unterwerfung. Diese Sicht – dass Geschichte ein Resultat menschlichen Verhaltens und der Reaktion Gottes darauf ist – zieht sich durch alle biblischen Bücher. Die zwölf Geschichtsbücher stellen Israel als Fallbeispiel für dieses Geschichtsverständnis dar.

Gott hatte verheißen, dass er das Volk Israel belohnen würde, wenn es ihm gehorchte. Genauso sagte er auch zu, dass er das Volk erlösen würde, wenn es trotz allem sündigte. Gott tat das in erster Linie, indem er Leiter erstehen ließ, das heißt »Richter« berief. Diese Leiter wurden nicht als Herrscher berufen wie beispielsweise ein König, sondern sie wurden in Krisenzeiten zu Rate gezogen, um für Gott und das Volk meist mit militärischen Mitteln bestimmte Anliegen zu erfüllen. Mose und Josua hatten eine ähnliche Funktion und das Buch der *Richter* berichtet von den nachfolgenden Führern, die in ihre Fußstapfen traten. Keine der Krisen war so schwer wie die, mit denen Mose oder auch Josua konfrontiert waren. Aber die Arbeit der Richter war wichtig und trug erheblich zum Wohl des Volkes Israel bei.

Der geschichtliche Zeitraum, in dem das Buch der *Richter* handelt, erstreckt sich über einige hundert Jahre, beginnend mit dem Tod Josuas. Die Richter, deren Taten beschrieben werden, heißen Otniel, Ehud, Schamgar, Debora, Gideon, Tola, Jair, Jeftah, Ibzan, Elon, Abdon und Simson. Außer einem oder zwei Namen sind die meisten uns wahrscheinlich nicht vertraut. Aber zur damaligen Zeit waren diese Männer wichtige und gefeierte Helden. Manche Richter werden nur mit einem Satz erwähnt. Aber über Gideon und Simson gibt es jeweils mehrere Kapitel. Die Länge der Geschichten der übrigen liegt irgendwo dazwischen.

Das gesamte Buch ist eine Reihe solcher einzelnen Episoden. Das Thema der Geschichten ist Israels wiederholte Abtrünnigkeit und Gottes wiederholtes rettendes Eingreifen. Genauso wie Gott Mose schickte, als das Volk Israel aus Ägypten schrie, schickte er auch weiterhin Retter, immer wenn die Nachkommen aus dem verheißenen Land schrien.

Die »Fieberkurve« des Schicksals des Volkes Israels zeigt aber letztlich eine abwärts gerichtete Langzeittendenz. Gegen Ende des Buches taucht wiederholt der Satz auf: »Zu der Zeit war kein König in Israel; jeder tat, was ihn recht dünkte.« Diese Beschreibung bildet die Kulisse für spätere Bücher, in denen der

Aufstieg der Monarchie in Israel beschrieben wird. Jedenfalls endet das Buch *Richter* damit, dass sich das Volk Israel so verdorben und schlecht verhält, dass man sich an das Verhalten der Bewohner aus Sodom und Gomorra aus dem *1. Buch Mose* erinnert fühlt. Das Buch *Richter* endet also absolut nicht nach dem Motto: »Und sie lebten glücklich bis an ihr seliges Ende.«

Das Buch Rut

Das kurze Buch *Rut* – das kürzeste der Geschichtsbücher – bietet eine wohltuende Abwechslung zu den moralischen Katastrophen, die am Ende des Buches der *Richter* beschrieben werden. Den Titel hat es nach seiner Hauptfigur. Rut und ihre Schwiegermutter Noomi stehen als Beispiele dafür, wie manche Menschen auch in den schlimmsten Zeiten leben und überleben können.

Noomi war verheiratet und hatte zwei Söhne. Sie lebten zur Zeit der Richter, obwohl keiner der Richter in dem Buch konkret beim Namen genannt wird. Deshalb könnte man sich das Buch *Rut* auch als eine vier Kapitel umfassende Hinzufügung zum Buch der *Richter* vorstellen. Das verheißene Land, in dem nach Gottes Willen doch eigentlich »Milch und Honig fließen« sollten, war von einer Hungersnot heimgesucht worden. Hungersnot sowie Krieg waren eine Folge des schlechten Verhaltens des Volkes Israel. Weil sie etwas zu essen brauchte, war Noomis Familie gezwungen, ins benachbarte Moab zu ziehen. Während ihres Aufenthaltes dort fanden die beiden Söhne von Noomi Frauen: Rut und Orpa.

Noomis Mann und ihre beiden Söhne starben kurze Zeit später. Das kleine Zipfelchen Glück, das Noomi schließlich zu fassen bekam, bestand darin, dass die Hungersnot in Israel zu Ende war und sie in ihre Heimat zurückkehren konnte. Obwohl Rut eine Moabiterin war, hatte sie in Noomi jemanden gefunden,

den sie nicht wieder verlieren wollte, also beschloss sie, mit ihrer Schwiegermutter nach Israel zu ziehen. Zwei Witwen waren zur damaligen Zeit finanziell so benachteiligt, wie man es sich nur vorstellen kann. Aber durch die Gewitztheit der Noomi, die Frömmigkeit der Rut und einige Bestimmungen des mosaischen Gesetzes wurde ein Mann für Rut gefunden. Dieser Mann war Boas, ein integrer, reicher Mann, der nicht nur für die beiden Witwen sorgte, sondern auch noch zeigte, wie Gott auch aus der hoffnungslosesten Lage befreien kann. Hier gibt es ein Happy End, das im Buch der *Richter* fehlt.

Wenn Sie noch nie ein biblisches Buch in einem Zug durchgelesen haben, dann wäre das Buch *Rut* eine vorzügliche Wahl. Es ist sehr kurz und geradlinig erzählt und könnte als Anfang dienen, die Bibel Buch für Buch durchzulesen. Für das Buch *Rut* brauchen Sie nicht einmal 15 Minuten.

Das erste Buch Samuel

Zu dem Zeitpunkt, als das *erste Buch Samuel* beginnt, ist das Zeitalter der Richter noch nicht zu Ende. Geistlicher Führer ist der Priester Eli. Er ist alt, seine Söhne taugen aufgrund ihres Lebenswandels nicht zu seiner Nachfolge. Während er in der Stiftshütte Dienst tut, die jetzt in der Stadt Silo steht, sieht Eli dort eine Frau, die betet. Diese Frau ist Hanna und sie bittet Gott, sie von ihrer Unfruchtbarkeit zu erlösen. Sie verspricht Gott, ihm ihr Kind zum Dienst zu weihen, wenn er sie erhört. Zur damaligen Zeit bedeutete Dienst am Herrn die Versorgung und Pflege der Stiftshütte.

Und Gott schenkt Hanna einen Sohn, den sie Samuel nennt. Schon als kleiner Junge beginnt Samuel mit seinem Dienst im Heiligtum. Als es so weit ist, übernimmt er Elis Platz als Führer des Volkes Israel. All das wird in den ersten sieben Kapiteln des Buches berichtet.

Das dramatischste Ereignis dieser Phase besteht darin, dass die Israeliten die Bundeslade verlieren. Sie kämpfen gegen die Philister, eine benachbarte Macht, und weil es in Jericho unter der Leitung Josuas funktioniert hat, die Bundeslade vor dem Heer voranzutragen, denken sie sich, es wäre klug, im Kampf gegen die Philister genauso zu verfahren. Das hat diesmal jedoch katastrophale Folgen. Die Philister fügen den Israeliten große Verluste zu und rauben die Bundeslade. Diese wird zwar später zurückerobert – auf ziemlich außergewöhnliche Weise –, aber für die Israeliten ist es eine äußerst demütigende Niederlage. Sie müssen hier die Erfahrung machen, dass die Bundeslade zwar nach Gottes Plan gebaut wurde, dass sie aber noch lange kein Talisman ist, der ihnen Gottes Hilfe garantiert. Nur ihr Verhalten und ihre Einstellung können dafür sorgen, dass Gott ihnen beisteht.

Das Prinzip, Richter in konkreten Krisen und für besondere Aufträge heranzuziehen, unterschied Israel deutlich von den umliegenden Völkern. Die Israeliten wollten einen König wie alle anderen auch und Gott nahm das persönlich – nämlich als Ablehnung seiner Königsherrschaft über Israel. Trotzdem beauftragte er Samuel, den Wunsch des Volkes zu erfüllen und er suchte sogar den Mann aus, der der erste menschliche König des Volkes Israel sein sollte – Saul. In 1. Samuel 8–15 wird von der frühen Regierungszeit Sauls berichtet, von seinen Erfolgen und seinen Niederlagen als König.

In 1. Samuel 16 wird erzählt, wie Samuel David mitteilt, dass er der nächste König Israels sein wird. Zu diesem Zeitpunkt ist David noch ein Kind, aber im nächsten Kapitel wird erzählt, wie er den riesigen Philister Goliat mit einer Steinschleuder besiegt. Die Schleuder war allerdings zur damaligen Zeit nicht einfach nur ein Spielzeug. Das Buch der *Richter* beschreibt 700 israelitische Soldaten, die genug Können haben, mit der »Steinschleuder ein Haar zu treffen«. Es handelte sich dabei um eine Kriegswaffe. Diese Tatsache wertet jedoch keineswegs Davids Sieg gegen Goliat ab. Von diesem Tag an war David ein Held für Israels Armee und seine Bürger.

Aber statt sich über Davids Sieg zu freuen, fühlt Saul sich dadurch bedroht. Davids Gunst beim Volk und bei Gott verunsichern ihn und er setzt alles ein, um seinen Thron zu sichern. Sauls Sohn Jonatan mochte David sehr und für ihn war der Thronverzicht kein Problem. Aber Saul war nicht so demütig und bescheiden und den Rest seines Lebens tat er alles, um David nachzustellen und sein Leben in einer Katastrophe enden zu lassen. Er befragte sogar eine Hexe, was Gottes Willen nun absolut zuwiderlief. Schließlich wurde er in einer Schlacht gegen die Philister getötet. Das 1. Buch Samuel endet mit diesen traurigen Ereignissen.

Das zweite Buch Samuel

Als David von Sauls Tod hörte, trauerte er sehr und forderte den Rest des Volkes auf, ebenfalls zu trauern. Das Traurigste an Sauls Drohung gegen David war die Tatsache, dass David gar nichts gegen Saul im Schilde führte. Obwohl David wusste, dass Gott ihn als Nachfolger Sauls erwählt hatte, machte es ihm nichts aus, Sauls Abdankung oder seinen Tod abzuwarten und ihn dann abzulösen. In der Zwischenzeit war David zufrieden damit, Saul als dem ersten von Gott erwählten König zu dienen. Deshalb war David wirklich traurig, als Saul starb, auch wenn Sauls Tod für ihn bedeutete, dass er jetzt in seiner eigenen Heimat sicherer leben konnte.

Nachdem Saul nicht mehr da war, begannen die zwölf Stämme Israels, sich um David herum zu sammeln. Unter Saul hatte eher jeder Stamm unabhängig und für sich gehandelt. Während der Richterzeit war Gott Herrscher des Landes gewesen und es hatte keine zentrale Regierung gegeben. Der Gottesdienst war durch das Heiligtum zentralisiert, aber weil die Bundeslade in

Silo erobert worden war, fehlte nun selbst dieser Aspekt der Einheit.

Eine der kanaanitischen Hochburgen, die der Macht der Israeliten lange widerstanden hatte, war die Stadt Jerusalem (zu dieser Zeit bekannt als Jebus oder Salem). Zu Davids militärischen Siegen als König gehörte unter anderem die Eroberung dieser Stadt, die er zur Hauptstadt eines vereinten Israels machen wollte. Nachdem er die Stadt erobert hatte, beschloss er, die Bundeslade dort hinzubringen. Das würde seine Herrschaft sowohl in politischer als auch in religiöser Hinsicht festigen.

David errang auch weiterhin Siege über die Nachbarstaaten Israels oder machte sie zu Verbündeten. Dabei war er freundlich zur Familie von Saul, obwohl manche Familienmitglieder anfangs Widerstand gegen seine Herrschaft leisteten in der Hoffnung, doch noch die Krone Sauls zu erben. Trotz alledem war es Davids oberstes Anliegen, den Gott Israels zu verherrlichen, indem er alles erfüllte, was durch die Verheißungen an Abraham und das Gesetz des Mose vorgegeben war.

Allerdings war auch Davids Herrschaft nicht ungetrübt: In 1. Samuel 11 wird berichtet, wie David inmitten all der großen Taten Ehebruch begeht und dann einen Mord arrangiert, um den Ehebruch zu vertuschen. Als ihn daraufhin keine irdische Macht zur Rechenschaft zieht, schickt Gott einen Propheten namens Nathan, um den König zu überführen. David zeigt die angemessene Reue, aber der Rest des *2. Buches Samuel* befasst sich mit familiären Problemen, die David durch seine böse Tat ausgelöst hat.

Als erstes stirbt das Kind, das aus der ehebrecherischen Beziehung hervorgegangen ist, an einer Krankheit. Dann vergewaltigt Davids Sohn Amnon seine Schwester. Absalom, ein weiterer Sohn Davids, schwört im Stillen Rache. Zwei Jahre später lässt Absalom Amnon ermorden und versucht dann, seinen Vater vom Thron zu vertreiben. Es gibt heftige Kämpfe, aber David siegt schließlich doch. Das Buch endet mit Hochachtung vor den vielen großen Taten Davids.

Das erste Buch der Könige

1. Könige könnte genauso gut *3. Samuel* genannt werden, denn es setzt die Erzählung fort, die in *1.* und *2. Samuel* angefangen hat. Eigentlich enthalten die Bücher *Samuel* und *Könige* eine vierbändige Geschichte der Könige Israels. Manche älteren Bibeln bezeichnen *1.* und *2. Samuel* sowie *1.* und *2. Könige* als *1.* und *2.* und *3.* und *4. Könige.* Die Zeit nach Mose ist also im Buch *Josua* beschrieben; *Richter-Rut* (zwei Bücher) erzählen von der Zeit der Richter und *Samuel-Könige* (vier Bücher) berichten von der Reihe der Könige.

In den ersten Kapiteln von *1. Könige* übergibt David den Thron Israels an seinen Sohn Salomo. Dieser Übergang wird bedroht durch einen anderen Sohn Davids, dessen Herausforderung allerdings abgewehrt wird, und Salomo regiert schließlich 40 Jahre lang. Durch Davids militärischen und politischen Scharfsinn waren die Grenzen Israels sicher und es herrschte beträchtlicher Wohlstand. In einem solch friedlichen Umfeld hatte Salomo die Freiheit, einen lang gehegten Traum seines Vaters zu realisieren: den Bau eines festen Tempels für die Bundeslade statt der alten transportablen Stiftshütte, die das Volk Israel in der Wüste gebaut hatte, bevor es ins verheißene Land gekommen war.

Salomo baute einen prächtigen Tempel. Sowohl die Pläne als auch die Bestimmungen waren ihm von seinem Vater hinterlassen worden. Der Bau dieses Tempels war die Krönung der Herrschaft Salomos. Als der Bau vollendet war, kamen Menschen aus nah und fern, um ihn zu besichtigen. Zu den erlauchten Gästen gehörte auch die berühmte Königin von Saba, eine Monarchin aus der Gegend, wo heute der Staat Jemen liegt. Als sie den Ausblick auf Jerusalem sah und Salomo persönlich begegnete, sagte sie: »Du übertriffst alle Berichte, die ich gehört habe.«

In 1. Könige 4 folgen einige Statistiken über die Verwaltung von Salomos Königreich. In 1. Könige 6 bis 8 werden Einzelheiten über den Bau des Tempels und seine Einweihung geschildert. Diese Kapitel scheinen eine langatmige Abweichung von der ansonsten handlungsreichen Erzählung der Bücher *Samuel* und *Könige* zu sein. Trotzdem sollten Sie diesen Teil lieber diagonal lesen als ganz überspringen, denn er vermittelt ein wenig von dem Ausmaß an Ruhm, zu dem Israel durch die Herrschaft Salomos gelangt war. Aus den bescheidenen Anfängen eines Einzelkindes namens Isaak war durch die Nachkommen inzwischen eine Weltmacht geworden.

Leider blieb das Volk Israel nicht lange in diesen Schwindel erregenden Höhen. Es war von Anfang an Abrahams Vermächtnis gewesen, dass es nur einen wahren Gott gab, auch wenn die anderen Völker sich zu einem Heer miteinander konkurrierender Götter bekannten. Und Mose hatte das Volk bei seiner Gründung ganz klar darauf hingewiesen, dass nur dieser eine Gott angebetet werden sollte, und das ständig. Trotzdem war Salomos Herz geteilt, weil er versuchte, die Götter der Verbündeten Israels einzubeziehen.

Nach Salomos Tod spaltete sich Israel in ein Nordreich und ein Südreich. Im Südreich, das aus den Stämmen Juda (dem Stamm, aus dem David und Salomo stammten) und Benjamin bestand, herrschte Salomos Sohn und Jerusalem blieb die Hauptstadt. Das Nordreich bestand aus den übrigen Stämmen, die gegen Salomo rebelliert hatten. Das Nordreich wurde normalerweise Israel genannt, das Südreich Juda.

Im Rest von *1. Könige* wird das Schicksal dieser beiden Königreiche beschrieben. Die Geschichte geht chronologisch weiter und berichtet abwechselnd über die beiden Reiche.

Im Mittelpunkt aller Anweisungen, die Mose zu Tieropfern und Glaubensfesten gegeben hatte, stand als Mittelpunkt die Bundeslade. Weil David bestimmt hatte, dass die Bundeslade in Jerusalem aufbewahrt werden sollte, lag die vereinende Kraft in Bezug auf den Glauben des Volkes im Südreich. Als das dem ersten König des Nordreiches klar wurde, ließ er zwei goldene Kälber an den Grenzen aufstellen und wies seine Untertanen an, diese anzubeten statt den ganzen Weg nach Jerusalem auf sich zu nehmen. Diese goldenen Kälber nun verursachten Probleme, genauso wie das Goldene Kalb am Berg Sinai im *2. Buch Mose* für Schwierigkeiten gesorgt hatte. Keiner der Könige des Nordreiches korrigierte diese Situation irgendwann. Im Laufe der Jahre liefen einige Bürger des Nordreiches, besonders die Leviten und Priester, nach Juda über, um die Rituale, die nach dem Gesetz des Mose vorgeschrieben waren, durchführen zu können.

Das zweite Buch der Könige

Das 1. und 2. Buch der Könige waren ursprünglich nur *ein* Buch. Die Unterteilung in zwei Bücher erfolgte erst später. Die Geschichte der beiden Königreiche geht weiter. Zwei Propheten mit großer Wirkung waren im Nordreich tätig. Die zweite Hälfte von *1. Könige* berichtet vom Wirken Elias und der erste Teil von *2. Könige* von seinem »handverlesenen« Nachfolger Elisa. Diese beiden Propheten ermahnten häufig die Könige, die anfällig waren für eigennütziges Verhalten. Alle Israeliten waren beauftragt, ihren Nächsten zu lieben. Für die Könige und die ihnen untergeordneten Führer bedeutete das, für Gerechtigkeit zu sorgen.

Zu den Königen des Nordreiches gehörten Jerobeam, Nadab, Bascha, Ela, Simri, Tibni, Omri, Ahab (der mit der berüchtigten Isebel verheiratet war), Ahasja, Joram, Jehu, Joahas, Joasch, Jerobeam II., Secharja, Schallum, Menahem, Pekachja, Pekach und Hoschea. Sie regierten unterschiedlich lange. Der Zustand des Reiches war – je nach König – ebenfalls sehr unterschiedlich. Während es immer wieder Zwischenhochs und -tiefs gab, zeichnete sich allerdings der allgemeine Niedergang deutlich ab. Weil die Reiche – vor allem das Nordreich – Götzendienst betrieben (die Sache mit den goldenen Kälbern), war ihr endgültiges Schicksal letztlich besiegelt. Bis 2. Könige 17 ist das Nordreich von den mächtigen Assyrern vollständig überrannt worden. Die meisten Historiker datieren den Niedergang mit dem Fall der Hauptstadt des Nordreiches, Samaria, auf das Jahr 722 v.Chr.

Bis zum Fall des Südreiches dauerte es länger. Wissenschaftler datieren ihn auf das Jahr 586 v.Chr., als Nebukadnezar von Babylon kam und Jerusalem niederbrannte. Er nahm auch viele Bürger, besonders die Gebildeten, mit ins Exil, um sie für sich arbeiten zu lassen. Zu den Königen des Südreiches gehörten bis dahin: Rehabeam, Abija, Asa, Joschafat, Joram, Ahasja, Atalja, Joasch, Amazja, Usija, Jotam, Ahas, Hiskia, Manasse, Amon, Josia, Joahas, Jojakim, Jojachin und Zedekia.

Jahrhunderte zuvor hatte Mose den Israeliten gesagt, dass auch sie, genau wie die Kanaaniter, aus diesem Land vertrieben werden könnten. Und nun war genau das eingetreten, was Mose immer befürchtet hatte. Israel hatte viele Jahre in diesem Land bleiben und leben dürfen und einige dieser Jahre waren sogar besonders ruhmreich gewesen. Aber am Ende hatten ihre eigenen Sünden – ihre Unfähigkeit, untereinander und auch anderen gegenüber Gerechtigkeit zu üben, und ihr Götzendienst – dazu geführt, dass sie ihr Recht auf das Land verwirkt hatten. Sie waren vertrieben aus eben dem Land, das ihnen von Gott verheißen worden war.

Als die Babylonier den König Israels gefangen nahmen, töteten sie dessen Sohn vor seinen Augen. Dann blendeten sie ihn und brachten ihn in Ketten nach Babylon. Das umreißt kurz die Schande und Abwertung, die über die Nachkommen Abrahams gekommen war. Es sollten auch wieder bessere Zeiten kommen, aber darauf müssen wir erst bis nach dem *2. Buch der Könige* warten.

Das erste Buch der Chronik

Die *Chroniken* sind keine Fortsetzung der Geschichte des Volkes Israel, sondern eher eine Wiederholung. Einfach ausgedrückt sind die *Chroniken* eine Zusammenfassung der Bücher *Samuel* und *Könige*. Das heißt nicht, dass die *Chroniken* exakt *Samuel-Könige* entsprechen. Manchmal sind der Aufbau und auch der Inhalt sehr unterschiedlich.

Die ersten neun Kapitel von *1. Chronik* sind hauptsächlich Stammbäume. Das zu lesen wird Ihnen nur dann Spaß machen, wenn Sie auch Freude daran haben, es sich mit einem Telefonbuch gemütlich zu machen. Der erzählende Teil beginnt in *1. Chronik* 10 mit der Geschichte von König Saul, der in der Schlacht gegen die Philister stirbt. Im Rest von *1. Chronik* geht es um die Herrschaft König Davids. Besonders hervorgehoben wird die Rolle der Bundeslade – wie sie aufgestellt wurde und wozu sie in Jerusalem diente. In diesem Buch geht es weniger um Davids große Taten im Ausland und um seine familiären Probleme als um Musik und Gesang, die er für die Priesterschaft einrichtete. Das Buch beschäftigt sich außerdem mit den Vorkehrungen, die David vor seinem Tode für den Tempel traf. Dazu gehören Gebete, Dankeslieder und Worte der Weihung, die er zu diesem Anlass dichtete bzw. komponierte. Es wird hier außerdem erzählt, wie er Salomo den Auftrag gab, den Tempel zu bauen.

Das zweite Buch der Chronik

Das *zweite Chronikbuch* beginnt mit der Thronbesteigung Salomos. Die ersten neun Kapitel beschreiben seine Herrschaft, wobei Informationen aus *Samuel-Könige* wiederholt, aber auch eigene Details hinzugefügt werden. Im Rest des Buches geht es dann ausschließlich um Belange des Südreiches. Das Nordreich wird nur nebenbei erwähnt. Wie *Samuel-Könige* enden die historischen Aufzeichnungen mit der Zerstörung durch die Babylonier.

Die Tatsache, dass die *Chroniken* sich auf das Südreich konzentrieren, hat mit ihrer Sorge um den richtigen Gottesdienst zu tun und mit der Ausübung der Königsherrschaft von Jerusalem aus. Richtiger Gottesdienst im Tempel bedeutete, dass dort Priester dienten, die ihre Abstammung vom Stamm Levi nachweisen konnten, der in dem ursprünglichen, von David gegründeten Tempel in Jerusalem gedient hatte. Und die richtige Ausübung der Königsherrschaft bedeutete, dass man einen König hatte, der von David abstammte – wie alle Könige des Südreiches. Die Bücher *Samuel* und *Könige* erwähnen diese Dinge zwar auch, aber die *Chroniken* heben sie stärker hervor.

In den beiden Büchern der Chronik sind Ahnentafeln und Aufzählungen verstreut, die dabei helfen, die Linien potentieller Priester und Könige zurückzuverfolgen. Deshalb kann und sollte beim Lesen der *Chroniken* mehr überschlagen und quergelesen werden als in den Büchern *Samuel* und *Könige*. Anders ausgedrückt, der Prozentsatz an geradliniger Erzählung ist in den *Chroniken* geringer als in *Samuel-Könige*.

Das Buch Esra

Die Verbannung der Israeliten aus dem Nordreich und dann auch aus dem Südreich führte zur Zerstreuung der Juden in alle Teile der Welt. Historiker bezeichnen diese zerstreuten Juden als Diaspora. Sie kamen an vielen verschiedenen Orten zusammen und bildeten Gruppen, die als »Synagogen« (das heißt »Versammlungen«) bezeichnet wurden. Die Gebäude, in denen sie sich trafen, wurden irgendwann auch »Synagogen« genannt. Der Grundgedanke der Synagoge entstand nicht aus dem

Gesetz des Mose, sondern aus dem Bedürfnis der Diaspora nach gegenseitiger Ermutigung.

Der Begriff »Jude« ist von dem Wort »Juda« abgeleitet. Heute bezieht er sich jedoch auf alle Nachkommen Abrahams. Wenn also die Bibel von Hebräern, Israeliten oder Juden spricht, sind damit immer die gleichen Leute gemeint. Im Allgemeinen wurde der Begriff »Hebräer« von der Zeit Abrahams bis hin zu Mose verwendet. »Israeliten« hießen die Nachkommen Abrahams von der Zeit Mose bis zum Exil und die Bezeichnung »Jude« wurde erst nach dem Exil verwendet. Allerdings gibt es auch Ausnahmen.

Etwa 70 Jahre nach der Zerstörung Jerusalems begannen die Juden, in ihre heilige Stadt zurückzukehren. Das Buch *Esra* beschreibt die Rückkehr der Verbannten. Inzwischen war Babylon als Weltmacht von den Persern abgelöst worden. Die Erlaubnis zurückzukehren wurde von einem in religiösen Fragen liberalen und den Juden freundlich gesinnten persischen König erteilt.

Esra war ein Priester, der eine Anzahl Juden in ihre Heimat zurückführte. Das zweite Kapitel beinhaltet eine detaillierte Zählung der Rückkehrer. Die ansonsten trockenen Zahlen sind erschütternd, wenn man bedenkt, dass dies nur Bruchteile der Menschen sind, die seinerzeit aus Ägypten ausgezogen waren. Die größte Aussagekraft haben die Volkszählungszahlen in der Bibel, wenn man sie miteinander vergleicht. Während das Rohmaterial der Zahlen wirklich ermüdend zu lesen ist, erzählen Vergleiche zwischen ihnen eine faszinierende Geschichte. Abraham wurden unzählige Nachkommen verheißen, dabei hatte er nur einen einzigen Sohn. Dieser eine Sohn hatte wiederum zwei Söhne, aus den Zweien wurden zwölf. Aus den zwölf wurden etwa 70, die nach Ägypten gingen. Bis zur Zeit des Mose, Jahrhunderte später, waren es Hunderttausende von Nachkommen geworden und jetzt zur Zeit Esras kam nur ein kläglicher Rest dieser großen Menge ins verheißene Land zurück. Es gab aber zahllose weitere Juden, die über die ganze Welt verstreut waren.

Ein Großteil des Buches *Esra* handelt vom Gottesdienst im Tempel und den Verantwortlichkeiten dort, genau wie die *Chroniken*. Deshalb ist es möglich, dass beide vom selben Verfasser geschrieben wurden. Esras Interesse besteht darin, Einzelheiten des mosaischen Gesetzes zu lehren, so dass die Juden die Praktiken, die Mose fürs verheißene Land weitergegeben hat, jetzt wieder einsetzen konnten.

Das Buch Nehemia

Die Geschichte Nehemias findet ebenfalls inmitten der Heimkehr des Volkes Israel statt. Nehemias Hauptanliegen war die Sicherheit der Stadt Jerusalem selbst, denn sie wurde ständig von verschiedenen Plünderern überfallen. Nehemia kam extra aus dem Exil zurück, um hier zu helfen. Bei einem ersten Blick auf die Stadt erkannte er, dass die Stadtmauern neu aufgebaut werden mussten. Er organisierte Leute und innerhalb von 55 Tagen war die Arbeit erledigt.

Während Esra die Rolle eines Priesters hatte, war Nehemia ein Mann der Verwaltung. Im Prinzip folgten beide dem Vorbild der früheren Führer des Volkes Israel: Mose, Josua, die Richter und Könige. Vom Volk war inzwischen nicht mehr übrig geblieben als der Stumpf eines einst herrlichen Baumes. Vorbei war es mit dem Ruhm der Könige, aber verschiedene Statthalter und Priester führten das Volk und wurden mit den ausländischen Mächten fertig, die immer in irgendeiner Form Unterwerfung forderten – jetzt waren es die Perser, später die Griechen und noch später die Römer.

Es gibt einige Doppelungen in *Esra* und *Nehemia*. Die Zahlen der Volkszählung der zurückgekehrten Exilierten aus Esra 2 beispielsweise tauchen außerdem in Nehemia 7 auf. Auch in anderer Hinsicht überschneiden sich die Bücher. Beide handeln von derselben Geschichtsepoche und erzählen aus unterschiedlicher Perspektive, wie ein geläutertes Volk den Wiederaufbau anstrebt. Nehemia wird als Regierungschef betrachtet, der die Aufgabe hatte, das Gesetz durchzusetzen, während er mit ausländischen Mächten, befreundeten wie feindlichen, umgehen musste. *Esra* und *Nehemia* sind ein unverwechselbares Paar von Büchern, die zusammen den Wiederaufbau von Jerusalem nach dem Exil beschreiben.

Das Buch Ester

Während die Bücher *Esra* und *Nehemia* von den Ereignissen in Jerusalem handeln, geht es im Buch *Ester* um Ereignisse in – geographisch gesehen – weiter Ferne. Als Jüdin im Exil befindet sich Ester im Dienst des Königs von Persien. Sie hat ihre Eltern verloren und ist von ihrem älteren Cousin Mordechai großgezogen worden. Im ersten Kapitel wird beschrieben, wie die Königin von Persien ihren Thron verloren hat, weil sie den König durch ihre Verachtung beschämt hat. Nun werden schöne junge Frauen zusammengesucht und vor den König gebracht, damit er sich eine neue Königin aussuchen kann. Unter diesen Frauen ist auch Ester, der Mordechai gesagt hat, dass sie sich nicht als Jüdin zu erkennen geben darf. Nach einem langwierigen Verfahren wird Ester als neue Königin ausgewählt.

Etwa zur gleichen Zeit erlebt ein junger Prinz namens Haman einen kometenhaften Aufstieg im Dienst des Königs. Er ist ehrgeizig und stolz, aber weil die Juden den einen wahren Gott anbeten, bekommt Haman von ihnen nicht das Maß an Huldigung, das er von den übrigen Untertanen des Königs gewohnt ist. Also beschließt er, alle Juden zu vernichten, ohne zu wissen, dass auch die Königin Jüdin ist.

Durch eine faszinierende Folge von Ereignissen fällt sein Wüten gegen die Juden auf ihn selbst zurück. Ester behält die Gunst des Königs, selbst als sie sich als Jüdin zu erkennen gibt. Mordechai wird zum zweiten Mann im Staat befördert und Haman stirbt zusammen mit dem größten Teil seiner Familie. Dieses Buch beleuchtet die Fähigkeit Gottes, auf seine Leute aufzupassen und für sie zu sorgen, auch wenn sie weit weg sind vom verheißenen Land. Obwohl das Buch *Ester* doppelt so lang ist wie das Buch *Rut*, ist es immer noch kurz – nicht länger als eine Kurzgeschichte. Dieses Buch ist ebenfalls ein guter erster Schritt, wenn man die Bibel Buch für Buch durchlesen will.

Rückblick

Die zwölf Geschichtsbücher erzählen gemeinsam die Geschichte zu Ende, die Mose begonnen hat. Während Mose die Entstehung des alten Israel schildert, beschreiben diese Bücher, wie es dem Volk danach erging. Israels Anfänge waren hoffnungs- und verheißungsvoll, am Ende war das Volk jedoch nur noch ein Schatten seiner selbst: ein kläglicher Rest. Und aus diesem Rest sollten sich die Ereignisse des Neuen Testamentes ergeben.

Mit diesen Büchern ist die chronologische Darstellung der Ereignisse des Alten Testaments abgeschlossen. Die Lehrbücher und Propheten erweitern den historischen Rahmen des Alten Testamentes nicht, sondern füllen ihn nur.

Das Hauptaugenmerk der zwölf Geschichtsbücher liegt auf dem Königreich Israel, das später in zwei Reiche, Israel und Juda, geteilt wurde. Die ersten drei Bücher – *Josua, Richter* und *Rut* erzählen von der Zeit, bevor es Könige in Israel gab. Die folgenden sechs Bücher – jeweils zwei Bücher *Samuel, Könige* und *Chronik* – berichten von der Zeit während der Königsherrschaft, und die letzten drei – *Esra, Nehemia* und *Ester* – handeln von der Zeit nach der Königsherrschaft. Die mittleren sechs Bücher stellen mehr als die Hälfte der Gesamtseitenzahl, denn selbst das kürzeste Buch über die Zeit der Könige ist länger als alle anderen Bücher über die Zeit vor und nach den Königen. Der Löwenanteil der historischen Bücher der Bibel berichtet also über Israels Könige. Die Tage Josuas und dann die der Richter sind eine Art Vorspiel und die Tage nach der Rückkehr aus der Verbannung ein Nachspiel.

Nicht über alle Könige wird gleich ausführlich berichtet. Auf die ersten drei Könige Israels – Saul, David und Salomo – wird ausführlich eingegangen. Die Geschichten ihrer Herrschaftszeit machen über die Hälfte der sechs Bücher *Samuel, Könige* und *Chroniken* aus.

Die ersten 17 Bücher der Bibel – die Bücher Mose plus die Geschichtsbücher – sind eine Geschichte des alten Israel von seiner Gründung bis etwa zum Jahr 400 v.Chr. Wie jedes Geschichtsbuch (oder jede Geschichtsbuchreihe) konzentrieren sich die Aufzeichnungen auf einige Epochen stärker als auf andere. Ich will hier nicht versuchen zu erklären, *warum* die Bibel manche Zeiträume ausführlicher dokumentiert als andere – sondern ich stelle nur fest, *dass* sie es tut.

Betrachten wir noch einmal die Geschichte im Hinblick auf die Führer des alten Israel. Das *1. Buch Mose* liefert den Hintergrund für die Entstehungsgeschichte eines Volkes. Vom *2. Buch Mose* bis *Ester* geht es um die Führer des Volkes, beginnend mit Mose, gefolgt von Josua, dann einer Reihe von Richtern, dann einer Reihe von Königen und schließlich – nach dem Exil und der teilweisen Rückkehr des Volkes – verschiedener Statthalter und fremder Herrscher.

Die nächsten beiden Abteilungen der biblischen Bücher – Weisheitsliteratur und Propheten – drehen sich um bestimmte Aspekte der Geschichte, die bis dahin aufgezeichnet wurden. Darüber hinaus geben die Psalmen und die Propheten mehr Einblick in das »Innenleben« des Volkes Israel. Diese Bücher bestätigen und illustrieren das eine Thema aller bisher erwähnten Bücher, nämlich dass die Geschichte die Summe nicht nur menschlichen, sondern vor allem göttlichen Handelns ist.

3) Weisheitsliteratur und poetische Bücher

Die folgenden fünf Bücher der Bibel – *Hiob, Psalmen, Sprüche, Prediger* und das *Hohelied* – sind poetische Bücher. Gleichzeitig gehören die Bücher *Hiob, Sprüche* und *Prediger* zur so genannten Weisheitsliteratur. Auch einige *Psalmen* und einige Passagen des *Hoheliedes* werden der Weisheitsliteratur zugeordnet.

Wenn wir die beiden vorhergehenden Abschnitte mit Afrika und Asien verglichen haben, dann könnte dieser für Australien stehen. Zum einen, weil diese Bücherabteilung längst nicht so umfangreich ist wie die beiden anderen und zum anderen, weil dieser Abschnitt im Unterschied zu den beiden anderen, die eng miteinander verbunden sind, ganz für sich steht. Und ein letzter Punkt: Diese Abteilung hat – wie Australien – »Häfen auf allen Seiten« – das heißt, man kommt von allen Seiten an sie heran. Diese Merkmale werden im Laufe des Kapitels noch deutlicher werden.

Das Wesen hebräischer Dichtung

Nicht alle deutsche Lyrik reimt sich. Heutzutage ist es sogar so, dass sich die meiste anspruchsvolle deutsche Lyrik *nicht* reimt. Das ist für uns von Vorteil, denn diese Tatsache hilft uns dabei, die hebräische Dichtung schätzen zu lernen, bei der sich in der Regel gar nichts reimt. Hebräische Lyrik ist bildhaft und lebendig. Sie ist voller fest umrissener Bilder und steckt voller Gedanken, die im Leser Gefühle hervorrufen. Sie berührt die Seele und regt unser Denken und Fühlen an. Ihr fehlt zwar der Reim, aber sie hat alles, was gute Lyrik ausmacht.

Das Fehlen von Reimen ist eigentlich sogar dienlich. Die meisten Menschen, die die dichterischen Passagen der Bibel lesen, tun das nicht in der hebräischen Originalsprache, sondern in irgendeiner Übersetzung. Es ist schon schwierig genug, von einer Sprache in die andere zu übersetzen. Es ist überaus schwierig, ein Wort zu finden, das nicht nur die Originalbedeutung trifft, sondern sich auch noch in der anderen Sprache mit dem entsprechenden Wort reimt. Es müssen also unweigerlich Opfer in Bezug auf die Genauigkeit in der Wortwahl gebracht werden. Das Fehlen von Reimen im Hebräischen gibt Übersetzern die Freiheit, das Wort zu wählen, das der Bedeutung des Originalbegriffs am nächsten kommt, ohne Rücksicht auf den Klang nehmen zu müssen.

Dadurch haben wir deutsche Übersetzungen der biblischen Lyrik, die ebenso wortgetreu sind wie die erzählenden Texte der Bibel. Was immer hebräische Lyrik außerdem noch auszeichnen mag, diese »Übertragbarkeit« in andere Sprachen ist auf jeden Fall schätzenswert.

Hebräische Lyrik hat einen Rhythmus, der zum Teil durch Übersetzung verloren geht. Was aber davon erhalten bleibt, ist bemerkenswert und voller Kraft. Achten Sie beispielsweise einmal auf den Rhythmus in den ersten Zeilen des ersten Psalmes:

»Wohl dem,
der nicht wandelt im Rat der Gottlosen
noch tritt auf den Weg der Sünder
noch sitzt, wo die Spötter sitzen . . .,«   Psalm 1,1

Der Dichter zeichnet das Bild eines Menschen, der gesegnet ist. Es zeichnet drei Federstriche, von denen jeder denselben Punkt herausarbeitet. Deshalb wiederholt und verstärkt jede Zeile das Bild. Beachten Sie außerdem die Entwicklung des Wandelns, Tretens und Sitzens. Jetzt zu den beiden nächsten Zeilen:

». . . sondern hat Lust am Gesetz des Herrn
und sinnt über seinem Gesetz Tag und Nacht.«   Psalm 1,2

Jetzt wechselt das Bild zu den inneren Aktivitäten des Menschen. Er »hat seine Lust« am Gesetz des Herrn. Das Gesetz des Herrn kann hier verstanden werden als das mosaische Gesetz oder, was wahrscheinlicher ist, als Gesamtheit dessen, was Gott von den Menschen erwartet. Die nächste Zeile wiederholt und verstärkt den Gedanken der Lust am Gesetz noch: Er »sinnt« ständig darüber nach. Und jetzt der nächste Vers:

> »Der ist wie ein Baum
> gepflanzt an den Wasserbächen,
> der seine Frucht bringt zu seiner Zeit,
> und seine Blätter verwelken nicht.
> Und was er macht, das gerät wohl.«   Psalm 1,3

Der Dichter verwendet das Bild eines Baumes. Die nächste Zeile konzentriert sich auf die Frucht, die zur rechten Zeit hervorgebracht wird. Noch eine Zeile weiter werden wir darauf aufmerksam gemacht, dass die Blätter nicht welk werden wegen des Baches, der in der Nähe fließt. Die »Wasserbäche« stehen für die Gedanken, mit denen er sich ständig befasst: Er sinnt nach und hat Lust am Gesetz des Herrn. Die letzte Zeile in diesem Abschnitt bringt uns auf direktem Wege wieder zum Menschen zurück. Was er anpackt, gelingt ihm. Das heißt, er ist genauso fruchtbar wie der Baum. Der Psalm schließt, indem er ein gegensätzliches Bild von schattenhaften Gestalten malt, von den bösen Sündern und Spöttern, die bereits in den ersten Zeilen erwähnt worden sind:

> »Aber so sind die Gottlosen nicht,
> sondern wie Spreu, die der Wind verstreut.
> Darum bestehen die Gottlosen nicht im Gericht
> noch Sünder in der Gemeinde der Gerechten.
> Denn der Herr kennt den Weg der Gerechten,
> aber der Gottlosen Weg vergeht.«   Psalm 1,4–6

Die Gottlosen unterscheiden sich von den Gerechten wie Spreu von einem Baum. Ein fest gepflanzter Baum kann dem Wind widerstehen, aber Streu wird einfach weggeblasen. Dieser Gegensatz balanciert den Psalm aus und gibt ihm eine gewisse Symmetrie. Das führt zu einem lebendigen Wortbild für den Leser. Das Bild, das der Psalmist im Sinn hat, wird sehr effektvoll dem Denken des Lesers vermittelt. Wenn man sich lange genug mit dem Bild befasst, wird man als Leser die Gefühle des Psalmisten nachempfinden können.

Wenn Sie biblische Dichtung lesen, halten Sie am besten Ausschau nach zusammenpassenden Bildern statt nach zusammenpassenden Klängen. So kommen Sie ganz schnell zum Kern der Aussage des Dichters. Die Methode ständiger Vergleiche und Kontraste, die wiederholt und verstärkt werden, sind das Wesentliche am Aufbau hebräischer Lyrik. Dieses Stilmittel nennt man auch »Parallelismus«.

Es kann sehr viel Befriedigung bringen, diese Art von Dichtung zu lesen, aber man muss dies sehr langsam tun. Denken Sie daran, dass ich Ihnen dringend empfohlen habe, die Schriften der Bibel langsamer als in Ihrem normalen Lesetempo zu lesen. Und wenn Sie zur Lyrik kommen, dann sollten Sie noch ein wenig langsamer lesen. Ihre Geduld wird belohnt werden.

Das Wesen der Weisheitsliteratur

Die Weisheitsliteratur weicht nicht nur stilistisch von den vorhergehenden Geschichtsbüchern ab, sondern sie unterscheidet sich auch hinsichtlich der Themen. Während bisher die Geschichte im Mittelpunkt gestanden hat, übernimmt jetzt die Weisheit in den folgenden Büchern diese Rolle. Deshalb werden einige der poetischen Bücher der Bibel oft auch »Weisheitsliteratur« genannt.

Im Laufe der Jahre haben die Israeliten erhebliche Erkenntnisse über menschliche Erfahrungen gesammelt. Zuerst gab es eine direkte, ganz unmittelbare Beziehung und Verständigung mit dem Schöpfer. Das Wichtigste aus dieser Verständigung ist in der Bibel erhalten. Generation um Generation hatte Gelegenheit, darüber nachzudenken. Ein Großteil der Weisheitsliteratur ist das Resultat von Israels ausführlichem Meditieren über die Gedanken Gottes. Die Weisheitsliteratur bringt also in dichterischer Form die komprimierte Weisheit eines Volkes zum Ausdruck, das einzigartigen Zugang zum Denken Gottes hatte.

Diese Weisheit war jedoch mehr als eine umformulierte Wiederholung von Aussagen Gottes. Es war Weisheit, die auf dem Amboss der Erfahrung geschmiedet worden war. Die Weisheitsliteratur der Bibel ist keine Moral aus dem Wolkenkuckucksheim, sondern beruht auf Realität.

Man könnte auch sagen, dass sie die Lektionen enthält, die das Volk Israel aus den Geschichtsbüchern gelernt hat. Das Buch *Josua* beispielsweise beginnt mit Gottes Auftrag an Josua, das Volk ins verheißene Land zu führen. Ein Teil des Auftrags Gottes an Josua lautete:

»Und lass das Buch dieses Gesetzes nicht von deinem Munde kommen, sondern betrachte es Tag und Nacht, dass du hältst und tust in allen Dingen nach dem, was darin geschrieben steht. Dann wird es dir auf deinen Wegen gelingen und du wirst es recht ausrichten.«   Josua 1,8

Da wir ja noch die Worte aus Psalm 1 im Ohr haben, sollte es kein Problem für uns sein, die Verbindung zwischen dem zitierten Vers aus *Josua* und dem Psalm zu erkennen. Es ist durchaus möglich, dass diese Worte den Psalmisten inspiriert haben. Der Grundgedanke dahinter besagt, dass es einem Menschen, der ständig darüber nachdenkt, was Gott will, gut geht und dass ihm gelingt, was er anpackt. Die gegensätzlichen Bilder »Baum« und »Spreu« erinnern an Israels eigene Erfahrung mit dem verheißenen Land: Ein Baum hat Wurzeln, durch die er dem Wind standhalten kann, während die Spreu einfach weggeblasen wird. Israel blieb eine Zeit lang in Kanaan verwurzelt und wurde dann fortgeblasen ins babylonische Exil. Die Erfahrung Israels hat bewiesen, dass Gottes Worte an Josua inhalts-schwer und prophetisch waren, . . . und dass sie würdig waren, poetisch bearbeitet zu werden, um dadurch noch mehr Gewicht zu erhalten.

Die poetischen Bücher sind also voller Anspielungen auf Worte, Menschen, Ereignisse und Orte, die in früheren Büchern der Bibel bereits beschrieben worden sind. Je mehr Sie in der Bibel lesen, desto mehr solcher Verbindungen werden Sie herstellen können und schätzen lernen. Doch muss man keines der anderen biblischen Bücher unbedingt gelesen haben, um an der Weisheitsliteratur Freude zu finden. Jedes steht für sich und bietet beträchtliches Lesevergnügen, ohne dass der Rest der Bibel bekannt sein muss. Diese Bücher gehören zu den besten Ausgangspunkten, um mit dem Bibellesen zu beginnen – in vielerlei Hinsicht sind sie ein besserer Ausgangspunkt als viele der Bücher, die wir bisher erwähnt haben.

Psalm 23 beispielsweise ist seit Jahrhunderten ein Schatz für viele Leser. Er ist kurz und viele Menschen kennen ihn auswendig. Wenn man jemanden an die Bibel heranführen wollte, der noch nie etwas mit diesem Buch zu tun gehabt hat, dann könnte man den 23. Psalm aufschlagen, und der Leser könnte dieses kurze Gedicht mögen, ohne jemals etwas anderes in der Bibel gelesen zu haben. Später könnte der neue Bibelleser auf einen Abschnitt in 1. Buch Mose stoßen, wo es heißt:

»Der Gott, vor dem meine Väter Abraham und Isaak gewandelt sind, der Gott, der mein Hirte gewesen ist mein Leben lang bis auf diesen Tag, der Engel, der mich erlöst hat von allem Übel . . .«   1. Mose 48,15–16

Das sind einige der Worte, die Jakob kurz vor seinem Tod sagte. Sie sind sehr poetisch und in ihnen sind einige Hinweise auf Psalm 23 erkennbar: »Gott, der mein Hirte gewesen ist«, »mein Leben lang«, »wandeln«, »erlöst von dem Übel«. Möglicherweise gaben genau diese Worte die Anregung für den Psalm.

Jakobs Nachkomme David, selbst ein Hirte, schrieb den Psalm Jahre später auf. Ich selbst habe diesen Psalm jahrelang mit Freude gelesen, bevor ich diese konkrete Verbindung zum *1. Buch Mose* bemerkt habe. Seitdem schätze ich ihn noch viel mehr. Die Weisheitsliteratur ist also ein guter Ausgangspunkt, um mit dem Bibellesen anzufangen, weil sie sogar für Bibelneulinge Sinn ergibt. Aber auch für alte Hasen unter den Bibellesern ist sie ein guter Startpunkt, weil diese Bücher die Bedeutung und den Sinn dessen vertiefen, was sonst noch in der Bibel zu finden ist.

Die Beziehung der Bücher zueinander

Diese poetischen Bücher – *Hiob, Psalmen, Sprüche, Prediger* und *Hohelied* – stehen nicht nur für sich im Hinblick auf die anderen biblischen Bücher, sondern sie sind auch unabhängig voneinander. Es gibt keinen historischen Fortschritt von einem Buch zum nächsten, wie bei den Mosebüchern und dann von *Josua* bis *Ester*. Keines der poetischen Bücher baut auf dem vorhergehenden auf.

Es gibt allerdings eine andeutungsweise erkennbare chronologische Reihenfolge. Das erste Buch handelt von Hiob, einem Mann, von dem viele annehmen, dass er zur Zeit des 1. Buches Mose gelebt hat. Als nächstes folgen die *Psalmen*, von denen ein Großteil David geschrieben hat, der natürlich zur Zeit der Könige lebte. Die nächsten drei Bücher – *Sprüche, Prediger* und das *Hohelied Salomos* – werden alle mit Salomo, dem Sohn Davids in Verbindung gebracht.

Alle fünf Bücher sind in ihren Grundzügen zwar poetisch, aber sie sind bei weitem nicht gleich. Sie unterscheiden sich sowohl hinsichtlich des Stils als auch der Thematik voneinander. Die Bücher sind fast so unterschiedlich wie die vorhergehende Gruppe von Büchern. Jedes ist ein poetischer Ausdruck der Weisheit, die Gott dem Volk Israel geschenkt hat.

Das Buch Hiob

Eine der grundlegendsten und herausforderndsten Fragen, mit denen der Mensch konfrontiert wird, lautet: »Warum passieren guten Menschen böse Dinge?« Immer wenn diese Frage gestellt wird, kommt irgendwann das Buch *Hiob* ins Spiel. Kein literarisches Werk, weder der alten noch der modernen Literatur, behandelt diese Frage direkter als das Buch *Hiob*. Seine Wirksamkeit liegt in der Tatsache, dass die Frage nicht mit einer schlagfertigen Antwort quittiert wird, sondern den Leser mit hinein nimmt in das gedankliche Ringen einer kleinen Gruppe von Menschen, die sich mit dieser Frage herumschlagen.

Das Buch *Hiob* liest sich wie ein Drehbuch. Die Hauptfiguren sind Hiob, drei seiner Freunde, ein Zuschauer und Gott. Zu den Nebendarstellern gehören Hiobs Frau und seine Kinder, die Engel und Satan. Die ersten beiden und das letzte Kapitel sind in Prosa geschrieben, die 39 Kapitel dazwischen bestehen aus einem Dialog zwischen den Hauptfiguren, der in Versen abgefasst ist. Wenn man sich den Dialog auf einer Bühne vorstellt, liegt man gar nicht so falsch und hat eine gute Ausgangsposition für das Verständnis des Textes.

Der Prosaabschnitt am Anfang beschreibt den Hintergrund. Hiob ist ein erfolgreicher Mann. Er besitzt große Viehherden und hat zehn glückliche Kinder. Sein Erfolg wird seiner geistlichen Integrität zugeschrieben, seiner »Gottesfurcht«. Wenn in der Bibel davon die Rede ist, dass Menschen Gott fürchten, dann ist damit nicht gemeint, dass sie Angst vor Gott haben, sondern dass sie ihm mit Ehrfurcht begegnen. Hiobs Erfolg wird seiner Ehrfurcht vor Gott zugeschrieben.

Satan (der Name bedeutet »Widersacher« oder »Feind«) fordert Gott in Bezug auf diese Gottesfurcht vor allen Engeln im Himmel heraus. Satan behauptet, dass Hiob Gott nur fürchtet, weil Gott ihn dafür belohnt. Wenn das nicht der Fall wäre, so der

Widersacher, würde Hiob sofort alle Gottesfurcht und Moral über Bord werfen. Gott nimmt die Herausforderung an und Hiob erlebt eine Serie von Schicksalsschlägen, durch die ihm sein gesamtes Vermögen und alle seine Kinder genommen werden. Als Hiob sich weigert, Gott zu verfluchen, setzt der Satan noch einen drauf und schlägt vor, Hiob auch noch seine Gesundheit zu nehmen. Aber selbst als Hiob von Kopf bis Fuß mit Geschwüren bedeckt ist, weigert er sich noch, seine Integrität aufzugeben. Bei diesem Stand der Dinge beginnt in Kapitel 3 der Dialog.

Drei Freunde Hiobs kommen, um ihn zu trösten. Eine Woche lang sagt niemand von ihnen ein Wort und dann beklagt Hiob seinen Zustand. Einer seiner Freunde reagiert darauf und dann spricht wieder Hiob. So geht das Gespräch hin und her zwischen Hiob und seinen Freunden. Obwohl die Kapitelunterteilungen erst Jahrhunderte später hinzugefügt wurden, passen sie in den Aufbau der Rede. Jede Person spricht jeweils ein oder zwei Kapitel lang. Hiobs Freunde fühlen mit ihm und vollziehen seine Argumentation nach, aber sie beharren immer stärker darauf, dass er sich dem, was auch immer er zur Katastrophe beigetragen hat, stellen müsse. Hiob besteht darauf, dass sein Lebensstil in Ordnung und die Veränderungen in seinem Leben nicht auf eine Veränderung seiner Moral zurückzuführen seien. Hiob ist an diesem Punkt so hartnäckig, dass seine Freunde es irgendwann aufgeben, mit ihm zu reden. Ein Zuschauer, der die ganze Zeit zugehört hat, beschließt sich jetzt einzumischen. Er argumentiert in eine andere Richtung und Hiob unterbricht ihn dabei nicht. Nach einer Weile beginnt Gott, selbst zu Hiob zu sprechen und zieht ihn zur Rechenschaft. Hiob hat darauf nichts zu sagen, außer dass es ihm Leid tut, überhaupt jemals etwas gesagt zu haben.

Dann verteidigt Gott Hiob vor dessen Freunden und als Hiob für sie betet, erstattet Gott ihm seinen gesamten Verlust doppelt zurück. Er bekommt sogar noch einmal zehn Kinder. Die Frage, warum der Gerechte leiden muss, wird an keiner Stelle direkt beantwortet – und genau darin liegt die Antwort. Der springende Punkt ist, dass auch der Gerechte manchmal leiden muss und zwar auch aus Gründen, die sich nicht so unmittelbar erklären oder verstehen lassen. Hiob hatte Recht, als er sagte, er hätte nichts getan, was eine solche Katastrophe hätte auslösen können.

Der Grund für sein Unglück war die Herausforderung Gottes durch den Satan, die im Himmel stattfand – einer Sphäre, die jenseits des Bewusstseins von Hiob und seinen Freunden lag. Hiob hatte nichts Böses oder Falsches getan, aber er machte einen Fehler, als er sich der Suche nach einfachen, menschlichen Lösungen anschloss.

Hiob ist eine der heldenhaftesten Gestalten der gesamten Weltliteratur. Auch wenn nach landläufigem Verständnis dem Namen »Hiob« endloses Unglück anhaftet, zeigt sich bei der Lektüre des ganzen Buches, dass er vor den Anfechtungen ein reich gesegneter Mann war, dass er nach dieser Zeit der Anfechtung, die vermutlich nicht länger dauerte als ein paar Wochen oder Monate, ebenfalls wieder reich gesegnet war. Und er wurde über hundert Jahre alt. Dass er der Herausforderung des Widersachers widerstand, ist ein bewegender Ausdruck der Größe des Glaubens. Wahrscheinlich werden Sie dieses biblische Buch nicht als erstes lesen wollen, aber wahrscheinlich auch nicht als letztes.

Der Psalter

Wenn die Bibel eine Schriftensammlung ist, dann ist der *Psalter* eine Sammlung in der Sammlung. Und während die Bibel aus 66 Teilen besteht, bestehen der *Psalter* aus 150 einzelnen Texten, *Psalmen* genannt. Der kürzeste Psalm hat nur zwei Verse:

»Lobet den Herrn alle Heiden!
Preiset ihn, alle Völker!
Denn seine Gnade und Wahrheit
walten über uns in Ewigkeit.
Halleluja.«   Psalm 117

(Nebenbei bemerkt: Achten Sie auf den Parallelismus von »lobet« und »preiset«, »den Herrn« und »ihn«, »alle Heiden« und »alle Völker«. Man kann auch Parallelen in den folgenden zwei Zeilen entdecken, und die Abrundung des Ganzen mit einem letzten »Halleluja«.) Der längste Psalm ist dann der übernächste, Psalm 119. Er ist außerdem das längste Kapitel in der Bibel, ja er ist sogar länger als manche biblischen Bücher wie beispielsweise *Obadja, Philemon* und *Judas*, die jeweils nur ein Kapitel umfassen. Die Psalmen reichen also von der Länge her von sehr kurz bis sehr lang.

Die meisten Psalmen umfassen jedoch fünf bis 15 Verse. Sie sind also lang genug, um gehaltvolle Gedanken zu vermitteln, aber nicht so lang, dass sie den Gelegenheitsleser entmutigen.

Die 150 Psalmen sind in fünf »Bücher« unterteilt, und zwar folgendermaßen:

Buch I Psalm 1 bis 41
Buch II Psalm 42 bis 72
Buch III Psalm 73 bis 89
Buch IV Psalm 90 bis 106
Buch V Psalm 107 bis 150

Allem Anschein nach wurde diese Sammlung begonnen als eine Art Gesangbuch für den Tempelgottesdienst in Jerusalem. In der Sammlung verstreut findet man Wörter wie *Sela, Maskil* und *Miktam*, die anscheinend eine entsprechende Funktion haben wie die Begriffe *forte* oder *pianissimo* in einem Musikstück. Das heißt, sie sind Hinweise für diejenigen, die diese Psalmen in öffentlichen Gottesdiensten sprachen oder sangen. Manche der

Psalmen enthalten Hinweise auf einen Chordirigenten, bevor der eigentliche Psalm beginnt. Das Buch der *Chroniken* erklärt das ausgefeilte System der Musik und des Gesangs, das David im Tempel eingeführt hatte. Obwohl die Bedeutung von vielen dieser einzelnen Ausdrücke verloren gegangen ist, passt ihre Anwesenheit in der Psalmensammlung zu dem System, das in den *Chroniken* beschrieben wird.

Wissenschaftler finden zwar eine gewisse Logik in der Reihenfolge bestimmter Psalmen, aber es gibt keine offensichtliche allgemeine Reihenfolge, die einen vom ersten bis zum letzten Psalm leitet. Sie wirken für den Betrachter eher wie eine zufällige Zusammenstellung bzw. Sammlung. Deshalb muss man sich jedem Psalm einzeln annähern. Das ist natürlich eine gute Nachricht für den Leser, der gern hier und da schmökert und sich etwas herauspickt.

Die Psalmen 1 und 117 habe ich Ihnen bereits vorgestellt. Psalm 23 haben Sie wahrscheinlich schon gelesen. Wenn Sie einen von diesen dreien als Ausgangspunkt wählen, dann können Sie von dort aus weiterlesen und sehen, was Sie sonst noch finden.

Seien Sie auf eine große Bandbreite an Gefühlen in diesen Gedichten gefasst. Die drei genannten Psalmen sind eher aufmunternd, aber es gibt auch solche, die eigentlich nur verzweifelte Aufschreie sind. Psalm 22 beispielsweise beginnt mit den Worten: »Mein Gott, mein Gott, warum hast du mich verlassen?« Diese Worte sprach auch Jesus, als er am Kreuz hing. Obwohl diese Frage Jahrhunderte vor seinem demütigenden Tod geschrieben wurde, fand Jesus, dass sie haargenau in seine Situation passten. Ebenso finden Sie vielleicht Worte, die in Ihre verschiedenen Lebensumstände und Stimmungen passen. Gedanken des Zweifels, der Verzweiflung und Unsicherheit stehen neben Aussagen des Glaubens, der Hoffnung und des unerschütterlichen Vertrauens. Das Thema der Psalmen ist zwar Gott, aber insgesamt ist es ein höchst menschliches Buch.

Viele der Psalmen haben eine Überschrift wie beispielsweise »Ein Psalm Davids«. Das kann bedeuten, dass David selbst diesen Psalm geschrieben hat oder dass er in Davids Stil geschrieben wurde, vielleicht sogar auf Anordnung von David. Sicher ist, dass David diese Kunstform, die wir Psalmen nennen, in der hebräischen Kultur bekannt gemacht hat. Seine beeindruckende Persönlichkeit und seine Hingabe an den Gott Israels machen die Stücke seiner Sammlung zu etwas Besonderem. Dass viele der Psalmen von Zeitgenossen Davids geschrieben wurden oder sogar von Menschen Generationen nach ihm, zeugt dafür, welchen Einfluss seine Kunst und sein Glaube gehabt haben.

Manche Psalmen enthalten sogar mehr als Hinweise auf einen Namen – sie beziehen sich auf ein Ereignis. Psalm 51 beispielsweise enthält einen einleitenden Satz über den Ehebruch und den Mord Davids. In dem Psalm geht es um Reue und Buße und deshalb ist die kleine Einleitung sehr informativ. Den meisten der Psalmen fehlt eine solche Einleitung allerdings, also müssen wir sie so nehmen, wie sie da stehen. Und so wie sie da stehen, haben sie einen ungeheuren Wert gemessen an den Generationen von Lesern, denen sie weitergeholfen haben.

Die einzelnen Titel, wie etwa »Psalm 17«, sind nicht mehr als Etiketten, die nicht von den ursprünglichen Verfassern stammen, sondern den Psalmen erst später »aufgeklebt« wurden.

Das Buch der *Psalmen* als ein Mikrokosmos der Bibel zeigt uns, wie wir uns der Bibel annähern können. Das heißt: Probieren Sie die einzelnen Stücke und schauen Sie, was sie Ihnen sagen. Dann bekommt das »Titeletikett« auch eine Bedeutung für Sie. Bevor Sie ihn nicht gelesen haben, bleibt der Psalm für Sie nur eine Nummer.

Weil Sie wahrscheinlich Psalmen finden, die Ihnen besonders viel Freude machen oder Ihnen besonders viel sagen, sollten Sie möglichst eine ganze Reihe von Lesezeichen zur Hand haben, um sie zu markieren. Oder Sie machen sich eine Liste Ihrer Lieblingspsalmen oder markieren die Seiten mit einem Stift. Die

Bibel kann wie eine riesige, unübersichtliche Höhle sein, und wenn Sie nicht Markierungen anbringen, um zu kennzeichnen, wo Sie schon waren, dann kann die Weite Sie überwältigen. Wie kann man einen Kontinent wie Australien bereisen, ohne in der Wildnis verloren zu gehen? Nur indem man überall Markierungen hinterlässt.

Die Sprüche Salomos

Die Sprüche Salomos sind eine weitere Sammlung innerhalb der Bibel. Leider sind die Sprüche nicht so klar voneinander abgegrenzt wie die Psalmen. Für die Unterteilung der Psalmen ist die Kapiteleinteilung sehr passend: Jeder Psalm umfasst ein Kapitel. Aber die *Sprüche* sind so viel kürzer, dass man nicht aus jeweils einem ein Kapitel machen kann. Außerdem sind manche der Sprüche als Sinneinheiten miteinander verknüpft. Andere stehen völlig für sich, sind aber trotzdem zu mehreren in ein Kapitel gezwängt.

Hier ist ein Abschnitt aus dem ersten Kapitel der *Sprüche:*

»Mein Sohn, gehorche der Zucht deines Vaters
und verlass nicht das Gebot deiner Mutter;
denn das ist ein schöner Schmuck für dein Haupt
und eine Kette an deinem Halse.
Mein Sohn, wenn dich die bösen Buben locken, so folge nicht.
Wenn sie sagen: ›Geh mit uns! Wir wollen auf Blut lauern
und den Unschuldigen nachstellen ohne Grund . . .‹«

Sprüche 1,8–11

Man kann hier erkennen, dass die Zeilen aufeinander aufbauen und in eine bestimmte Richtung führen. Es geht noch acht Zeilen in diesem Aufbau weiter, bevor ein Höhepunkt erreicht wird.

Stellen Sie diese Zeilen folgenden aus einem späteren Kapitel gegenüber:

»Besser ein trockner Bissen mit Frieden
als ein Haus voll Geschlachtetem mit Streit.
Ein kluger Knecht wird herrschen über einen
schandbaren Sohn
und wird mit den Brüdern das Erbe teilen.
Wie der Tiegel das Silber
und der Ofen das Gold,
so prüft der Herr die Herzen.
Ein Böser achtet auf böse Mäuler,
und ein Falscher hört gern auf schändliche Zungen.«

Sprüche 17,1–4

Das ist kein einzelner, langer Spruch, sondern es sind viele einzelne Sprüche direkt hintereinander. Jeder Spruch muss demzufolge auch einzeln verarbeitet und verdaut werden. Diese vier Verse müssen also *sehr viel langsamer* gelesen werden als die vorhergehenden vier. Aber der Text enthält keine Warnung, kein Zeichen in der Kapitel-Vers-Unterteilung, das uns darauf aufmerksam macht, dass jetzt ein neuer Sinnabschnitt beginnt.

Außerdem besteht ja möglicherweise doch eine Verbindung zwischen diesen Sprüchen, die nur nicht so unmittelbar erkennbar ist. Vielleicht würden wir bei näherem Hinsehen und Nachdenken doch einen bestimmten Gedankenaufbau der Verse erkennen, der beim schnellen Lesen unbemerkt bleibt. Der springende Punkt ist, dass Kapitelunterteilungen uns zwar eine Hilfe dabei sind, die Sammlung der 150 Psalmen zu ordnen, dass sie uns aber bei den Hunderten von Sprüchen nicht so viel nützen.

Stellensiesichvorsielesenabsatzumabsatzvonsätzendieeinfach aneinandergereihtwordensindohnezwischenräumedieeinemverdeutlichenwürdenwoderanfangundwodasendeist. Man könnte einen solchen Absatz zwar lesen, aber es würde schon etwas Zeit kosten, ihn zu entzerren. Ganz ähnlich erfordern auch die Sprüche ein Entzerren, wenn man sie liest. Wenn Sie sich die Zeit dazu nehmen, wird Ihnen die Lektüre der Sprüche wahrscheinlich sogar Spaß machen.

Vielleicht haben Sie auch schon die wiederholten Parallelismen in den oben zitierten Sprüchen bemerkt. Hier ist noch einer:

»Eine linde Antwort stillt den Zorn;
aber ein hartes Wort erregt Grimm.«　　　Sprüche 15,1

»Zorn« passt zu »Grimm«, während »linde« einen Gegensatz bildet zu »hart«; und »stillt« steht entsprechend im Gegensatz zu »erregt«. Balance und Symmetrie, aber kein Einheitsaufbau. Die Variationen sind unbegrenzt. Der Aufbau kann sein: Aussage-Aussage-Aussage oder Aussage-Gegenaussage oder Aussage-Gegenaussage-Aussage usw. Hebräische Maximen reimen sich nicht wie »langes Fädchen – faules Mädchen«, sondern sie verfügen über eine ausgewogene Pointe wie »Geteiltes Leid ist halbes Leid.«

Die ersten Kapitel der *Sprüche Salomos* bestehen überwiegend aus umfangreicheren Aussagen, von Kapitel 10 an sind es hauptsächlich Einzeiler. Es gibt aber immer wieder auch Ausnahmen, also halten Sie lieber die Augen offen. Der einfachste Einstieg in diese Gattung besteht darin, sich einfach hinzusetzen und einmal ein Kapitel zu lesen. Wenn Sie dabei nicht wenigstens einmal schmunzeln oder sich einmal ertappt fühlen, dann würde mich das sehr überraschen.

Der Prediger Salomo

Wenn *Hiob* sich wie ein Theaterstück liest und die *Psalmen* wie Gedichte, wenn die *Sprüche* einer Aphorismensammlung ähneln, dann ist das Buch der *Prediger* mit einem Essay zu vergleichen. Das Thema ist die Vergänglichkeit des Lebens. Das Buch geht auf andere Weise an das gleiche Thema heran, das das Buch *Hiob* behandelt. Das heißt, wenn das Universum von einem liebenden und guten Gott regiert wird, warum ist dann alles so sinnlos?

Wenn nichts im Leben Sinn hätte, würden wir diese Frage niemals stellen. Eben gerade weil so vieles im Leben Sinn hat, machen uns die Bereiche, die keinen haben, so viel aus.

Prediger wechselt so fließend zwischen Prosa und Poesie, dass man gar nicht merkt, wann ein solcher Wechsel stattfindet. Das Buch beginnt mit »Es ist alles eitel«, das heißt: vergänglich. Wenn ein Autor so anfängt, dann muss man sich natürlich fragen, worauf er hinaus will.

Die Schlussfolgerung des Buches ist, dass es ungeachtet aller Eitelkeit und Nichtigkeit, am klügsten ist, Gott zu fürchten und seine Gebote zu halten. Obwohl einige Aussagen des Buches und auch sein gelegentlich zynischer Tonfall es von anderen biblischen Büchern unterscheiden, liegt die Schlussfolgerung von *Prediger* auf einer Linie mit der Stoßrichtung aller biblischen Schriften.

Prediger ist das erste Buch der Bibel, das ich von Anfang bis Ende durchgelesen habe. Obwohl ich zu der Zeit an Glaubensfragen gar kein Interesse hatte, beeindruckte mich das Buch sehr. Ich hatte das Gefühl, dass der Verfasser das Denken und Fühlen des Menschen sehr gut kennt, besonders die Enttäuschungen, die das Leben mit sich bringt.

Ich finde den Essay immer noch faszinierend, und jedesmal wenn ich darin lese, gewinne ich neue Erkenntnisse. Zum Beispiel enthält es folgenden Abschnitt:

>»Ein jegliches hat seine Zeit,
>und alles Vorhaben unter dem Himmel hat seine Stunde:
>geboren werden hat seine Zeit,
>sterben hat seine Zeit;
>pflanzen hat seine Zeit,
>ausreißen, was gepflanzt ist, hat seine Zeit;
>töten hat seine Zeit, heilen hat seine Zeit;
>abbrechen hat seine Zeit,
>bauen hat seine Zeit.«   Prediger 3,1–3

Diese Worte haben sogar ihren Weg in die Popmusik des 20. Jahrhunderts gefunden. Obwohl sie vor Tausenden von Jahren niedergeschrieben wurden, klingen sie immer noch im Denken und im Herzen der Menschen wider. Diese Worte bringen offensichtlich eine Stimme der Weisheit zum Ausdruck und diese Stimme wird durch den Essay hörbar.

Allem Anschein nach ist Salomo der Verfasser dieses Stückes. Der Name wird nie ausdrücklich genannt, aber der Verfasser bezieht sich auf sich selbst als »Sohn Davids« und »König von Jerusalem«. Salomo wird in den Büchern *Samuel* und *Könige* und auch in den *Chroniken* als ein unglaublich weiser Mann beschrieben.

Man kann dieses biblische Buch problemlos in einem Zug durchlesen, aber wahrscheinlich möchte man sich lieber doch einen Abschnitt nach dem anderen vornehmen, um sich mit einem der vielen Schätze, die darin enthalten sind, intensiv zu befassen.

Das Hohelied Salomos

Was den Stil betrifft, so könnte man das *Hohelied* auch ohne weiteres mit »Psalm 151« überschreiben. Es setzt die Tradition emotional ausdrucksvoller Dichtung fort. Es hat allerdings mehr Sprecher als die meisten Psalmen: Es gibt eine Braut, einen Bräutigam und einen Chor, die abwechselnd zu Wort kommen. Je nachdem, ob in Ihrer Bibel die verschiedenen Sprecher gekennzeichnet oder durch Fußnoten kenntlich gemacht sind oder nicht, kann es erheblich schwieriger sein, diesem Buch zu folgen als einem Psalm.

Vor allem in der Thematik weicht das *Hohelied* von den Psalmen ab. In dem Buch geht es um die Liebe zwischen den Geschlechtern.

Hier ein Beispiel, wie der Bräutigam um seine Braut wirbt:

»Siehe, meine Freundin, du bist schön!
Siehe, schön bist du!
Deine Augen sind wie Taubenaugen hinter deinem Schleier.
Dein Haar ist wie eine Herde Ziegen,
die herabsteigen vom Gebirge Gilead.«   Hohelied 4,1

Eine Braut von heute wäre bestimmt nicht begeistert über so viel Sentimentalität und den Mangel an Charme, den es bedeutet, wenn jemand ihr Haar mit dem Fell einer Herde Bergziegen vergleichen würde. Aber die Bräute damals fielen bei solchen Reden regelrecht in Ohnmacht. Ausdrücke und Redeweise ändern sich zwar ständig, aber menschliche Gefühle – wie beispielsweise die Liebe zwischen Mann und Frau – ändern sich nie. Und falls Sie jemals der Meinung waren, dass Gott in Bezug auf Sex prüde ist, dann wird die Lektüre dieses Buch Sie eines Besseren belehren. Es sollte uns aber eigentlich nicht weiter überraschen, dass der Schöpfer etwas von der körperlichen und seelischen Dynamik versteht, die dafür sorgt, dass Verliebtheit und Ehe »funktionieren«.

Rückblick

Die fünf Bücher Mose, gefolgt von zwölf Geschichtsbüchern und jetzt diesen fünf Büchern der Weisheitsliteratur zeigen zusammen die große Vielfalt und Tiefe der Bibel. Und es sind immer noch 44 Bücher übrig, die wir noch nicht behandelt haben.

Hiob, Psalmen, Sprüche, Prediger und das *Hohelied* vervollständigen die historischen Aufzeichnungen der Bibel sowohl hinsichtlich des Umfangs als auch der Tiefe. Sie erweitern die Literaturauswahl der Bibel und sie vertiefen das Literaturverständnis, das der Leser möglicherweise schon hat. Außerdem gibt es sehr viel mehr Einstiegspunkte für neue Bibelleser in diesem Abschnitt der Bibel als in den beiden vorhergehenden. Da ist es nicht verwunderlich, dass sich die Weisheitsliteratur der

Bibel einer ebenso großen, wenn nicht gar größeren Leserschaft erfreut als die anderen biblischen Bücher. Glücklicherweise haben wir damit aber noch nicht alles gesehen, was die Bibel an dichterischen Texten zu bieten hat, denn im nächsten Abschnitt von Büchern – dem letzten Teil des Alten Testamentes – wird Lyrik oft als Ausdruck prophetischer Reden eingesetzt.

4) Die Prophetenbücher

Wenn man die Bücher Mose mit Afrika vergleicht und die Geschichtsbücher mit Asien, dann sind die Prophetenbücher mit Europa zu vergleichen. Sie werden sich auch erinnern, dass wir die Weisheitsliteratur mit Australien gleichgesetzt hatten. So wie Europa ein bisschen größer ist als Australien, so nehmen auch die prophetischen Bücher mehr Raum in der Bibel ein als die Weisheitsliteratur. So wie Europa eine direktere Verbindung zu Asien hat als zu Australien, so besteht auch eine direktere Verbindung zu den Geschichtsbüchern als zur Weisheitsliteratur.

Es gibt 17 Prophetenbücher. Sie beginnen mit *Jesaja* und enden mit *Maleachi* und damit schließt das Alte Testament ab. Ebenso wie die Weisheitsliteratur führen die Prophetenbücher die Zeitgeschichte Israels nicht fort, sondern sie füllen das weiter aus, was von den Geschichtsbüchern vorgegeben ist. Außer dem Buch *Hiob* werden die meisten Bücher der Weisheitsliteratur mit der großen Zeit der bedeutendsten Könige Israels in Verbindung gebracht, mit David und Salomo. Im Gegensatz dazu werden die Prophetenbücher in erster Linie im Zusammenhang mit dem Niedergang und Fall Israels gesehen.

Die Prophetenbücher zeigen einen ganz eigenen Schreibstil in der Bibel. Um diese Bücher schätzen zu lernen, müssen wir zunächst klären, was Prophetie eigentlich bedeutet. Vielleicht ist es etwas ganz anderes, als Sie glauben.

Was ist biblische Prophetie?

Viele Leute sind der Meinung, dass Prophetie bedeutet, die Zukunft vorauszusagen. Entweder hat jemand in der Vergangenheit etwas vorhergesagt (prophezeit), das in der Gegenwart passieren soll, oder jemand sagt *heute* etwas über die Zukunft voraus. Die biblische Vorstellung von Prophetie enthält davon zwar ein wenig, aber das Hauptaugenmerk liegt auf etwas anderem.

Prophetie im biblischen Sinne bedeutet, dass ein Prophet *im Auftrag Gottes* etwas Bestimmtes in eine konkrete Situation hinein sagt. Wenn Gott spricht, dann ist darin oft ein Element der Vorhersage enthalten. Als deshalb Mose dem Volk Israel sagte, es werde das verheißene Land betreten, wenn es dem Gesetz gehorche, und es werde das Land verlieren, wenn es wieder ungehorsam werde, da handelte er als Prophet. Wenn der Prophet sprach, dann war deshalb die Zukunft nicht schicksalhaft festgelegt, sondern sozusagen flexibel, je nach der Reaktion des Zuhörers auf das, was Gott sagte. Stellen Sie diesem Ansatz einmal Wahrsagerei und Kaffeesatzleserei gegenüber, die von dem Grundsatz ausgehen, dass die Zukunft statisch ist und, man könnte zugespitzt sagen, nur darauf wartet, dass sie geschieht, egal, was wir tun oder lassen.

Sicherlich gab es in der hebräischen Prophetie auch Elemente, die Aussagen über die Zukunft machten, die unabhängig von menschlichem Verhalten zu verstehen waren. Eine ständig wiederkehrende Verheißung Gottes lautete beispielsweise, dass er eines Tages alle Feinde Israels besiegen und es durch einen Nachkommen Davids in eine Zeit des Friedens und Wohlstandes führen würde. Dieser Nachfahre hatte viele verschiedene Bezeichnungen, von denen die denkwürdigste wohl »Messias« war. Die Propheten bestätigten diese Verheißung immer wieder, selbst zu Zeiten als das Verhalten Israels besonders übel war. Aber die meisten Prophetien boten ausdrücklich oder indirekt eine flexible Zukunft, je nachdem, wie die Zuhörer auf die Prophetie reagierten. Einer der Propheten, Jeremia, drückte das so aus:

>Dies ist das Wort, das geschah vom Herrn zu Jeremia:

Mach dich auf und geh hinab in des Töpfers Haus; dort will ich dich meine Worte hören lassen. Und ich ging hinab in des Töpfers Haus, und siehe, er arbeitete eben auf der Scheibe. Und der Topf, den er aus dem Ton machte, missriet ihm unter den Händen. Da machte er einen andern Topf daraus, wie es ihm gefiel. Da geschah das Wort des Herrn zu mir: Kann ich nicht ebenso mit euch umgehen, ihr vom Hause Israel, wie dieser Töpfer? spricht der Herr. Siehe, wie der Ton in des Töpfers Hand, so seid auch ihr vom Hause Israel in meiner Hand. Bald rede ich über ein Volk und Königreich, dass ich es ausreißen, einreißen und zerstören will: wenn es sich aber bekehrt von seiner Bosheit, gegen die ich rede, so reut mich auch das Unheil, das ich ihm gedachte zu tun.

Und bald rede ich über ein Volk und Königreich, dass ich es bauen und pflanzen will; wenn es aber tut, was mir missfällt, dass es meiner Stimme nicht gehorcht, so reut mich auch das Gute, das ich ihm verheißen hatte zu tun.

Und nun sprich zu den Leuten in Juda und zu den Bürgern Jerusalems: So spricht der Herr: Siehe, ich bereite euch Unheil und habe gegen euch etwas im Sinn. So bekehrt euch doch, ein jeder von seinen bösen Wegen, und verbessert euern Wandel und euer Tun!«   Jeremia 18,1–11

Wie hier zu sehen, haben die Prophetien Gottes das Ziel, die Menschen zu gutem Verhalten zu motivieren. Menschliches Verhalten – und nicht Mächte, die außerhalb menschlicher Kontrolle sind – bestimmt, ob die Zukunft herrlich oder furchtbar wird.

Biblische Prophetie ist daher eher *ethisch* als *zukunftsdeutend* ausgerichtet. Sie hebt einen Lebensstil hervor, der eine glückliche Zukunft ermöglicht, und warnt vor Verhaltensweisen, die diese Zukunft verdunkeln. Aus diesem Grund wird in den Prophetenbüchern das Böse besonders deutlich gebrandmarkt, begleitet von Warnungen vor dem Niedergang. Aber, auch wenn in diesen Büchern viel »Weltuntergangsstimmung« zu herrschen scheint: Diese wird mehr als wettgemacht durch das, was sie an Hoffnung vermitteln – falls die Menschen umkehren.

Trotzdem läßt sich nicht leugnen, dass die Prophetenbücher in erster Linie Warnungen sind. Diese Prophetien kamen auf im Zusammenhang mit dem Niedergang des Königreichs Israel und deshalb haben sie alle ein hohes Maß an Dringlichkeit. Aufrufe zu einem gottgefälligen Lebensstil werden mit größerer Intensität vorgebracht als das beispielsweise in der Weisheitsliteratur der Fall ist. Aus diesem Grund sind die Prophetenbücher nicht gerade leicht verdauliche Kost.

Die Reihe der Propheten

Mose sagte, dass Gott in den kommenden Generationen Propheten wie ihn erstehen lassen würde. Und das tat Gott auch. Die Propheten hatten keine administrative Macht wie die Könige. Sie hatten keine Funktion im Heiligtum oder bei den Tempelritualen wie die Priester. Sie sprachen lediglich Gedanken Gottes aus und gaben sie in seinem Auftrag weiter.

Sie kamen aus allen Lebensbereichen, manche aus sehr bescheidenen Verhältnissen. David war König und gleichzeitig Prophet. Jeremia war Priester und gleichzeitig Prophet. Viele der Propheten nach Mose waren aber nicht besonders auffällig. Sie haben vielleicht einem König oder einer Stadt eine Botschaft überbracht, aber sie erlangten nicht die volle Aufmerksamkeit des Volkes wie beispielsweise Mose. Als Ausnahmen sind da vielleicht Elia und Elisa zu nennen, die zur Zeit des Nordreiches sehr bekannt waren. Aber ein großer Teil ihres Ruhms beruhte wahrscheinlich auch auf den Wundern, die Gott durch sie tat. Beide erweckten beispielsweise jeweils ein totes Kind zurück zum Leben. Nicht alle Propheten zeigten die Macht, Wunder zu tun. Und wenn sie es taten, dann galten solche Machtbeweise als zweitrangig, im Vergleich mit ihrem Hauptauftrag, nämlich Gottes Botschaft an die Mitbürger weiterzugeben.

Manche Botschaften der Propheten wurden schriftlich festgehalten. Deshalb gibt es 17 prophetische Bücher. Es gibt aber nicht von allen Propheten Bücher. Von Elia und Elisa beispielsweise existiert kein Buch. Es ist auch davon auszugehen, dass die 17 Bücher, die uns vorliegen, nur einen Teil dessen enthalten, was die Propheten bei ihren unterschiedlichen Diensten gesagt haben. Wir können diese Bücher also als eine Auswahl dessen betrachten, was die Propheten insgesamt verkündet haben.

Im Unterschied zur Königsherrschaft und dem Priestertum konnte die Stellung des Propheten nicht an die Nachkommen vererbt werden. Gott wählte sich aus jeder Generation diejenigen aus, die für ihn sprechen sollten. Jeder Prophet stand fest in der Offenbarung, die durch Mose und die anderen Propheten gekommen war, und brachte neues Licht in diese Offenbarung. Auch wenn es falsche Propheten gegeben hat, so ist es doch keinem von ihnen gelungen, seine Aussagen in die Bibel hineinzubekommen. Die wahren Propheten, deren Worte erhalten blieben, betrachteten ihre Botschaft nur als einen Teil der allgemeinen, umfassenden Botschaft Gottes.

Poesie in den Prophetenbüchern

Die Propheten gaben ihre Prophetien in poetischer Form weiter. Hier ein Beispiel aus den ersten Zeilen des ersten Prophetenbuches von *Jesaja*:

»Höret, ihr Himmel, und Erde, nimm zu Ohren,
denn der Herr redet!
Ich habe Kinder großgezogen und hochgebracht,
und sie sind von mir abgefallen!
Ein Ochse kennt seinen Herrn
und ein Esel die Krippe seines Herrn;
aber Israel kennt's nicht,
und mein Volk versteht's nicht.«   Jesaja 1,2–3

Erkennen Sie die Parallelismen? »Himmel«, »Erde«; »großgezogen«, »hochgebracht«; »Ochse« und »Herrn«; »Esel« und
»Krippe des Herrn«; »kennt« und »kennt's nicht«. Sehen Sie
auch die Bildhaftigkeit? Erinnern Sie sich daran, dass das die
Kennzeichen hebräischer Dichtung sind; Sie werden sie in allen
Prophetenbüchern wieder finden.

Können Sie auch feststellen, dass diese Zeilen stark auf das
Verhalten der Menschen abzielen? Auch das ist ein Merkmal
hebräischer Prophetie, das Sie immer wieder in diesen Büchern
finden. Auch wenn es darin Prosaabschnitte gibt, sind die Aussagen der Propheten immer wieder dichterisch durchgeformt.

Warum haben die Propheten gerade diesen Stil gewählt, um
ihre Botschaften zu vermitteln? Das hat verschiedene Gründe.

Erstens: Selbst wenn Lyrik nicht gereimt ist, ist sie wesentlich
einprägsamer als Prosa. Weil die Zeitgenossen der Propheten im
Allgemeinen die Botschaften eher *hörten* als *lasen*, war eine
Botschaft, die man sich leicht merken konnte viel zweckdienlicher als eine, die man hören konnte, aber schnell wieder vergaß.

Zweitens: Die eindrucksvollen Bilder der dichterischen Sprache kommen direkt zum Kern der Sache, und zwar auf eine Weise, mit der Prosa nicht mithalten kann. Nehmen Sie beispielsweise einmal die Hintergründigkeit des oben zitierten Bildes von Jesaja: Tiere vom Bauernhof, die von Natur aus dumm sind, haben
genug Vernunft, um nicht gegen ihre Eigentümer zu rebellieren,
die ihnen Unterkunft und Futter geben. Solche Bilder fesselten

die Aufmerksamkeit der Zuhörer, durchweg ländlich geprägte Menschen, überhaupt erst.

Drittens: Poesie, insbesondere Lyrik, ist überhöhte Rede; sie vermittelt ein Maximum an Bedeutung in einem Minimum von Worten. Bei den Themen, mit denen es die Propheten zu tun hatten – Leben und Tod, Ruhm und Schande, Hoffnung und Verzweiflung – überrascht es eigentlich nicht weiter, dass sie die aussagestärkste Form der Sprache wählten, die ihnen zur Verfügung stand.

Die Einordnung der Propheten in die Geschichte

Oft datierten sich die Propheten selbst nach der Regierungszeit eines bestimmten Königs. Jesaja beispielsweise leitet sein Buch folgendermaßen ein:

> »Dies ist die Offenbarung, die Jesaja, der Sohn des Amoz, geschaut hat über Juda und Jerusalem zur Zeit des Usija, Jotam, Ahas, Hiskia, der Könige von Juda.«   Jesaja 1,1

Wie Sie sehen, erstreckt sich das Wirken Jesajas über die Regierungszeit von vier Königen Judas. An verschiedenen Stellen des Buches gibt er Hinweise darauf, welcher dieser Könige gerade an der Regierung war. Auf diese Weise bekommt sein Buch einen geschichtlichen Zusammenhang und in dieser Hinsicht berühren sie sich mit den Geschichtsbüchern der Bibel. Die Geschichtsbücher erwähnen einige der Propheten namentlich – Jesaja und Jeremia beispielsweise – und auch dadurch wird die Verbindung zwischen diesen beiden Buchtypen verstärkt.

Aber nicht alle Propheten geben ihren Werken einen so eindeutigen Rahmen. Es ist nicht immer einfach, jedes prophetische Buch oder jeden Teil davon einer der Geschichtsepochen zuzuordnen, die in den Geschichtsbüchern beschrieben sind. Die Erklärungen in den Büchern sind, selbst wenn es sie gibt, nicht immer einheitlich im Aufbau oder genau im Inhalt. Anders ausgedrückt: Nicht alle Propheten machen am Anfang ihrer Bücher so genaue Angaben wie Jesaja. Und selbst wenn das doch der Fall ist, macht ein solches Datierungssystem noch keine exakten Aussagen über die Ereignisse. Es ist so, als ob heute ein Journalist sagen würde, dass ein bestimmtes Ereignis im Laufe der Amtszeit der Bundespräsidenten Scheel, Carstens, Weizsäcker und Herzog stattgefunden hat. Man hat also meistens nur einen allgemeinen Zusammenhang. In der Regel reicht das jedoch aus, um den Knackpunkt der Aussage des Propheten mitzubekommen.

Und noch ein Letztes. Ein einzelnes Prophetenbuch liest sich manchmal weniger wie eine Einheit sondern vielmehr wie eine Abfolge von Einheiten. Die Kapitel sind oft so unterteilt, dass sie für eine angemessene Lektüre zu lang sind. Diese Unterteilung verhindert oft, dass man den Text in Abschnitten aufnehmen kann, die man auch zu verarbeiten in der Lage ist. Einige Abschnitte machen klare und kraftvolle Aussagen, andere möchte man einfach nur »hinter sich bringen«. Erst wenn man den Überblick über ein ganzes Buch oder einen Abschnitt des Buches hat, weiß man, welches die interessanten Teile sind und welches die (zunächst) langweiligen.

Die großen Propheten

Die ersten fünf Prophetenbücher werden die »großen Propheten« genannt; die letzten zwölf die »kleinen Propheten«. Diese Unterscheidung nach klein und groß hat nichts mit der Körpergröße der Propheten zu tun, sondern mit dem Umfang der jeweiligen Bücher. Das Buch *Jesaja* beispielsweise ist länger als die Bücher der zwölf »kleinen Propheten« zusammen.

Die großen Propheten sind jedoch auch nicht gleich lang. *Jesaja*, *Jeremia* und *Hesekiel* haben alle in etwa den gleichen Umfang. Die *Klagelieder* dagegen sind so kurz wie manche der »kleinen Propheten«. Weil sie aber von der Tradition her Jeremia zugeordnet wurden, steht es in der Reihenfolge unmittelbar hinter *Jeremia* und gehört deshalb zu den »großen Propheten«. Im Text selbst ist aber kein Verfasser genannt. Das Buch *Daniel* ist zwar nicht so lang wie *Jesaja, Jeremia* und *Hesekiel*, aber es ist immer noch länger als alle »kleinen Propheten«.

Allgemein kann man sagen, dass die »großen Propheten« in der Bibel in historischer Reihenfolge angeordnet sind. Jesaja wirkte ein Jahrhundert vor dem Fall des Königreichs Juda. Jeremia verkündete seine Botschaft während des Falls des Königreiches. Die *Klagelieder* schrieb ebenfalls ein Augenzeuge der Zerstörung Jerusalems. *Hesekiel* und *Daniel* waren Männer, die aus Jerusalem deportiert wurden und ihre Bücher in der Verbannung in Babylon schrieben.

Der Prophet Jesaja

Ich habe ja schon zitiert, wie Jesaja sein Buch beginnt. Er fährt fort mit einem Vergleich seines geliebten Jerusalem mit Sodom (siehe 1. Mose 18 und 19). Das sind starke Worte. Sie machen deutlich, in welchem Ausmaß es mit der Moral des alten Israel zur Zeit Jesajas bergab ging. Es handelt sich hier nicht um eine Gerichtsbotschaft, sondern um eine Warnung. Gleichzeitig vermitteln diese Warnungen aber auch Hoffnung, wenn die Menschen entsprechend reagieren.

> »Wollt ihr mir gehorchen,
> so sollt ihr des Landes Gut genießen.
> Weigert ihr euch aber und seid ungehorsam,
> so sollt ihr vom Schwert gefressen werden;
> denn der Mund des Herrn sagt es.«   Jesaja 1,19–20

Die Leute erkannten oft das Echo der Warnungen des Mose in den Botschaften der Propheten. Letztlich war es dieselbe Warnung, die Mose ausgesprochen hatte, bevor sie das verheißene

Land in Besitz nahmen: Das Maß eures Wohlbefindens und des Friedens in eurem neuen Land hängt ganz von eurem Verhalten ab. Jeder Prophet bestätigte und verstärkte also alle Botschaften, die es vor ihm bereits gegeben hatte. Bestimmte Botschaften kehrten in ihren Aussagen ständig wieder.

Es gab Zeiten, in denen den Menschen sehr klar war, wie schwerwiegend ihre moralischen Verfehlungen waren. In solchen Zeiten sprachen die Propheten wortreich über die herrlichen Pläne, die Gott für sie bereit hatte. Besonders in der zweiten Hälfte des Buches *Jesaja* gibt es viele solche Stellen.

Im Buch *Jesaja* gibt es zahlreiche Prosastellen, die identisch sind mit Abschnitten in den Büchern *Samuel* und *Könige*. Es gibt zur Erklärung dieses Phänomens verschiedene Theorien, aber unbestritten ist dabei eines: dass die Botschaft *Jesajas* tief in der Geschichte des Königreichs Israel verwurzelt ist.

Im Neuen Testament wird häufig aus Büchern des Alten Testamentes zitiert. Von den Prophetenbüchern wird Jesaja häufiger zitiert als alle anderen. Die poetischen Zeilen kann man sich besonders gut einprägen und die Themen sind besonders zentral. Sein Buch steckt voller Bilder, die zum Nachdenken anregen und voller beeindruckender Szenen.

Der Prophet Jeremia

Die einzigen Bücher der Bibel, die länger sind als *Jesaja,* sind die *Psalmen* und *Jeremia*. Da ja die Psalmen aus 150 Einzelstücken bestehen, ist *Jeremia* das Einzelbuch, zu dessen Lektüre man am längsten braucht. Während es bei Jesaja nur ein paar wenige Prosaabschnitte gibt, sind es bei Jeremia sehr viele. Und die Prosa Jeremias besteht in erster Linie aus Erzählungen über die Zerstörung Jerusalems durch die Babylonier. Während Jesaja *prophezeite*, dass auf Juda Zerstörung zukommen werde, musste Jeremia mitten in dieser Zerstörung *leben*.

Wegen der Zeit, in der er lebte und dem daraus resultierenden Ton seiner Aussagen wird Jeremia auch der »weinende Prophet« genannt. Seine Schriften haben nicht die gleiche herrliche langfristig hoffnungsvolle Perspektive wie *Jesaja* und die übrigen Propheten. Aber über die Schwierigkeiten und die Schmerzen des Augenblicks konnte einfach nicht hinweggegangen werden.

Jedes Prophetenbuch fügt den historischen Aufzeichnungen ein wenig hinzu. Sie enthalten alle Einzelheiten, durch die die Aussagen der Geschichtsbücher der Bibel bestätigt oder erweitert werden. Manche Prophetenbücher enthalten nur wenige neue Informationen, die man in den Geschichtsbüchern sonst nicht findet, aber für das Buch *Jeremia* trifft das nicht zu. Dort erfährt man viel Neues. Die Mitte des Buches besteht hauptsächlich aus Beschreibungen der verschiedenen Ereignisse in den letzten Tagen des Königreiches. Wie bei *Jesaja* gibt es auch bei *Jeremia* verschiedene Abschnitte mit Prophetien für Israels Nachbarvölker. Babylon beispielsweise sollte zwar Israel besiegen, würde aber eines Tages für sein Vorgehen zur Rechenschaft gezogen werden. Und zur Zeit des Neuen Testaments existierte Babylon als Weltmacht auch nicht mehr.

Die Klagelieder

Die *Klagelieder* sind ein längeres Gedicht – ohne Prosaabschnitte. Das Buch hat nur fünf Kapitel und ist damit ziemlich kurz. Von der Länge und dem Stil her ist es vergleichbar mit dem *Hohelied*. Die Klagelieder sind allerdings ein bisschen kürzer und einfacher (nur ein einzelner Sprecher statt Braut, Bräutigam und Chor). Der größte Unterschied ist das Thema. Während es im Hohelied um die Liebe zwischen Mann und Frau geht, handeln die Klagelieder von der Schmach des Niedergangs des Volkes Gottes, speziell der Hauptstadt Jerusalem.

Jerusalem mit seinem Tempel und dessen kulturellem Umfeld waren der ganze Stolz des Volkes Israel. Zur Glanzzeit Israels kamen Würdenträger aus fremden Ländern, um die Stadt zu bewundern und zu preisen. Jahre des Niedergangs mit ab und zu ein wenig Aufschub durch gelegentliche Erneuerungsaufbrüche hatten schon lange darauf hingedeutet, dass die Zerstörung irgendwann unabwendbar kommen würde. Als Jerusalem dann brannte, musste man schweren Herzens zur Kenntnis nehmen, dass alles, wovor alle Propheten seit Mose gewarnt hatten, jetzt eingetreten war. Aber selbst in diesem ernüchternden Gedicht findet man Hoffnungsschimmer für die Zukunft.

Wie *Rut, Ester* und das *Hohelied* bietet das Buch der *Klagelieder* die Chance, einen Teil der Bibel zu lesen, ohne sich dabei zu übernehmen. Wenn man 15 bis 20 Minuten ungestört Zeit hat und man sich in der Lage fühlt, sich mit diesem deprimierenden Stoff zu befassen, dann wird einem ein klarer Einblick in das prophetische Denken der damaligen Zeit vermittelt. Unter anderem erkennt man dann, dass den Propheten unglaublich viel an ihren Volksgenossen lag. Die Zerstörung war zwar eine Folge der Unmoral des Volkes und seiner Weigerung, die Warnungen der Propheten ernst zu nehmen, aber das hat am Mitgefühl und am Mit-Leiden der Propheten nichts geändert. Hier ist eine wunderbare Liebe erkennbar.

Der Prophet Hesekiel

Hesekiel ist eines der schwierigsten biblischen Bücher. Es ist sehr lang und sein Tonfall ist ernst wie bei *Jeremia*. Seine Bilder sind vielschichtiger und schwerer zu verstehen. Es kann sehr bereichernd sein, dieses Buch zu lesen, aber das Interesse daran wird wahrscheinlich erst dann wach, wenn man bereits einige einfachere Abschnitte der Bibel verarbeitet und verdaut hat.

Babylon hatte Israel schon ein paar Jahre lang belagert, bevor schließlich die Hauptstadt Jerusalem fiel. Während dieser Jahre der Belagerung wurden im Land bereits Gefangene gemacht und nach Babylon gebracht. Unter den Gefangenen war auch Hesekiel. Er schrieb seine Worte während des Exils. Wenn man gedacht hatte, dass die Vertreibung aus dem verheißenen Land das Ende der Geschichte Israels sei, dann belehrt einen Hesekiel schnell eines Besseren.

Erstens befasste er sich ausführlich mit den Problemen, die dazu geführt hatten, dass Israel sein Land verlor. Denn das Verhalten der Menschen spielt in Bezug auf das Schicksal ganzer Völker und auch Einzelpersonen eine gewichtige Rolle. Als Prophet ließ Hesekiel nicht zu, dass seine Mitbürger das vergaßen. Es war ihm wichtig, dass sie aus ihren Fehlern lernten und ihr Leben erneuerten, auch wenn sie in einem fremden Land lebten. Auch dort konnte sich Gott um sein Volk kümmern und auf es Acht geben. Hatte er es nicht auch damals in der Wüste schon behütet, bevor es das verheißene Land betreten hatte?

Zweitens: Gott wollte, dass sein Volk Hoffnung für die Zukunft behielt. Zu diesem Zweck lässt er Hesekiel in den letzten neun Kapiteln die Vision von einem herrlichen Tempel verkünden, der eines Tages den von Salomo erbauten und von Nebukadnezar von Babylon zerstörten ersetzen sollte. Hesekiel nennt keinen konkreten Zeitpunkt für diese herrliche Zukunft, aber all die Bilder künftiger Herrlichkeit fanden im Denken der Menschen ihren Niederschlag. Durch diese Hoffnung ertrugen sie alles Schwere, das sie bei ihren Unterdrückern in der Gefangenschaft erlebten.

Der Prophet Daniel

Wie bei *Hesekiel* gibt es auch bei *Daniel* ein paar komplizierte Bilder, die schwer zu verstehen und auch gar nicht so leicht zu verarbeiten sind. Diese Bilder tragen weiter bei zu dem herrlichen Bild der Zukunft Israels. Die Hauptfigur dieser Zukunft ist der Messias, der »Gesalbte«, im Buch *Daniel* auch »Menschensohn« genannt.

Die vielschichtige Bildersprache des Buches *Daniel* taucht in der zweiten Buchhälfte auf. Im Unterschied dazu ist die erste Hälfte eine geradlinige Erzählung. Ja, die Geschichten aus diesem Abschnitt gehören zu den beliebtesten biblischen Geschichten überhaupt. Unter anderem sind das Schadrach, Meschach und Abed-Nego im Feuerofen, Daniel in der Löwengrube und die Geschichte von der »Schrift an der Wand«.

Daniel war Exilisraelit genau wie Hesekiel und wurde zum Dienst am Hof Nebukadnezars zitiert, wo er und seine Volksgenossen mehrfach in brenzlige Situationen gerieten. Den Israeliten war beigebracht worden, nur einen Gott anzubeten, aber alle Kulturen der Umgebung verehrten viele Götter. Jedes Volk hatte seinen eigenen Gott oder seine eigenen Götter. Und oft hatte sogar der König Götterstatus. Weil Daniel und seine Freunde entschlossen waren, bei ihrem einen Gott zu bleiben, kam es unweigerlich zu Zusammenstößen mit der Obrigkeit. Die Geschichten, wie Gott seine Leute befreite, sind faszinierend und erinnern an andere großartige Geschichten aus vorhergehenden biblischen Büchern.

Die »kleinen Propheten«

Die letzten zwölf Bücher im Alten Testament sind ziemlich kurz. Zusammen sind sie nicht ganz so umfangreich wie das Buch *Jesaja* allein. In manchen jüdischen Bibeln sind sie zusammengefasst und als »Zwölfprophetenbuch« übertitelt. Diese zwölf Bücher sind zwar kurz, aber sehr wichtig und jeder einzelne Prophet hat etwas Spezielles zu dem Ganzen beizutragen.

Genau wie die »großen Propheten« sind auch die »kleinen Propheten« chronologisch geordnet. Das heißt aber nicht, dass die »kleinen Propheten« nach den großen gelebt und gewirkt hätten. Teilweise lebten sie zeitgleich. Hosea beispielsweise war ein Zeitgenosse von Jesaja. Genauso wie die Reihenfolge der »großen Propheten« in den historischen Zeitrahmen eingeordnet werden kann, der von den Geschichtsbüchern vermittelt wird, ist das auch für die »kleinen Propheten« der Fall. Anders ausgedrückt: Auch die »kleinen Propheten« wirkten in der Zeit gegen Ende des Königtums.

Weil der Fall von Jerusalem von Historikern auf das Jahr 586 v.Chr. datiert wird, können alle Prophetenbücher – die der »großen« und die der »kleinen Propheten« – auf ein bis zwei Jahrhunderte um dieses Datum herum eingeordnet werden. Die früheren Propheten wie Jesaja (groß) und Hosea (klein) lassen sich auf ein bis zwei Jahrhunderte vor dieses Datum festlegen. Und die Exilpropheten wie Hesekiel (groß) und Daniel (groß) gruppieren sich um dieses Datum herum. Die Propheten, die mit der Rückkehr des Volkes Israel aus dem Exil in Verbindung gebracht werden, wie beispielsweise Haggai (klein), Sacharja (klein) und Maleachi (klein), werden auf ein bis zwei Jahrhunderte nach dem Fall Jerusalems datiert. Alle »großen Propheten« werden mit dem Südreich in Verbindung gebracht und manche der kleinen mit dem Nordreich, das 722 v.Chr. fiel, also ungefähr anderthalb Jahrhunderte früher als das Südreich.

Wenn man Interesse an genaueren Daten hat, kann man sie in theologischen, speziell bibelwissenschaftlichen Büchern nachschlagen. Vielleicht ist in Ihrer Bibel ja auch eine Zeittabelle. Allerdings sind sich die Wissenschaftler auch nicht immer völlig einig. Schon oft mussten Schätzungen geändert werden, nachdem neue archäologische Funde aufgetaucht sind. Solche Einzelheiten machen die Lektüre der Prophetenbücher aber für Sie als Bibeleinsteiger wahrscheinlich eher kompliziert.

Dass die Bücher relativ kurz sind, verlockt zum Lesen. Aber wie bei den »großen Propheten«, handelt es sich auch hier um Botschaften, die im Zusammenhang mit dem Fall des Königreichs Israel übermittelt wurden. Wenn man eine Verbindung zu diesem Hintergrund herstellen will, setzt dies eine Kenntnis der geschichtlichen Situation voraus, die in den biblischen Geschichtsbüchern erzählt wird. Geschichtliches Vorverständnis wäre hier also nützlich. (Das gilt beispielsweise nicht unbedingt für Psalm 23, den man auch unabhängig von jeglichem historischen Zusammenhang lesen kann.) Deshalb sollten Sie den allgemeinen Tenor der Zeit der Propheten und die allgemeine Stoßrichtung ihrer Botschaften im Sinn behalten, wenn Sie die einzelnen Bücher lesen. Kümmern Sie sich nicht darum, einzelne Verbindungen mit konkreten historischen Ereignissen herzustellen. Anders ausgedrückt: Erwarten Sie nicht, dass Sie diesen Büchern so leicht folgen können wie Psalm 1 oder Psalm 23. Wenn Sie sich daran halten, wird es Ihnen gelingen, Gewinn von der Lektüre zu haben.

Der Prophet Hosea

Hosea verwendet das Bild der Ehe, um die Beziehung zwischen Gott und dem Volk Israel darzustellen. Er stellt Gott als einen treuen Ehemann dar, der bereit ist zu vergeben, und Israel als die untreue Ehefrau. Ja, er bezeichnet das Volk Israel sogar als »Hure«. Hoseas eigene Erfahrung mit einer untreuen Frau werden hier verwendet, um zu veranschaulichen, wie sehr es Gott schmerzt, so mit Israel verfahren zu müssen. Die Sünden des Volkes Israel werden beim Namen genannt. Die Ermahnung für Israel lautet: »Bekehre dich, Israel, zu dem Herrn, deinem Gott«.

Der Prophet Joel

Das Thema des Buches *Joel* ist der »Tag des Herrn«. Dieser »Tag des Herrn« taucht auch in anderen prophetischen Büchern auf. Er ist ein Tag der Abrechnung, ein Tag des Gerichts. Der Ausdruck bezieht sich auf eine Zeit, in der Gott die Bösen und Hochmütigen erniedrigen und die Demütigen erhöhen wird. Israels Auszug aus Ägypten war auch eine Art »Tag des Herrn«. Die ägyptischen Sklavenhalter wurden erniedrigt und die gedemütigten israelitischen Sklaven wurden zu einem Volk erhöht. Deshalb bedeutete der »Tag des Herrn« für die einen Zerstörung und für die anderen Erlösung und Befreiung. Joel sprach vom »Tag des Herrn« am Horizont des Volkes Israel. Auch Israel war nicht ausgeschlossen vom Gericht Gottes.

Der Prophet Amos

Amos wirkte zur selben Zeit wie Hosea und Joel. Er war Schafhirte, der seine Herden verließ, um die Sünden seines Volkes, speziell die seiner Führer, öffentlich anzuklagen. Das Gesetz des Mose forderte von den Führern des Volkes sogar noch mehr als von den einfachen Israeliten. Könige sollten für Gerechtigkeit im Land sorgen. Ihnen war Macht anvertraut, für die sie Rechenschaft ablegen mussten. Wie die anderen Propheten war Amos furchtlos, wenn es darum ging, die Mächtigen mit ihrem Fehlverhalten zu konfrontieren.

Der Prophet Obadja

Obadja ist das kürzeste Buch im Alten Testament – es umfasst nur ein Kapitel. Wie Joel hebt auch er das Herannahen des »Tages des Herrn« hervor. Er sagt, dass es sich nicht auszahlt, sich daran zu ergötzen, wenn Nachbarvölker das Unglück trifft, weil irgendwann für alle Völker ein Tag des Gerichts kommt. Er hebt auch den Grundsatz »Wie du tust, so wird auch dir getan« hervor.

Der Prophet Jona

Jona hebt sich deutlich von den anderen kleinen Propheten ab. Hier haben wir es mit einer Erzählung zu tun. Das Buch erzählt die Geschichte des Propheten Jona: wie er sich zuerst davor drückte und herauszuwinden versuchte, der großen Stadt Ninive, Hauptstadt von Assyrien, eine warnende Botschaft zu überbringen. Israels Propheten hatten oft Worte für benachbarte Völker, aber Jona zögerte, eine Bußbotschaft an diesen Feind seines Volkes zu übermitteln. Seine demütigende Erfahrung, als er von einem großen Fisch verschluckt wurde, bewirkte seine Umkehr. Ninive reagierte positiv auf seine Botschaft. Jeder, beim König angefangen, gab zu, dass er unmoralisch gelebt hatte. Am Ende bekam Jona eine Lektion erteilt, wie groß die Gnade Gottes ist.

Der Prophet Micha

Mit *Micha* kehren wir zurück zum üblichen Stil der Propheten. Es gibt hier einen Abschnitt, der identisch ist mit einem Abschnitt aus Jesaja über das, was »in den letzten Tagen« geschehen wird. Dieser Ausdruck ist eine Andeutung der kommenden Zeit des Messias. Micha erinnerte die Leute an all das, was Gott in der Vergangenheit für sie getan hatte. Er rief sie zum Gehorsam auf und zur Hoffnung auf die Zukunft. Er sprach sowohl die Menschen des Nordreichs als auch die des Südreichs an.

Der Prophet Nahum

Wie Jona, so hatte auch Nahum mit der Stadt Ninive zu tun. Bei *Nahum* ist die Prophetie jedoch nicht in eine Erzählung eingebettet. Im Buch *Jona* bekommen wir nur den Kern der Botschaft Gottes an Ninive zu lesen – eine Zeile oder zwei. Bei *Nahum* haben wir Gottes vollständige Anklageschrift über das Fehlverhalten der Stadt.

Nahum lebte einige Zeit nach Jona. Ninive war wieder in alte unmoralische Verhaltensweisen zurückgefallen und jetzt warnte Nahum die Stadt vor der endgültigen Zerstörung. Historiker haben festgestellt, dass diese im Jahre 612 v.Chr. stattfand.

Der Prophet Habakuk

Habakuk sah den Überfall Babylons auf Juda voraus und stellte eine Frage, die Hiobs würdig gewesen wäre. Er gestand zwar die Sündhaftigkeit Israels ein, fragte aber, warum ein ungerechtes Volk wie die Babylonier würdig war, Jerusalem zu erobern. In diesem kurzen Buch gibt es darauf keine langatmige Antwort. Im Wesentlichen besagt Gottes Antwort, dass der Gerechte aus Glauben lebt. Das heißt: Er vertraut darauf, dass letztlich alle Rechnungen bezahlt werden und das Konto ausgeglichen ist. Mag ein Volk wie die Babylonier heute siegreich sein – es wird gewiss morgen seinen eigenen Tag der Abrechnung erleben. Deshalb wurden die Menschen noch einmal ermahnt, gerecht zu leben.

Der Prophet Zefanja

Mit Zefanja kommen wir zu einem Zeitgenossen Jeremias. Zefanjas Prophetien erfolgten in den Jahren unmittelbar vor der Zerstörung und dem Fall Jerusalems. Er sprach über den für Jerusalem unmittelbar bevorstehenden »Tag des Herrn«, aber auch der langfristig gesehen herrlichen Zukunft, die Gott für sein Volk geplant hatte.

Der Prophet Haggai

Die verbleibenden drei »kleinen Propheten« wirkten, nachdem die Reste des Volkes Israel aus dem Exil in Babylon zurückgekehrt waren. Haggai wird im Buch *Esra* erwähnt als einer der Rückkehrer. Er ermutigte den Statthalter und den Hohepriester, die damals im Amt waren, und besonders auch die Leiter und die Bevölkerung, nicht darüber zu trauern, dass das Volk so klein geworden war, denn Gott wolle im Laufe der Zeit noch viel Großartigeres tun.

Wir haben es hier mit einer langfristigen Hoffnung zu tun, die die Propheten immer wieder vermittelten. Besonders bedeutsam ist, dass diese Hoffnung nicht im bloßen Wiederaufbau liegt. Nicht nur der alte Glanz sollte wieder hergestellt werden, sondern etwas viel Größeres hatte Gott vorgesehen.

Der Prophet Sacharja

Sacharja war ein Zeitgenosse und Mitarbeiter von Haggai. Auch er wird im Buch *Esra* erwähnt. Seine Schrift ist erheblich länger und vielschichtiger als die von Haggai. Er beschreibt Visionen, die Ähnlichkeit mit der komplexen Bildsprache bei *Hesekiel* und in der zweiten Hälfte des Buches *Daniel* haben. Es gibt Zeilen und Abschnitte, die anregend sind, aber das Buch insgesamt kann einen doch leicht verwirren.

Der Prophet Maleachi

Der zwölfte und damit letzte der »kleinen Propheten« ist Maleachi. Seine Prophetie ist überwiegend in Prosa verfasst und beinhaltet die Sorge über den moralischen Zustand der Priesterschaft seiner Zeit. Eigentlich sollte man ja meinen, dass nach all den Warnungen durch die Propheten vor dem Fall Jerusalems und all der Züchtigung, die Israel durch den Fall erlebt hatte, die Priester des Volkes ihren Pflichten jetzt ganz besonders eifrig und genau nachkommen würden, aber dem war nicht so. Maleachi warnte, dass, während dem Volk Israel die große Zukunft noch bevorstand, es kein so großer Tag sein würde für diejenigen, die die Gebote Gottes auf die leichte Schulter nehmen. Für Priester, die der Meinung seien, sie hätten einen Freifahrschein, würde es ein böses Erwachen geben.

Der letzte Prophet im Alten Testament macht also etwa die gleichen Aussagen wie Mose ganz am Anfang. Mose hatte damals gesagt, dass der Sieg über die Kanaaniter kein ewiges Wohnrecht im verheißenen Land garantiere. Das ethische Verhalten spielt sehr wohl auch dann eine Rolle, wenn man zum auserwählten Volk Gottes gehört.

Zum Abschluss der Bücher des Alten Testamentes

Wir haben jetzt die Bücher Mose, die Geschichtsbücher, die Weisheitsliteratur und die Prophetenbücher besprochen. Zusammen bilden sie das Alte Testament. Die Bücher Mose und die Geschichtsbücher sind chronologisch geordnet. Zusammen umreißen sie die Geschichtsepoche des gesamten Alten Testamentes. Die Weisheitsliteratur steht auch in chronologischer Reihenfolge, die in den Zeitrahmen des Alten Testamentes eingegliedert werden kann. In denselben Zeitrahmen gehören auch die »großen Propheten« und schließlich die »kleinen Propheten«.

Wenn man diese chronologische Reihenfolge ansetzt, bekommt man die richtige Perspektive für die 39 Bücher. Sonst könnte man vielleicht meinen, dass alle unmittelbar aufeinander folgten. Wenn man versucht, sie alle hintereinander weg zu lesen, dann kann das für große Verwirrung sorgen. Jetzt, da Sie bestimmte Büchertypen erkennen können und einige Fakten über die einzelnen Bücher wissen, können Sie besser entscheiden, wo sie zu lesen anfangen möchten und wie Sie dann fortfahren wollen.

Aber bevor Sie anfangen zu lesen, lassen Sie mich noch etwas zum Rest der Bibel sagen. Es ist nur noch ein Viertel davon übrig, das zu besprechen ist. Dieses Viertel ist jedoch die Vervollständigung und Erfüllung all dessen, was wir bisher gelesen haben. Außerdem sind einige der restlichen Bücher auch vergleichsweise einfache Lektüre. Lassen Sie uns diesen Abschnitt unserer Buch-für-Buch-Reise also erst noch abschließen.

5) Die vier Evangelien

Die Zeit des Neuen Testamentes

Zwischen dem Alten und dem Neuen Testament liegt ein »Zeitsprung«. Die letzten aufgezeichneten Ereignisse aus dem Alten Testament haben mit der Rückkehr des Volkes Israel aus dem Exil zu tun. Zwischen dieser Rückkehr und der Zeit des Jesus von Nazareth lagen also beinahe vier Jahrhunderte. Diese »stille« Epoche zwischen den Testamenten ist von der Länge her vergleichbar mit der Zeit der Herrschaft der Richter und der Herrschaftszeit der Könige. Es ist außerdem etwa die Anzahl von Jahren zwischen der Zeit, als Josef nach Ägypten ging und der Zeit, als Mose die israelitischen Nachkommen aus Ägypten heraus führte.

Die Ausdrücke »Altes Testament« und »Neues Testament« haben ihren Ursprung beim Propheten Jeremia. Als er über die ruhmreiche Zukunft des Volkes Israel sprach, von der die Propheten geredet hatten, sagte er: »Siehe, es kommt die Zeit, spricht der Herr, da will ich mit dem Hause Israel und dem Hause Juda einen neuen Bund schließen« (Jeremia 31). »Testament« ist ein anderes Wort für »Bund« und insofern ist »Neues Testament« ein Hinweis auf Jeremias Verheißung. Was die Bücher des Neuen Testamentes untereinander und mit den vorher verfassten Schriften verbindet, ist die Überzeugung, dass Jesus von Nazareth der lang verheißene Messias ist. Auf Jesus konzentrierten sich also alle Hoffnungen auf eine ruhmreiche Zukunft, die von Jeremia und allen anderen Propheten immer wieder verheißen worden war.

Die Bücher des Neuen Testamentes waren also keine Abweichung von Aussagen des Alten Testaments und sollen es auch nicht ersetzen. Im Gegenteil: Sie sollten dessen Erfüllung sein – genauso wie das *2. Buch Mose (Exodus)* (das etwa drei bis vier Jahrhunderte nach den Ereignissen spielt, mit denen das *1. Buch Mose (Genesis)* schließt) keine Abweichung von den Verheißungen darstellt, die Gott Abraham, Isaak und Jakob *im 1. Buch Mose (Genesis)* gegeben hatte, sondern als Erfüllung dieser Verheißungen anzusehen ist. In ähnlicher Weise ist das Neue Testament die Erfüllung der im Alten Testament gegebenen Verheißungen.

Die Begriffe »Altes Testament« und »Neues Testament« wurden erst bei der Zusammenstellung der 66 biblischen Bücher angewendet. Erst da bot sich die Gelegenheit, die Schriften in zwei getrennte Abschnitte zu unterteilen. Mit anderen Worten: In den Büchern des Neuen Testamentes ist immer nur von den »Schriften« die Rede, nie vom »Alten Testament« oder »Neuen Testament«.

Die messianischen Prophetien

Kein einzelnes Buch und kein einzelner Abschnitt des Alten Testaments enthält in umfassender Form, was man über den Messias wissen möchte. Die Hinweise auf ihn sind in allen Büchern verstreut: Hier eine Zeile und dort ein paar Zeilen. Ja, der Begriff »Messias« (»Gesalbter«) taucht im gesamten Alten

Testament nur zweimal auf. Aber um das Kommen des Messias zu beschreiben, benutzte man auch nicht nur den Begriff »Messias«. Es gab eine ganze Palette anderer Ausdrücke.

Der Begriff »Sohn Davids« wurde allgemein als messianischer Titel betrachtet. Andere gebräuchliche Titel lauteten »der Kommende«, »der Gerechte«, »der Sohn Gottes«. Jeder Hinweis auf eine Gestalt, die eines Tages Israel zu seinem größten Ruhm führen sollte, wurde als Hinweis auf den Messias betrachtet.

Viele prophetische Hinweise konzentrierten sich entweder zusätzlich oder ausschließlich auf das herrliche Reich, in dem der Messias herrschen sollte. Manche Hinweise, die »die letzten Tage«, »das kommende Königreich« oder gar »den Tag des Herrn« erwähnten, waren Erinnerungen an das bevorstehende Gericht. An anderen Stellen wurden diese Ausdrücke oder Sätze als Hinweise auf die Zeit des Messias verstanden, obwohl er selbst vielleicht gar nicht im selben Atemzug erwähnt wurde. Aus dem Zusammenhang geht hervor, welches künftige Ereignis die Zuhörer wieder erkennen sollten.

Und die Hinweise auf den Messias und sein Reich sind nicht nur über die ganze Schrift verstreut, sondern viele dieser Hinweise sind zudem auch noch undeutlich. Es ist manchmal nicht sofort erkennbar, worauf die Prophetie hinauswill.

Wenn man die Anhäufung von Prophetien über die messianische Zeit nimmt, dann wusste eigentlich niemand so recht, was zu erwarten war. Die Prophetien beinhalteten Beschreibungen von Schmerz, Leiden und Demütigungen, doch findet sich auch das Gegenteil: Macht, Glanz und Ruhm. Wie können solche widersprüchlichen Bilder miteinander in Einklang gebracht werden? Die Verfasser des Neuen Testamentes waren der Überzeugung, dass Jesus der Messias ist und diese Prophetien nicht nur erklärt, sondern durch seine Person selbst erfüllt. So waren beispielsweise Schmerz, Leiden und Demütigung in seiner Kreuzigung zu sehen und Macht, Glanz und Ruhm in seiner Auferstehung.

Jesus wurde erst nach seiner Auferstehung und Himmelfahrt als der Messias verkündet. Bis dahin blieb verborgen, dass er der Messias war. Während seines Wirkens auf der Erde benutzte Jesus indirekte Hinweise auf sich selbst als Messias – wie beispielsweise »Menschensohn«, ein Begriff, der hauptsächlich im Buch *Daniel* zu finden ist. Als Jesus dann auferstanden war, konnten seine Jünger erkennen, was es mit diesen Andeutungen auf sich hatte, aber bis dahin war seine Identität als Messias kein zentrales Thema. Das erklärt auch, warum es den Anschein hat, dass die Evangelien scheinbar diesem Thema ausweichen, obwohl sie Jesus als den Messias darstellen.

Nicht jeder glaubt, dass Jesus der Messias ist oder dass er als solcher alle Prophetien erfüllt, die mit der messianischen Zeit zusammenhängen. Aber alle Verfasser der neutestamentlichen Bücher sind davon überzeugt. Die Aufzeichnungen vom Leben Jesu in den Evangelien waren erstaunlich genug, um Aufmerksamkeit zu erregen, selbst wenn es nicht die Erfüllung der Prophetien gewesen wäre. Aber dass sein Leben die Erfüllung all dessen war, was die Schriften seit langem verheißen hatten, wird immer wieder betont.

Mit Jesus sind »die letzten Tage« angebrochen. Die herrliche Zukunft, die von den Propheten verheißen wird, ist nah. Der »Spross Davids« hat seinen Thron eingenommen und dieser Thron ist noch herrlicher als jeder erwartet hätte: Es ist der Himmel selbst. Jesu Auferstehung vom Tod und seine Himmelfahrt haben die Erfüllung all dessen eingeleitet, was in den Büchern des Alten Testamentes verheißen wurde. Das Neue Testament ist also in Bezug auf seinen Mittelpunkt völlig abhängig vom Alten Testament.

Was ist ein Evangelium?

Der Begriff »Evangelium« bedeutet »gute Nachricht«. In jedem der vier Evangelien wird Jesus als die »gute Nachricht« von der letztgültigen Erlösung dargestellt, die von den Propheten so oft angekündigt worden war. Die Titel *Matthäus, Markus, Lukas* und *Johannes* sind Kurzformen der Titel: *Das Evangelium nach Matthäus* usw. Und selbst das ist bereits wieder eine Kurzform des Titels: *Das Evangelium von Jesus Christus nach Matthäus* usw. »Christus« ist das griechische Wort für das hebräische »Messias«. Jeder Hinweis auf Jesus als »Jesus Christus« oder einfacher »der Christus« ist ein Hinweis darauf, dass er der Messias ist.

Weil jedes der Evangelien vom Leben Jesu handelt, könnte man sie auch als Biografien betrachten, aber von ihrer Form und vom Stil her unterscheiden sie sich sehr von den meisten modernen Biografien. So wird darin sehr wenig über das Leben Jesu vor Beginn seines öffentlichen Wirkens im Alter von 30 Jahren berichtet. Die Umstände seiner Geburt werden erwähnt und ein Vorfall, der sich ereignete, als er zwölf Jahre alt war. Biografien enthalten normalerweise viel mehr Hintergrundinformationen.

Es gibt zwei gewichtige Gründe dafür, warum sich die Evangelien fast ausschließlich auf die Jahre des öffentlichen Wirkens Jesu konzentrieren.

Erstens wurden die Evangelien als Augenzeugenberichte geschrieben. Augenzeugen waren die Leute, die Jesus während seines Dienstes nachfolgten. Die Ereignisse während seines Wirkens waren die Ereignisse, von denen sie bestätigen konnten: »Das haben wir gesehen und gehört.«

Zweitens: Die Verheißungen der Propheten über den Messias hatten weniger mit dessen Kindheit und Jugend zu tun als mit dem, was er als erwachsener, gestandener Mann tat. Die Evangelien hoben also sein Wirken und nicht so sehr seine Entwicklungsjahre hervor.

Die Evangelien halten sich eng an die Überlieferung der Geschichtsbücher des Alten Testamentes. Nur ist ihr Thema hier ein einzelner Mensch und nicht eine Abfolge von Richtern oder Königen. Es werden wie in den Geschichtsbüchern Worte und

Taten beschrieben; Gedanken oder Motive der einzelnen Charaktere kommen selten vor. Die Verfasser der Bücher geben kaum oder gar keine Hinweise zur eigenen Person. Deshalb geht man beim Lesen der Evangelien am besten genau so vor wie bei den Geschichtsbüchern.

Die in den Evangelien erzählte Geschichte

Die Evangelien erzählen, wie Jesus als Nachkomme Davids geboren wurde. Nach Aussagen der Propheten sollte der Messias von David abstammen, was durch Stammtafeln belegt wird. Es wird berichtet, dass Jesus in Bethlehem geboren wurde, dass er danach eine Zeit lang in Ägypten lebte und in Galiläa aufwuchs. Hinweise darauf sind ebenfalls bei den Propheten zu finden, deshalb war es den Evangelisten auch wichtig, diese Einzelheiten zu erwähnen.

Im Alter von etwa 30 Jahren wurde Jesus von Johannes dem Täufer im Jordan getauft. Johannes war ein weiterer Prophet in der langen Reihe der Propheten Israels. Er predigte dem Volk, Buße zu tun für seine Sünden und er machte den Menschen das Angebot, sich taufen zu lassen als Symbol der Reinigung durch die Vergebung der Sünden. Johannes wusste, dass Jesus ein größerer Prophet war als er selbst. Als Jesus zu Johannes kam, um sich zusammen mit anderen von ihm taufen zu lassen, sagte der Täufer, dass ihre Rollen eigentlich vertauscht sein müssten. Aber Jesus bestand darauf, dass Johannes ihn taufte und so geschah es.

Danach ging Jesus in die Wüste, wo er 40 Tage lang fastete und vom Teufel versucht wurde. Am Ende dieser Zeit begann sein öffentliches Wirken. In mancherlei Hinsicht ähnelte es dem Wirken Johannes des Täufers. Beide verkündeten, dass das seit langem angekündigte Reich Gottes nahe sei. Aber das Wirken von Jesus wurde von zahlreichen Wundern begleitet; der Dienst des Johannes war längst nicht so spektakulär.

Zu den Wundern Jesu gehörte, dass er Blinde sehend machte

und Taube hörend, dass er verkrüppelte Menschen heilte, so dass sie wieder gehen konnten, und ein paar Mal weckte er sogar Tote wieder auf. Es waren so viele Wunder, dass einer der Evangelisten sagt, die Welt könne die Bücher nicht tragen, die voll geschrieben wären, wenn man alle Taten Jesu aufzeichnen würde. Vielleicht war das eine stilistische Übertreibung, aber es kommt darin zum Ausdruck, dass die Wunder eher der Normalfall als gelegentliche Ausnahmen waren.

Nicht alle Wunder hatten mit Heilung von Krankheit und Tod zu tun. Jesus vermehrte beispielsweise ein paar Brote und Fische, so dass Tausende von Menschen davon satt wurden, oder er ging auf dem Wasser. All diese Wunder geschahen, um drückende menschliche Not zu lindern. Einem Feigenbaum befahl er, zu verdorren, und das geschah, weil seine Jünger eine bestimmte Lektion lernen sollten. Er war bereits mehrmals aufgefordert worden, etwas Spektakuläres zu tun, um zu beweisen, dass er kein falscher Prophet war, hatte sich aber jedesmal geweigert.

Der Dienst und das Wirken Jesu bestanden darin, dass er im Land umherzog, über Gott lehrte und die Kranken, Hungrigen und Mutlosen besuchte. Er ging einfach von Ort zu Ort und tat den Menschen Gutes. Die Wunder waren ein Zeichen, dass Gott an seinen guten Taten beteiligt war.

Jedes Evangelium ist eine Sammlung von verschiedenen Episoden aus dem Leben von Jesus, die in einer bestimmten Reihenfolge aneinander gereiht sind. Es gibt noch zwei weitere Arten von Ereignissen, die neben seinen Lehren und den guten Taten erwähnt werden. Erstens waren das die Herausforderungen und Angriffe des religiösen Establishments der damaligen Zeit. Je bekannter und beliebter sein Wirken bei der breiten Masse wurde, desto mehr Vorwürfe und Anklagen erhoben die Autoritäten gegen ihn.

Die andere Art von Episoden, von denen berichtet wird, sind die sehr persönlichen Unterrichtsstunden für seine engsten

Jünger und Nachfolger. In diesen eher zurückgezogenen Zeiten gab er seine Identität als Messias preis.

Öffentlich hat Jesus nie proklamiert, dass er der Messias ist. Ja, er tat sogar alles, um solche Vermutungen zu entkräften, wenn er damit konfrontiert wurde. Er wirkte als demütiger Diener Gottes, genauso wie alle Propheten Israels vor ihm gewirkt hatten. Die Jünger, die ihm am nächsten standen, vermuteten, dass er mehr war als nur ein Prophet und einer seiner Jünger sprach auch aus, dass Jesus der Messias sei. In aller Vertraulichkeit bestätigte er das ihnen gegenüber auch, aber er warnte sie davor, es in die Öffentlichkeit zu tragen, bevor er gekreuzigt und wieder auferstanden sei.

Die Jünger brauchten eine ganze Weile, um zu begreifen, dass er getötet werden würde. Und sie waren nicht so sicher, was dieses »von den Toten auferstehen« konkret zu bedeuten hatte. Aber schon sehr bald erreichte der Druck gegen Jesus seinen Höhepunkt. Zur damaligen Zeit stand Israel unter römischer Herrschaft und jüdische und römische Behörden und Machthaber arbeiteten zusammen, um Jesus ans Kreuz zu bringen. Für Nichtrömer war das zur damaligen Zeit bei einem Todesurteil die übliche Hinrichtungsmethode. Römische Bürger, die zum Tode verurteilt worden waren, wurden durch die weniger grausame Methode der Enthauptung hingerichtet.

Obwohl Jesus seinen Jüngern gesagt hatte, dass er am dritten Tag vom Tod auferstehen würde, waren sie alle überrascht, als das Grab wirklich leer war. Durch die Kreuzigung waren sie völlig demoralisiert, aber die Auferstehung ihres Meisters holte sie heraus aus den tiefsten Tiefen und hob sie in höchste Höhen. Mit diesem Eindruck enden alle Evangelien.

Die Evangelien heben besonders die letzte Woche des Lebens Jesu auf der Erde hervor – die Woche, die mit der Kreuzigung am Freitag und der Auferstehung am Sonntag endete. Es wird über diesen Zeitraum mehr berichtet als über sonst irgendeine Phase seines öffentlichen Wirkens. Es ist verständlich, dass die

Ereignisse dieser Woche den lebendigsten Eindruck bei seinen Jüngern hinterlassen haben.

Was Jesus lehrte

Während die Evangelien als solche eher an die Geschichtsbücher der Bibel erinnern, haben die Inhalte, die Jesus vermittelte, Ähnlichkeit mit der Weisheitsliteratur und den Prophetenbüchern. Die Seligpreisungen beispielsweise sind typisch für hebräische Poesie:

> »Selig sind, die geistlich arm sind;
> denn ihrer ist das Himmelreich.
> Selig sind, die da Leid tragen;
> denn sie sollen getröstet werden.
> Selig sind die Sanftmütigen;
> denn sie werden das Erdreich besitzen.«   Matthäus 5,3–5

Beachten Sie den Parallelismus, der um das Wort »selig« aufgebaut wird.

Auch das Vaterunser trägt Merkmale hebräischer Lyrik:

> »Unser Vater im Himmel,
> dein Name werde geheiligt.
> Dein Reich komme.
> Dein Wille geschehe wie im Himmel
> so auf Erden.«   Matthäus 6,9–10

Achten Sie auf die Wiederholungen: »dein Name«, »dein Reich« und »dein Wille«. Betrachten Sie auch die bildhaften Gegensätze vom Himmel oben und der Erde unten und wie dieser Gedanke dazu führt, dass die Schönheit des Himmels auf die Erde ausgeweitet wird. Gottes »Name werde geheiligt«, sein »Reich komme« und sein »Wille geschehe« bringen nacheinander die Ausweitung der himmlischen Herrschaft Gottes auf die Orte, an denen wir leben, zum Ausdruck.

Die Lehren Jesu ähneln also in Stil und Inhalt den Lehren der Propheten, die lange vor ihm gelebt hatten. Jesus sprach auch über die Zukunft wie die Propheten, obwohl aus seiner Sicht diese Zukunft nicht verschwommen und fern war, sondern eher, als würde sie unmittelbar bevorstehen.

Einige Aussagen von Jesus scheinen schwer verständlich, wenn man sie aus dem Zusammenhang nimmt. So sagte er beispielsweise:

>Wenn jemand zu mir kommt und hasst nicht
seinen Vater, Mutter, Frau, Kinder,
Brüder, Schwestern und dazu sich selbst,
der kann nicht mein Jünger sein.«   Lukas 14,26

Wenn man die Worte »hasst nicht seinen . . .« liest, könnte man denken, Jesus spräche von buchstäblichem Hass. Aber es handelt sich hier um einen hebräischen Ausdruck dafür, jemandem oder etwas geringere Priorität zu geben. An anderer Stelle sagt Jesus:

>Niemand kann zwei Herren dienen:
entweder wird er den einen hassen und den andern lieben,
oder er wird an dem einen hängen und den andern verachten.
Ihr könnt nicht Gott dienen und dem Mammon.«
                                                Matthäus 6,24

In diesem Abschnitt wird die Absicht der Rede vom »Hassen« offensichtlicher. Hier ist nicht gemeint, dass jemand, der zwei Herren dient, ihnen gegenüber Widerstand und Ablehnung empfindet, sondern dass immer ein Herr besser behandelt wird als der andere. Manche Aussagen von Jesus, die vielleicht merkwürdig scheinen, wenn sie aus dem Zusammenhang zitiert werden, ergeben viel mehr Sinn, wenn man sie in ihrem geschichtlichen und sprachlichen Kontext liest.

Die einzelnen Aussagen von Jesus sind viel besser verständlich, wenn man sie im Zusammenhang seiner Gesamtlehre betrachtet. Und alles, was er gelehrt hat, ist am besten zu verstehen vor dem Hintergrund des Alten Testamentes, aus dem seine gesamte Lehre hervorgeht.

Die ersten drei Evangelien

Die ersten drei Evangelien sind sich ziemlich ähnlich. Sie gehen im Allgemeinen nach der gleichen Reihenfolge der Ereignisse vor, obwohl jedes eine ganz eigene Perspektive hat und über unterschiedliche Einzelheiten der Ereignisse berichtet. Es ist wie das Lesen von Augenzeugenberichten eines Autounfalls an einer Kreuzung, bei dem drei Zeugen an unterschiedlichen Punkten an der Kreuzung gestanden haben.

Das Evangelium nach Matthäus

Von den Menschen, die ihm nachfolgten, suchte sich Jesus zwölf aus, die mit ihm reisen und ihn in seinem Dienst unterstützen sollten. Matthäus war einer von diesen Zwölfen. Er war auch bekannt unter dem Namen Levi. Früher war er einmal Zöllner gewesen, damals ein verachteter Beruf, weil die Zöllner als Komplizen der römischen Besatzer betrachtet wurden. Die Tatsache, dass Matthäus berufen wurde, machte deutlich, wie Jesus sich auch an die Randgruppen und an die Ausgestoßenen der Gesellschaft wandte.

Die Kapitel 5–7 dieses Evangeliums enthalten die Bergpredigt. Sie ist die längste in der Bibel aufgezeichnete Predigt Jesu. Es wird darin das Thema entwickelt, auf das Jesus während seines gesamten öffentlichen Wirkens immer wieder zurückkam: das Reich Gottes. Oder, wie Matthäus es meist nennt, das Himmelreich. Die Begriffe sind gleichbedeutend. Zur Bergpredigt gehören die Seligpreisungen und das Vaterunser.

Matthäus zitiert häufiger als die anderen Evangelien die

Prophetien des Alten Testamentes über den Messias. Und sein Evangelium ist das einzige, das mit einer Ahnentafel beginnt. Es scheint klar, dass Matthäus an jüdische Leser denkt, die um die zahlreichen Prophetien wissen und deshalb reichlich Erklärungen brauchen, inwiefern Jesus diese Verheißungen erfüllt.

Das Evangelium nach Markus

Markus ist in vielerlei Hinsicht eine Kurzausgabe von *Matthäus,* denn sein Evangelium ist ein Drittel kürzer und damit das kürzeste der Evangelien. Wenn Sie einen Blick auf das Leben Jesu werfen wollen, sollten Sie vielleicht mit dem Markusevangelium anfangen. Obwohl es das kürzeste Evangelium ist, enthält es Einzelheiten und Ereignisse, die in keinem der anderen Evangelien erwähnt werden. Während *Matthäus* hervorhob, was Jesus lehrte, einschließlich seiner Gleichnisse, konzentriert sich *Markus* hauptsächlich auf das Handeln Jesu, auf seine Taten.

Das Evangelium nach Lukas

Das *Lukasevangelium* ist das längste der vier Evangelien. Obwohl das Matthäusevangelium mehr Kapitel hat (28 im Vergleich zu 24), umfasst das *Lukasevangelium* mehr Text. Aus irgendeinem Grund haben diejenigen, die die Kapitelunterteilung vorgenommen haben, Lukas in weniger, aber dafür längere Kapitel unterteilt. Das *Lukasevangelium* enthält eine Reihe von Einzelheiten, die bei *Matthäus* und *Markus* fehlen.

Lukas wurde vom Apostel Paulus sehr gefördert. Er behauptete von sich selbst nicht, dass er Augenzeuge des Wirkens Jesu gewesen sei. Er bot sein Werk vielmehr als eine Sammlung von Augenzeugenberichten an, die er zusammengetragen und geordnet hatte. Das erklärt auch, weshalb sein Bericht besonders lang und reichhaltig ist. Durch die Reisen und Beziehungen des Paulus hatte Lukas Kontakt zu vielen Menschen, die Jesus persönlich kannten, unter anderem auch zu Maria, der Mutter von Jesus. Von ihr stammt möglicherweise auch die ausführliche Beschreibung von der Geburt Jesu.

Lukas adressiert sein Evangelium in den ersten paar Zeilen an einen Mann namens Theophilus. Der Name bedeutet übersetzt »jemand, der Gott liebt«. Ob sich der Name auf eine konkrete Person bezieht oder ob er als Name für gottesfürchtige Menschen allgemein steht, geht aus dem Text selbst nicht eindeutig hervor. Klar ist allerdings, dass Lukas hart daran gearbeitet hat, all die Berichte zu recherchieren, die er verwendete. Besonders viel Sorgfalt verwandte er darauf, die Berichte in der richtigen Reihenfolge zu ordnen. Er wollte, dass der Leser von der genauen Kenntnis profitiert, die er sich angeeignet hatte.

Das *Lukasevangelium* enthält eine Predigt Jesu auf einem Feld, die eine Art Kurzfassung der Bergpredigt ist, einschließlich gekürzter Seligpreisungen und dem Vaterunser. Solche Textstraffungen machen deutlich, dass das Evangelium sich an einem Grundgedanken orientiert. Das heißt, wir bekommen den Kern der Lehre Jesu aus der Perspektive von Menschen präsentiert, die ihm zugehört hatten und sich daran erinnerten. Jesus war nicht umgeben von Leuten, die mitstenographierten, was er sagte oder von Reportern, die alles auf Band aufnahmen, um es später abzuschreiben. Die Berichte der Evangelien weichen also zwar in Details voneinander ab, aber sie vermitteln alle dieselben Grundaussagen über das Reden und Tun Jesu. Diese Ausrichtung auf Grundgedanken oder Prinzipien gilt für die gesamte Bibel. Der genaue Wortlaut ist zwar wichtig, aber nur weil Wörter das Mittel sind, um Gedanken zu vermitteln, die weit wichtiger sind.

Lukas ist der einzige Verfasser eines biblischen Buches, der wahrscheinlich kein Jude war. Diese Möglichkeit ergibt sich aus einer Bemerkung, in der Paulus Lukas als einen Heiden bezeichnet. Wenn das stimmt, ist es eine Erklärung, warum Lukas seltener als Matthäus die Propheten als »Beglaubigungsschriften« hervorhebt. Lukas übergeht zwar nicht, wie sich in Jesus Prophetien erfüllen, doch betont er die Tatsache, dass Jesus den Menschen nahe kommt – eine Eigenschaft, die Leser aus jedem Volk anspricht.

Das vierte Evangelium

Das letzte Evangelium, das des *Johannes,* unterscheidet sich deutlich von den drei anderen. Der Aufbau der Geschichte Jesu ist gleich: öffentliches Wirken, dem das Wirken von Johannes dem Täufer vorausgegangen ist und am Ende Kreuzigung und Auferstehung. Aber die Art, wie diese Geschichte erzählt wird, ist ganz anders.

Das Evangelium nach Johannes

Während die anderen Evangelien viele konkrete Episoden aus dem Leben Jesu aneinander reihen, entscheidet sich *Johannes* dafür, sich auf relativ wenige dieser Episoden zu konzentrieren. Dadurch wird jedes dieser Ereignisse intensiver behandelt. Die anderen Evangelien erzählen beispielsweise die Geschichte, wie Jesus durch ein Wunder Tausenden von Leuten zu essen gibt, in ein paar wenigen Zeilen. Johannes widmet diesem Ereignis ein ganzes, langes Kapitel.

Johannes sah in allem, was Jesus tat oder sagte, tiefe, grundlegende Aussagen über Gott. Die Speisung der Menge sagte etwas über das Bedürfnis der Menschheit sowohl nach geistlicher als auch nach körperlicher Nahrung aus. Die Heilung des Blinden zeigt unsere natürliche Blindheit für die Wahrheit und verdeutlicht, wie sehr wir Heilung brauchen. Die Heilung eines verkrüppelten Mannes zeigt, wie wir vor Angst gelähmt sind und die Notwendigkeit, dass wir lernen, im Glauben Schritte zu tun. Bei der Beschreibung jedes dieser Vorfälle schließt Johannes ausführliche Aussagen von Jesus ein. Auch Zweifel und kritische Anfragen von Jüngern und Kritikern werden erwähnt.

In immerhin fünf Kapiteln (Johannes 13 bis 17) berichtet Johannes von dem, was Jesus in der Nacht vor seinem Tod sagte. Durch die Worte des Johannes haben wir ein vollständigeres Bild vom Denken Jesu und von seiner Sicht von seinem Dienst und Auftrag.

Johannes war einer der zwölf Jünger, ebenso wie Matthäus und Petrus. Er hatte zusammen mit Petrus als Fischer gearbeitet, bevor das öffentliche Wirken Jesu begann. Johannes überlebte die meisten der Jünger. Er schrieb das Evangelium gegen Ende seines Lebens. Weil die anderen Evangelien in erster Linie über die Fakten berichtet hatte, hatte Johannes jetzt die Freiheit, sich mehr mit der *Bedeutung* dieser Fakten zu befassen. Seine Jahre des Reflektierens, verbunden mit seiner Bereitschaft, sich auf eine andere Art der Erzählung einzulassen, trägt erheblich und wesentlich dazu bei, dass wir Jesus besser verstehen können.

Und jetzt?

Die Geschichte vom Leben Jesu auf der Erde ist erzählt, einschließlich seiner Auferstehung. Diese Geschichte hat unglaubliche Auswirkungen auf die gesamte Menschheit. Der Rest der biblischen Bücher hilft uns nun dabei, uns mit diesen Folgen vertraut zu machen.

6) Die Apostelgeschichte

Alles, was uns jetzt noch vom verbleibenden Kontinent Süd-amerika trennt, ist die schmale Landenge, die ihn mit Nordame-rika verbindet. Die *Apostelgeschichte* ist das Buch, das die Evangelien mit den Briefen verbindet. So wie die Evangelien den Dienst und das Wirken von Jesus beschreiben, so beschreibt die Apostelgeschichte den Dienst seiner Apostel. Deshalb müssen wir zunächst klären, was Apostel eigentlich sind.

Jünger und Apostel

Das Wirken Jesu erregte viel Aufmerksamkeit. Die Evangelien beschreiben, wie die »Menge« ihm folgt. Zweifellos wurden viele durch die Wunder angezogen oder auch schon durch die Menschenmenge, die immer sofort dort vorhanden war, wo Jesus sich aufhielt. Aber viele waren auch einfach an dem interessiert, was er lehrte. Diejenigen, denen es um die Inhalte dieser Lehre ging, wurden »Jünger« genannt. Jünger waren Leute, die die Haltung eines Schülers einnahmen und Jesus als ihren Lehrer oder Rabbi verstanden. Von diesen Jüngern wählte Jesus Einzelne als Apostel aus. »Apostel« bedeutet wörtlich übersetzt »Gesandter«. Diese ausgewählten Jünger wurden ernannt und dann geschult und ausgerüstet, um die Botschaft weiterzugeben und andere darin zu unterweisen. Es sind also alle Apostel auch Jünger, aber nicht alle Jünger sind Apostel.

Die bekanntesten Apostel sind wahrscheinlich die zwölf, die Jesus sich als Begleiter und Helfer für seinen Dienst berief. Dazu gehörten auch Petrus und Johannes, die wir ja bereits erwähnt haben. Diese beiden, zusammen mit Johannes' Bruder Jakobus, bildeten wiederum einen inneren Kreis unter den Zwölfen. Jesus arbeitete aber auch mit größeren Gruppen von Aposteln zusammen. Einmal beispielsweise sandte er 70 Apostel aus, die in seinem Namen wirken sollten. Sie hatten den Auftrag zu predigen und seine Botschaft zu lehren, aber auch dieselben Werke der Nächstenliebe und Macht zu tun. Es gab also zahlreiche Apostel. Aber wie viele es auch immer gewesen sein mögen, sie waren immer eine Untergruppe der viel größeren Gruppe der Jünger Jesu.

Ein weiterer bekannter Apostel war Paulus. Er wird in den vier Evangelien nicht erwähnt, weil er erst zum Apostel bestimmt wurde, nachdem Jesus bereits in den Himmel aufgefahren war. Obwohl Paulus ein Nachzügler im Team der Apostel war, leistete er einen erheblichen Beitrag. Er wurde neben Petrus zum bekanntesten Apostel. Die Apostelgeschichte widmet ihm mehr Aufmerksamkeit als allen anderen Aposteln.

Lukas und Paulus

Lukas widmet in der Apostelgeschichte nicht allen Aposteln gleich viel Aufmerksamkeit. Ja, wenn Sie nach so etwas auf der Suche sind wie: »Was geschah eigentlich mit den zwölf Aposteln . . .?«, dann werden Sie enttäuscht sein. Stattdessen konzentriert sich Lukas auf die Aktivitäten von Petrus und sogar noch mehr auf die von Paulus. Lukas bediente sich hier vermutlich derselben Quellen, aus denen er die Informationen für sein Evangelium bekommen hatte. Wahrscheinlich waren diese Quellen auch Zeugen der Ereignisse gewesen, die in Jerusalem in den ersten Tagen, Wochen und Jahren nach der Auferstehung stattgefunden hatten. Und bei vielen Ereignissen, an denen Paulus später beteiligt war, war auch Lukas selbst Augenzeuge.

Paulus rekrutierte zahlreiche Helfer, die ihn bei seiner Arbeit als Apostel unterstützen sollten, und einer dieser Helfer war auch Lukas. Paulus gibt in einem seiner Briefe flüchtige Hinweise auf Lukas, wie auch auf viele andere seiner Mitarbeiter. Lukas wird »der geliebte Arzt« genannt, vielleicht ein Hinweis auf seinen früheren Beruf. In späteren Teilen der *Apostelgeschichte* wechselt die Erzählung von Lukas manchmal in die erste Person Plural, ein Hinweis darauf, dass Lukas hier selbst Augenzeuge war.

Lukas' Hervorhebung von Paulus und Petrus beruht anscheinend nicht auf der Absicht, diese beiden Männer über die anderen Apostel zu stellen, sondern hat wohl eher praktische Gründe. Es war Lukas' Absicht, Augenzeugenberichte weiterzugeben und deshalb war sein Schreiben auf Berichte aus erster Hand beschränkt, zu denen er unmittelbar Zugang hatte.

Jesus sandte seine Apostel mit seiner Botschaft in alle Welt. Weil diese Menschen wirklich in alle Himmelsrichtungen geschickt wurden, ist es nicht weiter verwunderlich, dass sie im Laufe der Jahre immer mehr den Kontakt untereinander verloren. Die Aktivitäten von Petrus waren einfacher zurückzuverfolgen. Erstens sah man zu ihm als einem Leiter oder vielleicht sogar als *dem* Leiter unter den Zwölfen auf. Zweitens konzentrierte sich sein Wirken in den ersten Jahren auf Jerusalem und die unmittelbare Umgebung. Paulus und Lukas besuchten auf ihren Reisen Jerusalem und hörten dabei von Petrus oder von denen, die Zeugen des Wirkens von Petrus waren. Natürlich ergab sich aus dem langen persönlichen Kontakt zwischen Lukas und Paulus eine Fülle von Material für das Buch.

Das Fragmentarische an der Geschichte des Neuen Testamentes

Vielleicht wüssten wir gern viel mehr über das Leben Jesu, als uns die Evangelien erzählen. Aber im Vergleich mit der von mehreren Jahrzehnten handelnden *Apostelgeschichte* beschreiben die Evangelien sehr genau die wenigen Jahre des Wirkens Jesu. Das Wenige, was wir von der Geschichte zur Zeit des Neuen Testamentes aufgezeichnet haben, ist jedoch bei weitem die ausführlichste Quelle zur Geschichte der ersten Christen.

Ursprünglich verbreiteten die Apostel ihre Botschaft von der Auferstehung, indem sie von Stadt zu Stadt reisten und persönliche Gespräche mit so vielen Menschen wie möglich führten. Sie setzten sich nicht erst hin und schrieben die Evangelien und erst recht nicht die *Apostelgeschichte*. Das Aufschreiben kam erst viel später, etwa wenn die Apostel merkten, dass ihr Leben zu Ende ging und niemand mehr da war, der würde bezeugen können, was sie von dem Zimmermann aus Nazareth gesehen und gehört hatten.

Die Botschaft von Jesus zu verbreiten, war ein gefährliches Unterfangen. Die Apostel wurden von allen Seiten verfolgt. Ein frühzeitiger Tod war ihnen in der Regel sicher. Und oft saßen sie auch noch im Gefängnis, bevor sie umkamen. Das Gefängnis bot ihnen die Gelegenheit und der drohende Tod den Grund, ihr Wissen schriftlich niederzulegen, aber die Umstände dort erlaubten ihnen lediglich das aufzuschreiben, was ihnen zu dem Zeitpunkt am allerdringlichsten erschien.

Folglich lesen wir nicht Bücher, die als erschöpfende zeitgeschichtliche Werke gedacht waren, von Gelehrten, die dafür jahrelang geforscht hatten, sondern wir haben es mit Dokumenten zu tun, die im Angesicht des Todes eilig erstellt wurden. Erstellt von Männern, die die Dinge, die sie niederschrieben, für so wertvoll erachteten, dass sie bereit waren, dafür zu sterben. Wenn man sich vorstellt, wie viele Worte diese Apostel wahrscheinlich gesprochen haben und was sie alles getan haben, dann enthalten diese wenigen Schriften nur einen winzigen Teil des Ganzen. Wirklich bemerkenswert ist dabei die Klarheit und die Genauigkeit im Detail der Geschichte, die von diesen Nichtwissenschaftlern und Nichthistorikern aufgezeichnet wurde.

Die Apostelgeschichte des Lukas

Die *Apostelgeschichte* beginnt mit Jesus und seinen Aposteln in Jerusalem nach der Auferstehung. 40 Tage lang erklärte Jesus noch einmal seine Lehre vom Reich Gottes. Er gab den Aposteln einen letzten Auftrag, indem er sie in alle Welt aussandte, um seine Geschichte zu erzählen. Er sagte: »Ihr werdet meine Zeugen sein.« Dann fuhr er unter ihren Augen hinauf in den Himmel.

In den ersten Kapiteln des Buches findet das gesamte Geschehen und alle Handlung in Jerusalem statt. Zu dieser Zeit (1. Jahrhundert n. Chr.) war Jerusalem immer noch der Standort des Tempels. Das bedeutete, dass nicht nur viele Juden in Jerusalem lebten, sondern, dass viele Juden aus aller Welt mehrmals pro Jahr dorthin kamen, um die von Mose vorgeschriebenen Feste zu begehen. Auf dem ersten großen Fest nach der Himmelfahrt Jesu, dem Pfingstfest, wurde seine Botschaft gepredigt. An diesem Tag – viele Juden und auch sonst am jüdischen Glauben Interessierte waren von weither angereist – kam der Heilige Geist (das ist der Geist Gottes) zu den Jüngern. Jesus hatte diesen zuvor bereits angekündigt. Sonderbare Dinge geschahen; unter anderem redeten die Jünger in Sprachen, die sie nie erlernt hatten. Dadurch sollte erkennbar werden, dass hier wirklich Gott am Werk ist. Das fassten viele auch so auf, während andere meinten, die Jünger wären bloß betrunken. Mit einem Schlag schlossen sich 3000 Menschen der Bewegung an. Der Heilige Geist stärkte von nun an die Christen in ihrem Dienst für das Evangelium.

Die Folge dieser Begebenheiten war, dass das Wort von Anfang an um die ganze Welt ging. Denn als die Juden, die in Jerusalem zu Besuch waren, in ihre neuen Heimatländer zurückgekehrt waren, haben sie natürlich von den merkwürdigen Ereignissen in Jerusalem berichtet.

Die Kunde von Jesus breitete sich deshalb nicht nur durch die Apostel aus, sondern auch durch einfache Jünger und selbst durch diejenigen, die gar nicht so recht wussten, was sie von den Ereignissen und den Erklärungen halten sollten. Die Übermittlung geschah immer durch Mundpropaganda.

Von den vielen radikalen Elementen der Botschaft Jesu war

eines der radikalsten, dass sie sowohl den Heiden (die Nichtjuden) als auch den Juden galt. Als Jesus seinen Aposteln den Auftrag gab, in alle Welt zu gehen, da meinte er wirklich *alle* Welt. Die Apostel dachten, er meinte damit die Juden auch außerhalb von Jerusalem, aber Jesus meinte auch die Nichtjuden. Als die Heiden Interesse für Jesus und seine Botschaft zu zeigen begannen, waren die Apostel sich zuerst nicht so sicher, was sie tun sollten. Gott war so geduldig, ihnen verstehen zu helfen, dass die Botschaft, die sie weitergaben, wirklich der gesamten Menschheit galt. Zu diesem Zweck wurde auch ein Mann namens Saulus in den Dienst berufen.

Saulus ist der Mann, den wir heute den Apostel Paulus nennen. Er war ein Pharisäer und ein ausgesprochener Gegner der Bewegung, die Jesus ins Leben gerufen hatte. Er verfolgte Jünger mit unglaublichem Eifer. Auf der Straße nach Damaskus, unterwegs zu neuen Verfolgungsaktionen, änderte sich jedoch alles. Jesus erschien ihm in einem blendend strahlenden Licht. Es warf Paulus buchstäblich vom Pferd. Dieses Erlebnis rüttelte Saulus auf und stellte sein Leben völlig auf den Kopf. Weil er ein Pharisäer war und über umfassende Kenntnisse der Schrift verfügte, wurde er gleichzeitig zum Apostel.

Statt weiter Verfolger zu sein, wurde Paulus jetzt ebenfalls verfolgt. Sein hebräischer Name »Saulus« wurde mit seiner grausamen Vergangenheit in Verbindung gebracht und nur noch selten benutzt. Stattdessen nannten ihn die unzähligen Seelen, die er unterrichtet und ermutigt hatte, bei seinem griechischen Namen »Paulus«. Das Besondere an seinem Dienst als Apostel bestand darin, dass er speziell dazu berufen war, die Botschaft zu den Heiden, also den Nichtjuden, zu bringen. Das führte dazu, dass er durchs gesamte Römische Reich reiste und überall lehrte und predigte.

Nachdem Paulus die Begegnung mit Jesus gehabt hatte (Apostelgeschichte 9), erfahren wir, wie Petrus zu einem römischen Soldaten und seinem ganzen Haus am Ufer des Mittelmeeres predigte, in einer Stadt namens Caesarea. Als Petrus nach Jerusalem zurückkehrte, wurde er von den jüdischen Brüdern zur Rechenschaft gezogen. Sie wollten wissen, warum er den Heiden die Botschaft predigte. Nach eigener Aussage gelang es Petrus, ihnen zu versichern, dass das wirklich der Wille Gottes sei. So sahen die Schwierigkeiten aus bei der Entstehung eines neuen Verständnisses über Juden und Heiden.

Die letzte Hälfte des Buches *Apostelgeschichte* befasst sich mit den Reisen des Paulus. Es gibt eine erste, eine zweite und eine dritte Missionsreise, gefolgt von einer Reise nach Rom. Lukas' Beschreibung der verschiedenen Städte, die er besuchte, bietet einen hervorragenden Hintergrund zum Verständnis der Briefe des Paulus, die nach der *Apostelgeschichte* folgen.

Paulus entwickelte eine Strategie für seinen Reisedienst, an die er sich auf all seinen Reisen hielt. In Bibelausgaben mit einem Kartenwerk sind die Reiserouten von Paulus gewöhnlich aufgezeichnet. Aus solchen Karten lässt sich ersehen, dass er sich mit jeder weiteren Reise von Israel aus gesehen weiter westwärts vorarbeitete. Wenn er zum ersten Mal in eine Stadt kam, suchte er meist zuerst die Synagoge auf oder einen anderen Ort, an dem die Juden der Stadt zusammenkamen. Sie erinnern sich – im ersten Jahrhundert n.Chr. waren die Juden über die ganze Welt verstreut. Es gab kaum eine Stadt, in die er kam, wo es nicht eine Anzahl von Juden gab, die regelmäßig zusammenkamen. Solche Zusammenkünfte zogen gewöhnlich auch immer eine Reihe von gottesfürchtigen Heiden an. Bei solchen Gruppen begann Paulus zu predigen und durch diejenigen, die ihm glaubten, versuchte er dann, auch die übrige Stadt zu erreichen.

Manchmal waren die Synagogen offen für seine Botschaft, dann wieder schlug ihm dort mörderische Feindseligkeit entgegen. Meistens spalteten seine Aussagen die örtliche Gemeinde, wobei dann einige Leute mehr über diese Botschaft hören wollten und die anderen der Meinung waren, dass sie schon mehr als genug gehört hatten. Diese Spaltung irritierte die römischen

Behörden, die nicht verstehen konnten, warum bestimmte Punkte der jüdischen Lehre so wichtig waren.

Der Prozentsatz an Juden, die die Botschaft von Jesus annahmen, war wahrscheinlich höher als der Prozentsatz von Heiden, die sie positiv aufnahmen. Weil aber die Juden nur einen so geringen Teil der Weltbevölkerung ausmachten, wurde die Botschaft von Jesus schließlich eher mit den Heiden als mit den Juden in Verbindung gebracht. Es liegt eine gewisse Ironie darin, wenn man das Neue Testament liest, dass der Brennpunkt der Verkündigung (Jesus) und alle wichtigen Vertreter seiner Lehre (die Apostel) jüdisch sind. Das erklärt, warum das Wort »Christ« in der *Apostelgeschichte* nur zweimal vorkommt (und nur noch einmal mehr an anderer Stelle in der Bibel, im ersten Petrusbrief), und warum der Glaube, der verkündet wurde, von den römischen Behörden in der *Apostelgeschichte* als jüdische Sekte dargestellt wurde.

In manchen Städten blieb Paulus länger, in anderen hielt er sich nur kurz auf. Manche größeren Städte, wie beispielsweise Ephesus, wurden Zentren der Lehre, von denen aus er die Umgebung erreichen konnte. Paulus' Ziel war es, seine Nachfolger so zu schulen, dass sie wiederum andere unterrichten konnten. Diejenigen, die diese Rolle annahmen, sollten Älteste oder Pastoren (abgeleitet von dem Wort »Hirte«) genannt werden. Die beiden wichtigsten Voraussetzungen, um in solchen Positionen zu dienen, waren zum einen ein vorbildlicher Charakter und zum anderen die Fähigkeit zu lehren. Das Hauptaugenmerk lag nicht darauf, eine Organisation aufzubauen, sondern das Wort zu verkünden und zu verbreiten. Denn sobald andere erfolgreich unterrichten konnten, konnte Paulus in die nächste Stadt weiterziehen.

Weil viele Juden nach Jerusalem reisten, um an den jährlich stattfindenden Festen teilzunehmen und weil viele Apostel mit der Botschaft von Jesus unterwegs waren, stellte Paulus manchmal sogar fest, dass ihm das Evangelium in eine bestimmte Stadt bereits vorausgeeilt war. Das traf für Rom, damals schon Weltstadt, mit Sicherheit zu. In dieser Metropole gab es schon viele Jünger, lange bevor Paulus sie erreichte.

Die *Apostelgeschichte* schließt damit, dass Paulus in Rom unter Hausarrest steht, aber immer noch über Jesus und das Reich Gottes predigt und lehrt. Das Buch beginnt also in Jerusalem und endet in Rom, ein Zeichen dafür, dass Jesus den Glauben des alten Israel für die ganze Welt öffnete. Das offene Ende des Buches vermittelt das Gefühl, dass die Botschaft noch immer weitergetragen wird. Ja, der Monotheismus, an den sich das alte Israel inmitten einer polytheistischen Welt klammerte, ist inzwischen die dominierende Weltanschauung der Menschheit geworden.

Was bleibt?

Jetzt sind wir bereit für die letzte Gruppe biblischer Bücher. Und nachdem wir den geschichtlichen Zusammenhang der *Evangelien* und *Apostelgeschichte* jetzt kennen, werden wir mit den nun folgenden Schriften mehr anzufangen wissen.

7) Die Briefe der Apostel und die Offenbarung

Nachdem wir uns jetzt mit allen übrigen »Kontinenten« der biblischen Literatur befasst haben, kommen wir jetzt zum letzten, dem einen, den wir mit Südamerika verglichen haben. Er ist untrennbar verbunden mit den Evangelien, speziell mit der *Apostelgeschichte*.

Die Bücher in diesem Abschnitt der Bibel sind relativ kurz und in Prosa geschrieben. Sie haben aber insofern Ähnlichkeit mit der Weisheitsliteratur, als sie sich sehr konkret mit lebensnahen, praktischen Themen befassen. Die Geschichts- und Prophetenbücher fordern vom Leser mehr Arbeit, und zwar weil er die Lebensgrundsätze aus dem Text ableiten muss. Bei der Weisheitsliteratur und auch hier in den Briefen, sind diese Grundsätze ein bisschen direkter und mehr an der Oberfläche zu finden. Ein echtes prophetisches Buch, das einzige im Neuen Testament, ist dagegen die Offenbarung des Johannes ganz am Ende der Bibel. Hier wird man sehr an die Prophetien des Alten Testaments erinnert.

Die Briefe

Die folgenden biblischen Bücher sind bis auf die Offenbarung allesamt Briefe, und zwar wirklich persönliche Briefe. Meistens wird im Text konkret der Name des Absenders und/oder des Empfängers genannt. Dadurch ist dieser Abschnitt der Schriftensammlung der Bibel am wenigsten anonym. In den meisten biblischen Büchern tritt die Person des Verfassers so weit in den Hintergrund, dass man sie nicht wahrnimmt. Die Tatsache, dass die Identität des Verfassers eigentlich kein Thema ist, macht deutlich, wie unwichtig sie für die Aussagen des Textes ist. Bei den Briefen steht jedoch die Frage der Verfasserschaft im Vordergrund und Mittelpunkt. Weil die Apostel den Auftrag bekommen hatten, die Botschaft von Jesus gewissenhaft und treu zu verbreiten, und weil es auch falsche Apostel gab, die die Nachfolger der Bewegung um Jesus ausnutzten, war es von großer Bedeutung für die Empfänger, aus dem Brief konkret die Bestätigung zu bekommen, dass er von einem Apostel verfasst worden war. Das verschaffte dem Schreiben das nötige Gewicht bei den Empfängern.

Die Briefe waren an Gruppen gerichtet. Die Jünger jedes

Ortes kamen regelmäßig zur Unterweisung, zum Austausch und zur gegenseitigen Ermutigung zusammen und anscheinend wurden die Briefe mit der Absicht geschrieben, dass sie bei solchen Versammlungen vorgelesen werden sollten. Diese Versammlungen wurden »Gemeinden« genannt.

Praktische Korrespondenz

Im letzten Kapitel haben wir festgestellt, dass die Apostel die Bewegung, die von Jesus ins Leben gerufen worden war, in erster Linie durch Mundpropaganda voranbrachten. Sie reisten in bestimmte Städte und gründeten dort Gemeinschaften von Jüngern. Wie lange sie an einem Ort blieben, hing ganz von den Bedürfnissen und Nöten der jeweiligen Gemeinschaften ab sowie von ihrem Wunsch, die Botschaft an möglichst vielen Orten zu verbreiten. Manchmal machten sie sich auf in eine neue Stadt, wurden aber schon nach sehr kurzer Zeit zurückgerufen, weil es an anderen Orten Unklarheiten und den Bedarf nach mehr fundierter Lehre gab. Konfrontiert mit der Notwendigkeit, an zwei Orten gleichzeitig zu sein, schrieben die Apostel also Briefe an den Ort, wo sie gerade nicht sein konnten.

Die Gefängnisaufenthalte aufgrund der Verfolgung waren Anlass für eine weitere Reihe von Briefen. Wenn die Apostel eingekerkert waren, hatten sie genügend Zeit, Briefe zu schreiben. Auf diese Weise konnten sie tätig bleiben und ihren Dienst fortsetzen, wenn auch in sehr eingeschränktem Maße.

Dieses Briefeschreiben war also keineswegs eine Methode, die die Apostel sich bewusst ausgesucht hatten, um künftige Gemeinden anzusprechen. Obwohl ihre Briefe Mitteilungen an die Gemeinden aller Epochen geworden sind, war das nicht ihr ursprünglicher Zweck. Sie waren eigentlich eine zusätzliche Möglichkeit, mit den Gemeinden in Kontakt zu bleiben für den Fall, dass direkte Gespräche durch bestimmte äußere Umstände nicht möglich waren. Wie für die *Apostelgeschichte* gilt auch für die Briefe, dass sie nur ein Abglanz von etwas viel Größerem waren, das während dieser Zeit geschah, aber nicht aufgeschrieben wurde.

Wenn die Verfasser dieser Briefe der Meinung waren, dass sie für eine Nachwelt schrieben, also auch für Sie und für mich, dann wird das nicht offensichtlich. Anders ausgedrückt: Wenn sie gewusst haben, dass ihre Briefe einmal Teil der Bibel sein würden, dann deutete darauf wirklich nichts hin. Sie schrieben an ganz bestimmte Leute in ganz bestimmten Orten über ganz konkrete Probleme.

Weil diese Briefe so praktisch sind, gibt es darin auch Abschnitte, die schwer zu verstehen sind, weil man den Hintergrund nicht kennt. So schreibt Paulus beispielsweise in einem der Briefe: »Erinnert ihr euch daran, dass ich zu euch darüber geredet habe, als ich noch bei euch war?« Wir als Leser von heute möchten dazu sagen: »Nein, Paulus, wir waren nicht da; wir wissen nicht, was du mit ›darüber‹ meinst.«

Und was das Ganze noch schlimmer machte, war die Tatsache, dass es damals noch keine organisierte Post gab. Die Briefe wurden durch Helfer der Apostel persönlich überbracht. Deshalb bestand gar nicht die Notwendigkeit, dass ein Brief aus sich selbst heraus völlig verständlich war. Der jeweilige Überbringer des Briefes konnte etwas über den derzeitigen Aufenthaltsort des Verfassers und über Anlass und Umstände des Schreibens sagen sowie eine allgemeine Aussage über die Verfassung und Meinung des Schreibers machen. Wenn man durch einen handverlesenen Boten einen Brief zustellen lässt, dann enthebt einen das von der Notwendigkeit, den Brief so zu formulieren, dass alles Notwendige daraus hervorgeht und verständlich ist. Wir jedoch, die wir diese Briefe heute lesen, haben den Boten nicht und in dem Maße leidet auch unser Verständnis.

Glücklicherweise lässt sich vieles von den Inhalten der Briefe alle Epochen hindurch auf die jeweilige Situation übertragen, so dass wir nur gelegentlich nicht wissen, was los ist. Wenn Sie erwarten, dass diese Briefe völlig verständlich sein müssen, so als hätten die Apostel sie in der heutigen Zeit und an Sie persönlich geschrieben, werden Sie immer wieder enttäuscht werden. Wenn Sie jedoch akzeptieren, dass Sie und ich hier alte Korrespondenz zwischen anderen Christen lesen dürfen, dann können die Briefe ein großer Gewinn für Sie werden.

Die Briefe des Paulus

Die meisten Briefe werden Paulus zugeordnet. Seine Briefe stehen am Anfang. Sie werden nach den jeweiligen Empfängern genannt. Aber natürlich hat Paulus sie ohne Titel verfasst.

Der Brief des Paulus an die Römer

Diesen Brief richtet Paulus an die Jünger in Rom. Normalerweise schrieb er an Gemeinschaften von Jüngern, die er selbst gegründet hatte. Der *Römerbrief* ist darin jedoch eine Ausnahme, denn in diesem Fall schrieb er den Brief vor seinem ersten Besuch dort. Zu dem Zeitpunkt, als er den Brief verfasste, hatte die Bewegung um Jesus bereits ein erhebliches Maß an Mündigkeit und Reife erlangt, aber auch Missverständnisse über die Botschaft von Jesus waren verbreitet. Paulus legt ausführlich sein Verständnis des Evangeliums dar.

Obwohl der *Römerbrief* Paulus' längster und vielleicht auch komplexester Brief ist, hält er sich auch hier an ein für ihn typisches Schema. Das heißt, der erste Teil des Briefes ist eher theoretisch und der letzte Teil (das heißt beginnend mit Römer 12) eher praktisch. Einfacher gesagt: Der erste Teil erklärt, warum Gott uns liebt und im zweiten Teil geht es darum, wie wir einander lieben sollen und wie demgemäß unser Leben aussehen soll.

Der erste Brief des Paulus an die Korinther

Korinth war eine Stadt im Süden von Griechenland. In Apostelgeschichte 18 wird berichtet, wie Paulus sich dort anderthalb Jahre aufhielt. Dieser Brief entstand eine Weile nach seinem Aufenthalt dort.

Es waren Probleme in der Gruppe aufgetaucht und Paulus war gebeten worden, bei der Lösung dieser Probleme zu helfen. Manche Teile des Briefes sind für den »Anfänger« schwer zu verstehen, weil Paulus sofort seine Antwort gibt, ohne noch einmal die Problemstellung zu erwähnen. (Sie erinnern sich? Er schreibt an die Christen von damals, nicht an uns. Ihnen braucht nicht noch mal gesagt zu werden, welche Probleme sie gerade haben.)

Aber in 1. Korinther 13 steht der Abschnitt über die Liebe (»Nun aber bleiben Glaube, Hoffnung, Liebe, diese drei; aber die Liebe ist die größte unter ihnen«). Also gerade wenn Sie drauf und dran sind, an diesem Buch der Bibel zu verzweifeln, weil es einfach keinen Sinn für Sie ergibt, kommt dieser Abschnitt, einer der bekanntesten der Bibel, wenn nicht gar der Weltliteratur. Der *1. Korintherbrief* (und das gilt für alle Schriften der Bibel) ist durchsetzt mit solchen Kleinoden (auch wenn sie vielleicht nicht ganz so berühmt sind). Sie können auftauchen, wenn man es am wenigsten erwartet.

Der zweite Brief des Paulus an die Korinther

Als Paulus diesen Brief schrieb, musste er sich selbst verteidigen. Wiederkehrende Probleme in Korinth und das Auftauchen falscher Lehrer hatten seinem Ruf geschadet. Der Brief ist also in erster Linie eine Rechtfertigung des Dienstes von Paulus in Korinth und anderswo. Besonders faszinierend an diesem Brief ist, dass er gar nicht wie eine Verteidigung oder Rechtfertigung

wirkt! Die Erklärung dafür bekommen wir gegen Ende des Briefes, als Paulus zugibt, dass es bei dieser Verteidigung nicht um
den Schutz seines Rufes geht, sondern um die Verteidigung der
Wahrheit für diejenigen, denen er diese Wahrheit gepredigt und
mitgeteilt hat. Es ist ein wunderbarer, bewegender Brief. Während es im *Römerbrief* um den Sinn und die Bedeutung des
Evangeliums geht und der *1. Korintherbrief* das Hauptaugenmerk auf die Anwendung der Botschaft bei konkreten Problemen legt, befasst sich dieser Brief nun mit den Motiven der
Boten.

Es geht darin außerdem um das Thema des Sammelns für die
Armen in Jerusalem. Paulus hielt es für eine gute und willkom-
mene Geste der Heidenchristen, zu sammeln, um Judenchristen
zu helfen, die so arm waren, dass sie Hunger litten. Die Christen
in Korinth trugen etwas zu dieser Sammlung bei. Wir haben hier
ein weiteres Beispiel dafür vor uns, wie sich die Briefe zum Teil
mit der *Apostelgeschichte* überschneiden, denn auch dort wird
diese Sammlung erwähnt.

Der Brief des Paulus an die Galater

Mit dem *Galaterbrief* beginnt eine Reihe kürzerer Briefe. (Die
ersten drei Briefe hatten im Schnitt 15 Kapitel, während der *Galaterbrief* und die fünf folgenden Briefe, jeder durchschnittlich
weniger als ein Drittel dieser Länge aufweisen.)

Galatien war keine Stadt, sondern eine Region im Osten von
Kleinasien. Die Empfänger des Briefes waren also breiter ge-
streut als beim Römer- und den Korintherbriefen. Er sollte auf
verschiedenen Versammlungen von Christen in den verschiedenen Städten Galatiens verlesen werden. Der Zweck des Briefes
war sehr konkret: Er sollte ein Protest gegen falsche Lehren sein,
die sich in der Gegend breit gemacht und Wurzeln geschlagen
hatten.

Je mehr die Bewegung wuchs und gedieh, desto mehr wurde sie auch von falschen Lehren geplagt. Schon von Anfang an gab es solche Irrlehrer und es wurden immer mehr, je stärker sich das Christentum ausbreitete. Schließlich gedeihen Parasiten besser auf einem großen als auf einem kleinen Wirt. Obwohl der *Galaterbrief* ein Brief ist, der sich vollständig diesem Thema widmet, wird auch in fast allen anderen Briefen dieses Problem angeschnitten.

Der Brief des Paulus an die Epheser

Ephesus war eine Hafenstadt an der Westküste Kleinasiens. Zur neutestamentlichen Zeit wurde diese Region einfach »Asien« genannt. Wenn wir also im Neuen Testament auf den Begriff »Asien« stoßen, ist damit *nicht der Erdteil* gemeint. In den meisten Bibeln gibt es Fußnoten oder irgendwelche anderen Hinweise, um Leser hier auf mögliche Missverständnisse hinzuweisen.

Wir haben es hier mit einem recht allgemein gehaltenen Brief zu tun. Obwohl er nicht so lang ist wie der *Römerbrief*, geht er nach einem sehr ähnlichen Schema vor: Es gibt eine Darstellung des Planes Gottes, gefolgt von konkreten Anweisungen für den Alltag.

Es geht in dem Brief nicht um spezielle Probleme, sondern um allgemeine Fragen der Nachfolge Jesu. Möglicherweise ist das ein Hinweis darauf, dass wir es hier mit einem Rundbrief zu tun haben. Es heißt, er war auch für Gemeinden über Ephesus hinaus gedacht. Die Apostelgeschichte beschreibt Paulus' Reisen nach Ephesus, aber es gibt im *Epheserbrief* nur sehr wenige Einzelheiten über diese Reisen.

Der Brief des Paulus an die Philipper

Im Gegensatz zum Epheserbrief ist der Brief des Paulus an die Philipper sehr persönlich und konkret. Philippi war eine Stadt in Nordgriechenland, in der Paulus auf seiner zweiten Missionsreise die Botschaft gepredigt hatte. Die Menschen in Philippi hatten herzliche Erinnerungen an Paulus und bedachten ihn mit großer Wertschätzung. Vor ihnen brauchte er seinen Dienst nicht zu verteidigen. Vielmehr wollte er sie ermutigen, weil sie verfolgt wurden.

Die Ironie dieser Ermutigung besteht darin, dass er selbst im Gefängnis saß, als er den Brief schrieb. Weil er ein Mensch war, der die Hoffnung nicht aufgab, sprach Paulus von seiner Absicht, sie irgendwann zu besuchen. Die Herzlichkeit der Beziehung zwischen Paulus und den Christen in Philippi ist in jeder Zeile dieses Briefes ablesbar.

Der Brief des Paulus an die Kolosser

Kolossä war eine Stadt östlich von Ephesus in Kleinasien. Der Kolosserbrief ähnelt auch dem an die Epheser außerordentlich stark, ist aber etwa um ein Drittel kürzer. Der Aufbau der beiden Briefe ist identisch, ja sogar einige Sätze und Begriffe sind gleich. Der Kolosserbrief endet mit der Anweisung, ihn nach Laodizea, einer Stadt ganz in der Nähe, weiterzuschicken. Es handelt sich hier also ebenfalls um eine Art Rundbrief.

Der erste Brief des Paulus an die Thessalonicher

Thessalonich war eine Stadt in Nordgriechenland, nur einen Katzensprung entfernt von Philippi. Über Paulus' ersten Besuch dort wird in Apostelgeschichte 17 berichtet. Wie gewöhnlich, hatte er es mit zwei gegensätzlichen Reaktionen zu tun: mit begeisterter Zustimmung und verbissener Ablehnung. Paulus' erster Besuch in der Stadt war so kurz, dass er sich gar nicht so sicher war, ob die Menschen die neue Lehre wirklich angenommen hatten und dabei bleiben würden. Er ließ zwei seiner Helfer dort zurück, als er sich in die nächste Stadt aufmachte. Als die beiden Mitarbeiter Paulus wieder eingeholt hatten, berichteten sie ihm, wie die Jünger in Thessalonich auch angesichts zunehmender Verfolgung an ihrem neuen Glauben festhielten.

Den vorliegenden Brief schrieb Paulus als Reaktion auf diesen Bericht seiner Helfer. Es ist ein Ermutigungs- und Stärkungsschreiben. Er betont darin noch einmal die wesentlichen Punkte der Lehre, die er hervorgehoben hatte, als er persönlich bei ihnen gewesen war. Aber mehr als alles andere drängt er sie, auf »den Tag des Herrn« zu schauen, an dem Jesus wieder kommen und die, die ihm geglaubt haben, zu sich ziehen wird.

Der zweite Brief des Paulus an die Thessalonicher

Eine Weile nachdem die Christen in Thessalonich den ersten Brief von Paulus bekommen hatten, begannen sie sich zu fragen, ob »der Tag des Herrn« vielleicht schon da gewesen sei. Paulus schickte ihnen ganz schnell diese kurze Nachricht, um ihnen zu versichern, dass das nicht der Fall sei. Er fordert sie auf, einfach weiterhin Jesus nachzuahmen, die Menschen in ihrem Umfeld zu lieben und ein einfaches und fruchtbringendes Leben zu führen.

Eine etwas andere Art von Paulusbriefen

Bis hierher waren alle Briefe von Paulus an Gemeinden gerichtet. Jetzt kommen wir zu den Briefen, die er an Einzelpersonen schrieb, und zwar an Helfer und Mitarbeiter. Trotzdem ist es eher wahrscheinlich, dass auch diese Briefe dazu gedacht waren, öffentlich in den Gruppen vorgelesen zu werden, in denen die Mitarbeiter tätig waren. Durch ein solches öffentliches Vorlesen war dafür gesorgt, dass die Gemeinde, in der der Helfer von Paulus sich aufhielt, Paulus' Anweisungen auch befolgte.

Der erste Brief des Paulus an Timotheus

Timotheus war der bekannteste unter den Helfern des Paulus. Zum ersten Mal wird er in Apostelgeschichte 16 erwähnt. Paulus traf ihn auf einer seiner Reisen, und die beiden einigten sich darauf, zusammenzuarbeiten. Paulus schreibt an Timotheus wie ein Vater an seinen Sohn. Es bestand also ein beträchtlicher Altersunterschied zwischen den beiden und eine herzliche, liebevolle Beziehung.

In diesem Brief geht es um zwei Punkte, die Paulus Timotheus verdeutlichen will. Erstens und vordringlich sollte Timotheus auch weiterhin die Botschaft, die er von Paulus erfahren hatte, weitergeben und verbreiten. Der Kern dieser Botschaft war die Liebe und Paulus fasste sie folgendermaßen zusammen: »Die Hauptsumme aller Unterweisung aber ist Liebe aus reinem Herzen und aus gutem Gewissen und aus ungefärbtem Glauben.« Zweitens sollte Timotheus weitere Helfer bestimmen, die bei der Ausbreitung der Botschaft helfen und gegen all die falschen Lehren angehen sollten, die überall auftauchten.

Der zweite Brief des Paulus an Timotheus

Paulus' zweiter Brief an Timotheus entstand unmittelbar vor Paulus' Tod. Obwohl die Bibel darüber keine Auskunft gibt, geht man davon aus, dass Paulus in Rom enthauptet wurde, weil er weiter das Evangelium verkündet hatte. Dieser Brief an Timotheus wurde anscheinend kurz vor der Hinrichtung verfasst und ist besonders anrührend.

Paulus beauftragt Timotheus, den guten Kampf des Glaubens zu kämpfen. Diese Ermahnung vom Sterbelager aus ist so, wie man sie von Paulus auch erwartet: voller Sorge um andere und völlig unbesorgt um sich selbst. Er trat dem Tod furchtlos entgegen und war dadurch ein Beispiel für die Liebe bis in den Tod.

Der Brief des Paulus an Titus

Obwohl der *Titusbrief* den beiden Briefen an Timotheus folgt, ist er offenbar früher verfasst worden. Es steht darin nichts über die Erwartung des nahen Todes. Titus war ein weiterer Helfer und Mitarbeiter von Paulus. Sein Brief ist ganz ähnlich wie der *1. Timotheusbrief* aufgebaut. Paulus erinnert Titus daran, auf die Unterweisung zu achten und bittet ihn darum, andere zu ernennen, ihm dabei zu helfen, das Evangelium zu verbreiten und dabei dafür Sorge zu tragen, dass die Integrität dieser Botschaft erhalten bleibt und verteidigt wird.

Der Brief des Paulus an Philemon

In den meisten Bibeln umfasst der *Philemonbrief* nicht einmal eine ganze Seite. Obwohl er mit »Philemon« überschrieben ist, ist der Brief auch an Aphia und Archippus gerichtet und an die Gruppe von Jüngern, die in Philemons Haus zusammenkam. In dem Brief geht es um einen entlaufenen Sklaven Philemons namens Onesimus. Offenbar war Paulus Onesimus begegnet und hatte ihn gedrängt, nach Hause zurückzukehren. Gleichzeitig

ermutigt Paulus aber auch dazu, Onesimus nicht nur zu vergeben, sondern ihn wie einen Bruder und nicht wie einen Sklaven
zu behandeln.

Paulus beendete seine Briefe häufig mit persönlichen Grüßen
von und an verschiedene Einzelpersonen. Weil die Liste der
Grüße in diesem Brief fast identisch ist mit der im *Kolosserbrief*,
ist er wahrscheinlich etwa zur gleichen Zeit entstanden und von
denselben Leuten überbracht worden. Philemon lebte demnach
wahrscheinlich in der Nähe von Kolossä.

Ein Sonderfall: Der Brief an die Hebräer

Auch dieser Brief wird von manchen Leuten Paulus zugeschrieben. Doch wird in diesem Schreiben überhaupt kein Verfasser
genannt. Daher wurde schon viel darüber spekuliert, wer ihn
nun geschrieben haben könnte. Auch Lukas wurde hier öfter als
möglicher Verfasser vorgeschlagen.

Dieser Brief unterscheidet sich merklich von den anderen
Briefen der Bibel. Es wird hier beispielsweise viel aus dem Alten
Testament zitiert und es werden Andeutungen auf Bücher des
Alten Testamentes gemacht. Der Brief zeigt eine Parallele nach
der anderen auf zwischen vergangenen Ereignissen, von denen
in der Bibel berichtet wird, und Ereignissen der Gegenwart. Er
lädt seine Leser ein, sich mit ihm gemeinsam mit den hebräischen Glaubenshelden zu identifizieren – und Gott zu vertrau-
en, auch inmitten von Einflüssen, die diesem Glauben feindlich
gesinnt sind. Alle Bücher des Neuen Testamentes zitieren Passagen aus dem Alten Testament oder machen Andeutungen darauf. Der *Hebräerbrief* schießt hierbei den Vogel ab; er enthält
fast ausschließlich alttestamentliche Bezüge. Deshalb und auch
wegen seiner Länge ist der Brief eine echte Herausforderung
und regt zum Nachdenken an – er ist nicht gerade einfach
zu lesen.

Der Brief des Jakobus

Dieser Brief und die folgenden sechs Briefe haben ihre Titel nach dem jeweiligen Verfasser. »Jakobus« war zur Zeit des Neuen Testamentes ein gebräuchlicher Name. Dieser konkrete Jakobus nun war wahrscheinlich einer der Brüder Jesu (er hatte vier davon). Der *Jakobusbrief* vermittelt praktische Lehre über die Nächstenliebe und über den Glauben inmitten von Angriffen und Anfechtungen. Er hat Ähnlichkeit mit der Bergpredigt, denn er greift Themen aus dieser großen Rede Jesu auf und verstärkt sie noch.

So schwer der Hebräerbrief zu lesen ist, so leicht kann man dem *Jakobusbrief* folgen. Seine Sprache ist direkt und die Themen sind klar und eindeutig. Die ersten Zeilen deuten darauf hin, dass der Brief in verschiedenen Gemeinden die Runde machte. Es wird kein Einzelempfänger, aber auch keine Empfängergruppe genannt.

Der erste Brief des Petrus

Dies ist der erste von zwei Briefen, die es in der Bibel von Petrus gibt. Er hat in vielerlei Hinsicht Ähnlichkeit mit dem *Jakobusbrief*. Erstens handelt es sich anscheinend ebenfalls um einen Rundbrief, der für mehr als eine Gemeinde gedacht war. Zweitens befasst er sich mit den gleichen praktischen Themen und drittens hat er etwa die gleiche Länge.

Der zweite Brief des Petrus

Der zweite Brief des Petrus hat Ähnlichkeit mit dem *2. Brief des Paulus an Timotheus*. Die beiden Briefe sind etwa gleich lang und beide sind eine Art Vermächtnis. Petrus beginnt seinen

Brief mit dem Hinweis, dass er nicht mehr lange zu leben hat und jetzt die Dinge schriftlich festhalten möchte, an die die Jünger unbedingt denken müssen. Während der *2. Timotheusbrief* an eine Einzelperson gerichtet ist, scheint es sich bei diesem Brief auch wieder eher um einen Rundbrief zu handeln.

Gegen Ende deutet Petrus an, dass er einige der Briefe von Paulus gelesen hat. Er sagt, dass es in jenen Briefen einiges gibt, was schwer zu verstehen ist, also sollten Sie und ich uns keine Gedanken machen, wenn uns nicht gleich beim ersten Lesen alles klar ist.

Der erste Brief des Johannes

Dies ist der erste der drei Briefe von Johannes. Die Ähnlichkeit zwischen diesen Briefen und dem unnachahmlichen Stil des vierten Evangeliums zeigen, dass es sich beim Verfasser um denselben Johannes handelt.

Der Brief hat Ähnlichkeit mit dem *Jakobusbrief* und dem *1. Petrusbrief*. Sie haben alle etwa die gleiche Länge, werden an viele verschiedene Gemeinden weitergegeben und haben die gleichen praktischen Themen zum Inhalt. Was den Vergleich dieser drei Briefe so faszinierend macht, ist, wie es allen dreien gelingt, in drei extrem unterschiedlichen Stilen die gleichen Grundaussagen zu machen.

Der zweite Brief des Johannes

In diesem sehr kurzen Brief behandelt Johannes das Problem »Irrlehrer«. Er rät einer Gemeinde, keine Wanderprediger aufzunehmen, die Irrlehren verbreiten. Die Grundlage für diese Direktive ist die Liebe, über die er so wortreich in seinem ersten, etwas allgemeiner gehaltenen Brief geschrieben hat. Dieser

Brief nun scheint an eine bestimmte Gemeinde gerichtet gewesen zu sein, obwohl der Gruß den Empfänger für uns unklar macht.

Der dritte Brief des Johannes

Interessanterweise handelt dieser Brief von der Kehrseite des Problems, das im *2. Johannesbrief* behandelt wird. Johannes schreibt hier an eine Gemeinde, die es bisher abgelehnt hat, Wanderprediger und -lehrer aufzunehmen. Nur hatte der Lehrer, der sie besucht hatte, die richtige Lehre vertreten und der Leiter der Gemeinde hatte ihn zu Unrecht abgewiesen.

Der Brief des Judas

Der *Judasbrief* ist nur wenig länger als die beiden vorhergehenden Briefe. Judas war, genau wie Jakobus, ein leiblicher Bruder von Jesus. Sein Brief ist wahrscheinlich zu einer Zeit entstanden, als bereits viele Apostel den Märtyrertod erlitten hatten. Er bezieht sich auf deren Warnung vor Irrlehrern. Im *2. Petrusbrief* beispielsweise hatte Petrus davor gewarnt, dass die Irrlehren sich nach seinem Tod deutlich häufen würden. Paulus hatte in seinem Abschiedsschreiben, dem *2. Timotheusbrief*, die gleiche Vorhersage gemacht. *Judas* sagt jetzt, dass die Irrlehren inzwischen wirklich das vorhergesagte Ausmaß erreicht haben.

Die Offenbarung des Johannes

Die *Offenbarung* ist kein Brief, sondern ein prophetisches Buch und hat viel Ähnlichkeit mit dem Buch von *Hesekiel,* der zweiten Hälfte des Buches *Daniel* und dem Buch *Sacharja*. Bizarre und ungewohnte Bilder finden sich en masse. Zur damaligen Zeit war so etwas nicht unüblich. Er wurde als »apokalyptisch« bezeichnet und deshalb wird dieses biblische Buch manchmal auch »Apokalypse« genannt, was dasselbe bedeutet wie *Offenbarung*.

In der ersten Zeile dieses Buches heißt es:

»Dies ist die Offenbarung Jesu Christi,
die ihm Gott gegeben hat,
seinen Knechten zu zeigen,
was in Kürze geschehen soll;
und er hat sie durch seinen Engel gesandt
und seinem Knecht Johannes kundgetan . . .«

Offenbarung 1,1

Daher kommen auch die verschiedenen Titel *»Die Offenbarung des Johannes«* oder auch einfach *»Offenbarung«*. Der Titel entbehrt nicht einer gewissen Ironie, denn er behauptet, dass das Buch etwas »offenbart«, obwohl die meisten Leser von diesem Buch den Eindruck haben, dass es schlicht nicht zu verstehen ist. Leider waren wir nicht dabei, als die Offenbarung geschrieben und in den Gemeinden verlesen wurde. Wir wüssten doch zu gern, ob für die Empfänger wohl der Inhalt genauso rätselhaft war wie für uns.

Die *Offenbarung* beginnt mit einer Reihe von Briefen. Adressiert waren sie an sieben Gemeinden in Kleinasien. Johannes schrieb seine Offenbarung, die er durch Visionen direkt von Gott erhalten hat, in der Verbannung auf der Insel Patmos, die nahe an der Westküste von Kleinasien lag.

Wie der *Hebräerbrief* baut die *Offenbarung* auf Zitaten und Andeutungen von Stellen aus dem Alten Testament auf. Es gibt in dem Brief Hunderte solcher Hinweise und Anspielungen. Zu versuchen, dieses Buch zu lesen, ohne sich zuvor ein bisschen vertraut zu machen mit dem Rest der Bibel und ein wenig davon auch zu verstehen, heißt, der Verwirrung Tür und Tor zu öffnen.

Vielleicht dies erst einmal als Inhaltsangabe in einem Satz: Gott und Satan schlagen eine gewaltige Schlacht gegeneinander, in der schließlich Gott den entscheidenden Sieg davonträgt. Das Buch und damit die Bibel endet mit einem herrlichen Ausblick auf den »Himmel«, nämlich auf das himmlische Jerusalem.

Das Ende oder der Anfang?

Wir haben jetzt einen etwas genaueren Blick auf alle 66 Bücher der Bibel geworfen. Ich hoffe, dass Sie anhand dieser kurzen Einführung zumindest mit einigen von ihnen eine lebenslange Freundschaft schließen können.

Aber damit das geschieht, gehört dazu mehr, als sie einfach nur zu lesen. Sie werden das, was Sie lesen, auch verstehen und mit Ihrem eigenen Leben in Verbindung bringen wollen. In den letzten Abschnitten dieses Buches soll es also darum gehen, beim Bibellesen möglichst viel Inhalt und Bedeutung mitzubekommen.

C. Die Bibel lesen und verstehen

Die Bibel hat ihren Lesern viel zu bieten. Um Bibelleser zu sein, muss man irgendwo anfangen. Sie haben jetzt gesehen, wie viele Stellen außer dem Anfang es gibt, an denen man zu lesen beginnen könnte. Wenn man den Inhalt dieser riesigen Textsammlung überfliegt, dann bekommt man ein Gefühl für ihre Einzelteile.

Wo fange ich an? Eine Bestandsaufnahme

Vielleicht haben bei der Lektüre bestimmte Bücher oder Büchergruppen Ihr besonderes Interesse geweckt; und nichts ist einfacher, als etwas zu lesen, wofür man sich wirklich interessiert. Vielleicht haben Sie aber auch an allem gleich großes Interesse. In diesem Fall möchten Sie vielleicht einige konkrete Vorschläge haben, wo man mit dem Lesen anfangen könnte.

Die *Psalmen* eignen sich hervorragend zum Anfangen. Hier gibt es sozusagen 150 Türen, durch die man eintreten kann. Diese Einstiegsstellen variieren in der Länge. Anders ausgedrückt: Es gibt etwas für jeden Appetit. Ich empfehle als Anfang besonders gerne den 23. Psalm. Von da aus kann man entweder weiter- oder zurückblättern, bis man einen weiteren Psalm findet, der einem einladend erscheint. Wenn Sie den 23. Psalm mögen, dann gibt es bestimmt auch noch andere Psalmen in der Sammlung, die Sie ansprechen.

Auch die *Sprüche* eignen sich ausgezeichnet als Start zum Bibellesen. Die Häppchen sind hier noch kleiner und auch die Themen sind einfacher. Weil das Buch der Sprüche 31 Kapitel hat, könnte man beispielsweise ein Kapitel pro Tag lesen und hätte dann im Lauf eines Monats die gesamte Sammlung durchgelesen.

Weil Jesus das Zentrum der Bibel ist, wäre auch der Beginn

mit einem der Evangelien ein guter und logischer Ausgangspunkt. Es gibt vier Evangelien, von denen man sich eines aussuchen kann. Das *Markusevangelium* ist am kürzesten und man
hat es somit am schnellsten durch, während das *Johannesevan-
gelium* vielleicht am leichtesten zu lesen ist.

Natürlich können Sie auch immer noch auf den Gedanken zurückkommen, die Bibel von vorne bis hinten durchzuarbeiten.
Auf jeden Fall sind Sie jetzt aber darauf vorbereitet, zu überspringen und zu überfliegen, wenn Sie die ersten Bücher der Bibel lesen. Das können Sie etwa mit Stammbäumen machen oder
mit dem Bauplan der Stiftshütte. Lesen Sie das, was Ihnen ein-
gängig ist und quälen Sie sich nicht mit Dingen, die Sie im Augenblick nicht interessieren.

Das richtige Tempo finden

Die Bibel ist in 1189 Kapitel unterteilt. Wenn Sie jeden Tag fünf
Minuten Zeit zum Lesen reservieren, können Sie die Bibel in etwa drei Jahren durcharbeiten. Es gibt alle möglichen Methoden,
diesen Elefanten zu zerlegen, damit man ihn bissenweise vertil-
gen kann, aber es ist ja auch möglich, dass Sie gar nicht die ganze
Bibel durchlesen wollen. Wie dem auch sei: Ich habe eine Liste
erstellt in der die biblischen Bücher nach der Länge geordnet
sind, und zwar aus zwei Gründen:

Erstens kann man erkennen, welches Buch man in einer Sitzung ganz durchlesen kann. Und zweitens kann man mit Hilfe
dieser Liste ein Buch nach dem Kriterium aussuchen, wie lange
man zum Lesen braucht. Die drei Kategorien sind: »Weniger als
15 Minuten«, »15 Minuten bis eine Stunde« und »Länger als eine Stunde«. Das sind annähernde Schätzungen für einen Durch-
schnittsleser, der kontinuierlich in normaler Geschwindigkeit
liest (und dabei nicht innehält, um sich Notizen zu machen oder
einen bestimmten Abschnitt gründlich durchzuarbeiten).

»Länger als eine Stunde« bedeutet in der Regel einige Stunden. Aber ein freigehaltener Abend oder ein halber Tag würden für die Lektüre solcher Bücher allemal ausreichen. Weil die *Psalmen* und *Sprüche* in sich bereits Sammlungen sind, habe ich sie nicht unter den Büchern aufgezählt, die man in einer Sitzung durchlesen kann. Man sollte hier kleinere Portionen wählen.

Weniger als 15 Minuten:
Rut, Joel, Obadja, Jona, Micha, Nahum, Habakuk, Zefanja, Haggai, Maleachi., Galater, Epheser, Philipper, Kolosser, 1. und 2. Thessalonicher, 1. und 2. Timotheus, Titus, Philemon, Jakobus, 1. und 2. Petrus, 1., 2. und 3. Johannes, Judas

15 Minuten bis eine Stunde:
Esra, Nehemia, Ester, Prediger, Hoheslied, Klagelieder, Hosea, Amos, Sacharja, Römer, 1. und 2. Korinther, Hebräer

Länger als eine Stunde:
Jedes der fünf Bücher Mose, Josua, Richter, 1. und 2. Samuel, 1. und 2. Könige, 1. und 2. Chronik, Hiob, Jesaja, Jeremia, Hesekiel, Daniel, Matthäus, Markus, Lukas, Johannes, Apostelgeschichte, Offenbarung

Motive fürs Bibellesen

Es gibt verschiedene Motive, weshalb wir Bücher lesen. Vielleicht suchen wir Ablenkung, Unterhaltung, Information oder Anregung. Wenn wir uns dieser Gründe bewusst sind, können wir effektiver lesen. Am Anfang wird Ihr Bibellesen eher vorsichtig und unverbindlich sein. Sie erkunden das Gelände und bekommen ein Gefühl für die Lage des Landes. Deshalb wollen Sie gar nicht über den Sinn und die Bedeutung jedes zweiten Wortes nachsinnen.

Es gibt aber in der Bibel genug, worauf man immer wieder zurückkommen und es in kleinen Portionen gründlich durchkauen möchte oder sich mit anderen darüber austauschen. Wenn Sie beispielsweise auf eine bemerkenswerte Geschichte stoßen, dann möchten Sie sie vielleicht später Ihren Kindern oder Enkeln vorlesen. Aus diesen und anderen Gründen möchte ich Ihnen dringend raten, solche Abschnitte und Stellen in Ihrer Bibel zu markieren. Denken Sie daran, dass Sie es hier mit weitem Land zu tun haben (mit einer Welt, bestehend aus verschiedenen Kontinenten), und Sie werden sich heimischer fühlen, wenn Sie Ihre eigenen Markierungen anbringen. Solche Markierungen in der Bibel anzubringen ist wie das Anlegen von Straßen in ehemals unberührtem Gelände. Bei den meisten Büchern ist eine solche Straßenmarkierung nicht nötig, aber die meisten Bücher sind auch keine Sammlung vieler Bücher, die zusammen aus über einer Viertelmillion Wörtern bestehen.

Es wird Ihnen wahrscheinlich viel Spaß machen, die Bibel zu erkunden. Nein, nicht jede Seite, die Sie lesen, wird Ihnen gefallen, aber das ist auch nicht so schlimm, jetzt, wo Sie eine Vorstellung davon haben, was Sie (zumindest zunächst) überschlagen können. Dennoch werden Sie wahrscheinlich am meisten Freude an den Stellen haben, die Sie wiederholt lesen. Immer wieder lesen werden Sie Abschnitte, die Sie aufbauen, weil Sie dann wissen, wo solche Abschnitte zu finden sind, wenn Sie mutlos sind. Sie werden einen Abschnitt mit viel Information noch einmal durchsehen, weil Sie beim ersten Lesen einfach nicht alle Angaben aufnehmen konnten.

Je öfter Sie in der Bibel einen bestimmten Text lesen, desto bewusster und aufmerksamer werden Sie es tun. Und je mehr Sie verstehen und je weiter Sie sich auch persönlich entwickeln, desto mehr stellen Sie fest, wie die Bibel ihren Schatz vor Ihnen ausbreitet. Dieser Prozess geschieht schrittchenweise, so dass er oft gar nicht bewusst wahrgenommen wird. Aber Sie werden merken, dass immer mehr von der Bibel für Sie einen Sinn ergibt. Und manche Seite, die Ihnen beim ersten Lesen wie trockene Wüste vorkam, wandelt sich zu einer erfrischenden Quelle.

Das hat den einfachen Grund, dass die Bibel in Ihr Leben hineinspricht und je mehr Sie sich ansprechen lassen, desto mehr Frucht werden Sie von Ihrer Bibellektüre davontragen.

Die Bibel als Maßstab

Die Bibel ist ein Maßstab für unser Leben. Die einzelnen Schriften machen ständig Aussagen darüber, was richtig und was falsch ist, und zwar klipp und klar. Man kann sie kaum lesen, ohne das Gefühl zu haben, an ihnen gemessen zu werden. Vielleicht ist dies das Überwältigende an der Bibel: Während man ein Buch liest, stellt man fest, dass man eigentlich von ihm gelesen wird! Die meisten Menschen, die großen Respekt vor der Bibel haben, akzeptieren sie so, wie sie ist, das heißt, sie erkennen sie als Instanz an, die ihnen eine Richtschnur für ein Leben mit Gott gibt. Vielleicht sind Sie noch nicht so weit, der Bibel eine so gewichtige Bedeutung zuzugestehen. Doch glaube ich, dass das nur eine Frage der Zeit ist, wann das auch bei Ihnen der Fall sein wird. Denn es ist schwierig, ein Buch weiterzulesen, das ständig wiederholt, dass man Gott und seinen Nächsten lieben soll, und ihm dann darin nicht zu folgen.

Der Weg vom » Was steht da?« zum » Was bedeutet das für mich?«

Zu wissen, was in der Bibel steht, ist ein erster Schritt in Richtung einer Lebensveränderung. Aber es ist auch durchaus möglich, ganz genau zu wissen, was in der Bibel steht, und dennoch keine Ahnung zu haben, was das für uns persönlich bedeutet. Glücklicherweise zeigt die Bibel selbst auf, wie es zu diesem Problem kommt und wie man es angeht.

Sie wissen ja, dass die Bibel im Laufe vieler Jahrhunderte entstanden ist. Zur Zeit Jesu rangen viele Menschen mit der Bedeutung dessen, was zur Zeit Mose aufgeschrieben worden war.

Manche dieser Kämpfe sind in den Evangelien für uns aufgezeichnet worden. Jesus selbst kannte alle Bücher des Alten Testamentes und lieferte folgende, aus einem Satz bestehende Zusammenfassung ihrer Bedeutung:

> »Alles nun, was ihr wollt, dass euch die Leute tun sollen, das tut ihnen auch! Das ist das Gesetz und die Propheten!«
>
> Matthäus 7,12

Bei anderer Gelegenheit formuliert er die Aussage anders, aber der Grundgedanke bleibt genau derselbe:

> »Und einer von ihnen, ein Schriftgelehrter, versuchte ihn und fragte: Meister, welches ist das höchste Gebot im Gesetz? Jesus aber antwortete ihm: *›Du sollst den Herrn, deinen Gott, lieben von ganzem Herzen, von ganzer Seele und von ganzem Gemüt.‹* Dies ist das höchste und größte Gebot. Das andere aber ist dem gleich: *›Du sollst deinen Nächsten lieben wie dich selbst.‹* In diesen beiden Geboten hängt das ganze Gesetz und die Propheten.«
>
> Matthäus 22,35–40

Die Aussagen in kursiver Schrift sind direkte Zitate aus dem Alten Testament. Das erste stammt aus dem *5. Buch Mose (Deuteronomium)* und das zweite aus dem *3. Buch Mose (Levitikus).* Wenn man Menschen liebt, dann behandelt man sie so, wie man selbst gerne behandelt werden möchte. So einfach ist das.

Der Apostel Paulus formulierte es so:

> ». . . denn wer den andern liebt, der hat das Gesetz erfüllt. Denn was da gesagt ist *›Du sollst nicht ehebrechen; du sollst nicht töten; du sollst nicht stehlen; du sollst nicht begehren‹* und was da sonst an Geboten ist, das wird in diesem Wort zusammengefasst: *›Du sollst deinen Nächsten lieben wie dich selbst‹.* Die Liebe tut dem Nächsten nichts Böses. So ist nun die Liebe des Gesetzes Erfüllung.«
>
> Römer 13,8–10

Die kursiv gedruckten Aussagen in diesem Abschnitt stammen aus den Zehn Geboten, die sowohl im *2. als auch im 5. Buch Mose* zu finden sind. Paulus kommt zu denselben Schlussfolgerungen wie Jesus.

Bevor Paulus von seinem hohen Ross heruntergeholt wurde, hat er die Bibel nicht so sehen können. Er war führendes Mitglied einer Gruppe, die Pharisäer genannt wurden, und die die Bibel ganz anders verstanden. Mit diesen Pharisäern hatte auch Jesus viele Auseinandersetzungen. Einmal sagte er zu ihnen:

»Weh euch, Schriftgelehrte und Pharisäer, ihr Heuchler, die ihr den Zehnten gebt von Minze, Dill und Kümmel, und lasst das Wichtigste im Gesetz beiseite, nämlich das Recht, die Barmherzigkeit und den Glauben . . .«   Matthäus 23,23

Die Pharisäer wussten zum größten Teil sehr genau, was in der Bibel stand, aber sie ignorierten einfach, was es für sie persönlich bedeutete. Gerechtigkeit, Barmherzigkeit und Glaube (Treue) heißt mit anderen Worten formuliert, dass man seinen Nächsten lieben und ihn behandeln soll, wie man selbst gern behandelt werden möchte.

Wie die Bibel mit sich selbst umgeht

Die Bibel befasst sich auch häufig mit sich selbst. Das heißt: In einem Abschnitt der Bibel wird ein anderer Teil der Bibel zitiert oder ausgelegt. Das trifft beispielsweise auf die Abschnitte zu, die wir gerade besprochen haben. Jesus spricht über Aussagen des Alten Testaments und legt sie aus. Für uns ein Vorbild, es genauso zu machen und ein weiterer Grund, wichtige Bibelteile wieder und wieder zu lesen. Sie werden immer deutlicher feststellen, wie das Denken eines biblischen Buches das Denken anderer biblischer Bücher beeinflusst.

Beispielsweise kann man beim Lesen des *1. Petrusbriefes* merken, dass er über die Bedeutung des 34. Psalmes meditiert hatte, bevor er den Brief schrieb. Er zitiert sogar aus diesem Psalm (1. Petrus 3,10–12). Obwohl Sie möglicherweise Psalm 34 schon gelesen haben, möchten Sie ihn vielleicht jetzt noch einmal lesen, weil das, was Petrus aussagt, Ihren Horizont erweitert.

In der Bibel finden sich häufig wiederkehrende Themen. Weil die Bibel sich ständig wiederholt und Aussagen neu formuliert, werden die Dinge, auf die sie hinaus will, immer deutlicher. Je öfter eine bestimmte Grundaussage in der Bibel wiederholt wird, desto wichtiger ist sie. Bei der Erziehung von Kindern verfährt man ja genauso. Im Laufe der Jahre gibt man einem Kind eine Vielzahl verschiedener Anweisungen – alles von »Nicht anfassen!« bis »Aber um Mitternacht bist du zu Hause!« Aber den Tausenden von Anweisungen liegen dieselben Anliegen oder Erziehungsziele zugrunde. Wir hoffen, dass unsere Kinder, wenn sie erwachsen sind, diese Grundanliegen verinnerlicht haben. Und genauso geht die Bibel mit uns um.

Weil die Bibel ein altes Buch ist und wir sie in einer Sprache lesen, die den Verfassern fremd war, wird es immer Einzelheiten in der Bedeutung geben, die uns entgehen. Es gibt im Hebräischen und im Griechischen Wortspiele, die einfach nicht in unsere Sprache übertragbar sind. Aber selbst wenn man die alten Sprachen kennt, gibt es kleine Unklarheiten im Text, die überall in der Bibel offene Fragen belassen. Es wird also hier und da immer mal einen Satz geben, der Ihnen rätselhaft erscheint, oder ein bestimmtes Wort, das für Sie keinen Sinn ergibt.

Es gibt Menschen, die lesen die Bibel nur so, indem sie einzelne Verse aus unterschiedlichen Zusammenhängen herauspicken. Das kann man *mal* machen. Wenn man aber ausschließlich so verfährt, ist das eine nicht ungefährliche Angelegenheit. Wenn Sie irgendwo einen Satz finden, der nicht durch andere Bibelstellen bestätigt wird, dann ist es ein Thema, das man ruhig fallen lassen kann. Die wichtigen Gedanken werden immer wieder wiederholt.

Seit jeher reißen Leute Bibelverse aus dem Zusammenhang

und verkünden: »Die Bibel sagt: . . .« und dann kommt irgendetwas Merkwürdiges, das dem Geist der Bibel völlig widerspricht. Diese Art von Behauptungen halten viele Leute davon ab, in der Bibel zu lesen. Wahrscheinlich ist es Ihnen doch auch schon passiert, dass Sie wörtlich zitiert wurden, dass das Zitat aber aus dem Zusammenhang gerissen war und deshalb eine völlig andere Aussage zustande kam als die von Ihnen beabsichtigte.

Vielleicht haben Sie im Laufe der Jahre viele Bibelzitate gehört. Vielleicht haben einige dieser Zitate Sie irritiert oder Ihnen Probleme bereitet. Sie sind jetzt in der Lage, diese Zitate in ihrem Kontext nachzulesen und festzustellen, wie sie im Zusammenhang zu verstehen sind. Sie werden Ihr eigenes Verständnis der Bibel entwickeln, statt abhängig zu sein von den Erklärungen anderer.

Je mehr Sie in der Bibel lesen, desto mehr werden Sie merken, wie sie im Dialog mit sich selbst steht. Das einfachste Beispiel dafür haben Sie dann vor sich, wenn im Neuen Testament das Alte Testament zitiert wird. Viele Bibelausgaben geben sich große Mühe, solche Zitate kenntlich zu machen. Aber über solche Zitate hinaus gibt es auch viele eher unterschwellige Arten dieses Dialogs. Innerhalb der neutestamentlichen Autoren findet man davon weniger, weil die Schriften des Neuen Testamentes von einer Generation innerhalb eines relativ kurzen Zeitraumes an sehr vielen verschiedenen Orten geschrieben wurde. Aber im Alten Testament, wo die Schriften über mehrere Generationen gesammelt wurden, kommt es nicht selten vor, dass ein Verfasser Andeutungen über vorhergehende Schriften macht. Manche dieser Andeutungen bemerkt man erst nach häufigem Lesen.

Wie die Bibel mit wechselnden Umständen umgeht

Die Verfasser der Bibel wussten sehr wohl um die Schwierigkeiten, die ein Leben hier auf der Erde mit sich bringt. Sie waren nicht überoptimistisch und trugen keine rosa Brille. Die Bibel ist ein sehr realistisches Buch. Das Rechte zu tun, erfordert Nachdenken, denn es ist nicht immer einfach, zu wissen, was man tun soll. Jesus selbst schwitzte Blut in der Nacht, bevor er starb und er eine schwere Entscheidung treffen musste.

Während die Bibel Erkenntnisse über Gott und Jesus Christus vermittelt, lässt sie aber auch erkennen, dass verschiedene Umstände unterschiedliches Verhalten erfordern. Obwohl Gott derselbe bleibt, können seine Anweisungen je nach Situation sehr unterschiedlich sein. Wenn eine Mutter ihrem Kind am Abend sagt »Geh ins Bett!« und am Morgen »Steh auf!«, käme ja auch keiner auf den Gedanken, zu fragen »Wie kann dieselbe Mutter sich so widersprechen?« oder gar »Kann das überhaupt dieselbe Mutter sein?« So kann man aber leicht mit Gott und der Bibel umgehen.

Verhaltensweisen, zu denen im einen Teil der Bibel aufgefordert wird, werden in einem anderen verurteilt. Der Grund dafür ist nicht, dass Gottes Meinung sich geändert hat, sondern die Situation und auch die innere Einstellung der Menschen. Die Bibel blickt immer über das Verhalten hinaus auf den Geist, der zu einem bestimmten Verhalten treibt. Das heißt, der Bibel geht es mehr um die Motive für unser Verhalten als um das Verhalten selbst.

Paulus weist darauf hin in seiner großen Abhandlung über die Liebe (Thema der Bibel) in 1. Korinther 13:

>»Wenn ich mit Menschen- und mit Engelzungen redete und hätte die Liebe nicht, so wäre ich ein tönendes Erz oder eine klingende Schelle.
>
>Und wenn ich prophetisch reden könnte und wüsste alle Geheimnisse und alle Erkenntnis und hätte allen Glauben, so dass ich Berge versetzen könnte, und hätte die Liebe nicht, so wäre ich nichts.
>
>Und wenn ich alle meine Habe den Armen gäbe und ließe meinen Leib verbrennen, und hätte die Liebe nicht, so wäre mir's nichts nütze.« 1. Korinther 13,1–3

Paulus zählt hier Tätigkeiten auf, die von fast jedem als »gute Taten« betrachtet werden. Aber wenn nicht Liebe ihr Motiv ist, führen sie zu nichts. In manchen Fällen führen sie sogar zu weniger als nichts (»tönendes Erz« und »klingende Schelle«). Paulus musste in seinem Leben diese Lektion selbst auf harte Weise lernen. Als Pharisäer war er geradezu fanatisch, wenn es darum ging, den Sabbat zu heiligen. Das bedeutete, das Verhalten Nehemias nachzuahmen, der einmal denjenigen Gewalt androhte, die das Sabbatgebot missachteten. Nehemia lag mit seinem Verhalten richtig, weil es ihm wirklich um die Verherrlichung Gottes und um das Wohl des Volkes ging. Die Motive der Pharisäer waren aber eher egoistisch und selbstgerecht und deshalb wurden sie verurteilt für das gleiche Verhalten, das bei Nehemia als richtig befunden worden war. Ihr Motiv unterschied sich nämlich grundlegend von dem Nehemias.

Im Gesetz des Mose steht zum Beispiel auch, dass Leute, die beim Ehebruch ertappt wurden, gesteinigt werden sollten. Jesus hatte keine andere Meinung zum Ehebruch, aber er steinigte die Ehebrecherin nicht, die vor ihn gebracht wurde. Die Situation war eine völlig andere. Mose versuchte ein Volk aufzubauen, das nach den Geboten Gottes lebt; Jesus versuchte Einzelnen zu vermitteln, wie sie inmitten eines unmoralischen Volkes gottgefällig leben konnten. Die Grundsätze und Motive dieser beiden Lehrer waren gleich, aber die Umstände, mit denen sie es zu tun hatten, unterschieden sich sehr voneinander.

Mir ist es nicht immer leicht gefallen, zu bestimmen, wie veränderte Bedingungen die biblischen Grundsätze beeinflussen. Aber es ist einfach zu erkennen, dass es in unserer heutigen Zeit unpraktisch und auch nicht erstrebenswert ist, das Gesetz des Mose anzuwenden. Erstens sind die meisten von uns keine leiblichen Nachkommen Abrahams und an die sind die Worte von Mose ja gerichtet. Zweitens: Selbst die heute lebenden direkten Nachfahren von Mose können nicht die Rituale vollziehen, die

Mose vorgeschrieben hat, weil es keine Stiftshütte gibt, in der man Tiere opfern könnte.

Die Bibel zeigt immer wieder die Bereitschaft, Äußerlichkeiten loszulassen, aber an Grundsätzen festzuhalten. Als David den Tempel plante, übernahm er Grundkonstruktionen von der Stiftshütte des Mose. Aber er plante nicht die gleiche zeltartige, provisorische Konstruktion. Und als der Tempel dann im Jahre 70 n.Chr. zerstört wurde, hatte Jesus bereits gezeigt, dass wir die ganze Erde – und nicht nur ein bestimmtes Gebäude – als Tempel Gottes behandeln sollen.

Zu entscheiden, was ein bleibender Grundsatz ist und was vorübergehend, ist eine Aufgabe für unser Gewissen. Als Menschen sind Sie und ich mit einem Gewissen ausgestattet. Wir müssen die Bibel in Einklang mit unserem Gewissen lesen. Etwas zu tun, was die Bibel zwar sagt, das aber unser eigenes Gewissen verletzt, kann nicht Gottes Wille sein und widerspricht dem Geist der Bibel. Die Bibel ist kein Ersatz für das Gewissen, sondern Gewissensnahrung.

Die Bibel ernst nehmen

Oft taucht eine unnötige Frage auf, wenn Menschen überlegen, ob sie anfangen sollen, in der Bibel zu lesen. Sie fragen: »Soll ich die Bibel wörtlich nehmen?« Ja, es gibt sogar Leute, die bekennen, dass sie die Bibel wörtlich nehmen, und es gibt Leute, die bekennen, dass sie die Bibel niemals wörtlich nehmen könnten. Aber keine dieser beiden Gruppen nimmt einen vernünftigen Standpunkt ein. Beide Gruppen sind unvernünftig, denn welches Buch (und schon gar welche Sammlung von Büchern) spricht schon ausschließlich wörtlich oder ausschließlich im übertragenen Sinne. Die meisten Bücher, ja sogar die meisten Menschen, sprechen in einer Kombination aus wörtlich und übertragen gemeinten Ausdrücken.

Hat Ihnen schon mal jemand gesagt, dass es Bindfäden regnet? Wenn ja, haben Sie das dann wörtlich genommen? Der innere Denkmechanismus, durch den wir all die kleinen Entscheidungen treffen, die nötig sind, um zu entscheiden, ob jemand gerade eine Redefigur benutzt, ist ungeheuer groß und kompliziert. Letztlich lassen wir aber doch das entscheiden, was wir als »gesunden Menschenverstand« bezeichnen. Und den gesunden Menschenverstand muss man beim Bibellesen einsetzen. Wenn Jesus sich selbst als den guten Hirten bezeichnet, dann müssen Sie entscheiden, ob er damit meint, dass er seinen Dienst aufgibt, um mit dem Schafehüten zu beginnen, oder ob er bildlich von seiner Rolle als fürsorglicher Führer spricht.

Den gesunden Menschenverstand einzusetzen heißt aber noch lange nicht, immer alles zu verstehen, was man in der Bibel liest. Wenn man aber den gesunden Menschenverstand außer Acht lässt, dann ist das eine Garantie dafür, dass man ziemlich viel missverstehen wird. Nachdem ich jetzt seit fast zwei Jahrzehnten täglich in der Bibel lese, kann ich Folgendes feststellen: Wenn ich in der Bibel lese, verstehe ich einiges davon, und das war schon gleich von Anfang an so. Jedes Jahr verstehe ich etwas mehr. Dabei habe ich herausgefunden: Der Schlüssel dazu, die Bibel als Schatz für sich zu entdecken, besteht darin, sie nicht auf Biegen und Brechen wörtlich, sondern *ernst* zu nehmen.

Die Bibel ernst zu nehmen bedeutet auf der einen Seite, sich nicht weltabgehoben in vermeintlich geistlichen Sphären zu bewegen und der Bibel blind (unter Ausschaltung des Verstandes) zu folgen und dabei das praktische Leben zu vernachlässigen. Andererseits ist es auch unklug, allem gegenüber, was in der Bibel steht, skeptisch zu sein. Ein solcher Skeptizismus ist ein Indiz für Vorurteile und ein verschlossenes Denken. Kein Buch, ob alt oder modern, würde die Voreingenommenheit überstehen, mit der manche an die Bibel herangehen.

Man kann an die Bibel herangehen wie an jedes andere Buch. Anderen Büchern nähert man sich ja in der Regel auch mit einer positiven Erwartungshaltung. Diese wird sich im Lauf der Zeit steigern, weil Sie spüren, wie Gott durch sein Wort zu Ihnen redet.

Wie bei jedem anderen Buch müssen auch bei der Bibel ihre Besonderheiten beachtet werden. Ich habe die Besonderheiten der Bibel genannt: ihren Umfang, ihren Aufbau, ihr Alter etc. Verbinden Sie diese Informationen mit Ihrem gesunden Menschenverstand und Sie werden immer, wenn Sie in der Bibel lesen, in der Lage sein, vieles davon zu verstehen.

Was ist zu tun?

Eines der größten Hindernisse zum Verstehen der Bibel besteht darin, das, was wir dort erkennen, in die Praxis umzusetzen. Genau das, so sagt Jesus, war das Problem der heuchlerischen Pharisäer, die ihn ständig kritisierten. Sie hatten ein falsches Bibelverständnis, weil sie das Urteil der Bibel auf andere anwandten statt auf sich selbst. Anders ausgedrückt, sie bekannten mit den Lippen Übereinstimmung mit der Schrift, aber sie benutzten deren Maßstäbe, um andere zu verurteilen, statt ihr eigenes Leben daran zu messen. Sie taten selbst nicht das, was sie anderen predigten.

Das kennen wir auch: Wir erwarten von anderen, dass sie Maßstäbe erfüllen, nach denen wir uns selbst nicht richten wollen. Der Kern, »Gerechtigkeit zu tun und Barmherzigkeit zeigen«, besteht darin, uns selbst nach einem hohen ethischen Maßstab zu beurteilen und nachsichtig mit anderen zu sein. In der Sprache des Straßenverkehrs nennt man das »defensive Fahrweise«. Man sagt, dass man, um Unfälle zu vermeiden, selbst alle Verkehrsregeln einhalten, aber nachsichtig mit denen sein soll, die das nicht tun. In unserem Alltag gibt es so viele Unfälle, weil wir unseren eigenen Unzulänglichkeiten gegenüber großzügig sind, aber nicht verstehen können, warum alle anderen nicht das tun, was sie tun sollen.

Ich will damit sagen, dass das Leben, das Sie außerhalb des

Bibellesens führen, etwas damit zu tun hat, wie viel Sie verstehen, wenn Sie in der Bibel lesen. Jeder, der versucht, ein Leben nach Gottes Geboten zu führen, weiß, wie schwer es ist, diesem Maßstab gerecht zu werden. Unsere Unfähigkeit zur Vollkommenheit kann dazu führen, dass wir unsere Schwächen leugnen und uns selbst rechtfertigen oder dazu, dass wir völlig demoralisiert den von der Bibel vorgegebenen Lebensstil über Bord werfen. In der Mitte zwischen diesen beiden Extremen steht das demütige Eingeständnis, dass wir unfähig sind, die Gebote Gottes zu halten. Diese Unfähigkeit müssen wir uns eingestehen, dürfen aber nicht an ihr verzagen. Für alle diese Unfähigkeit (die Bibel nennt das »Sünde«) ist Jesus Christus gestorben. Er hat die Strafe für unsere Sünden auf sich genommen. Was uns zu tun bleibt: Gott unsere Sünde im Gebet zu bringen und ihn um Vergebung zu bitten – dazu fordert uns die Bibel auf.

Es gibt viele Facetten der Bibel, die man mögen kann: ihr poetischer Stil, die vielen griffigen Zitate, die Würde der Darstellung, ihr Alter und ihre Gültigkeit über all die Jahrhunderte. Aber ihr größter Schatz – Erkenntnisse über die unsichtbaren Dimensionen des Lebens – ist denen vorbehalten, die sich nicht damit zufrieden geben, einfach nur zu beobachten. Sie müssen das leben, was sie beim Lesen verstanden haben.

Auf sich selbst gestellt

Bei vielen der Themen, mit denen wir konfrontiert werden, können wir nicht einfach die Bibel aufschlagen und eine Seite aufschlagen, auf der steht: Regel Nummer 547 – »Tu dies« oder Regel Nummer 548 – »Tu das«. Für die meisten Fragen, die Sie haben, werden Sie solche klar umrissenen Antworten nicht finden. Manchmal ermüden und bedrücken uns die Fragen des Lebens so sehr, dass wir wünschten, die Bibel würde direkt und wie eine Zauberformel sagen: »Folgendes solltest du jetzt tun.« Aber leider ist das nicht die Rolle, die sie sich selbst zugedacht hat.

Die Bibel ist ein Nachschlagewerk der Gedanken Gottes, die dazu gedacht sind, Ihr Denken und Ihr ganzes Leben zu verändern. Sie zeigt uns, wie wir Gemeinschaft mit Gott haben und nach seinen Geboten leben können. Ich hoffe, ich habe den Wunsch in Ihnen geweckt, genau das zu tun.

Wer ist wer in der Bibel?

Personenlexikon zum Buch der Bücher

384 Seiten, RBtaschenbuch Bd. 721, Bestell-Nr. 220 721

»Wer ist wer in der Bibel?« bietet umfassende Informationen zu allen Personen der Bibel, nennt den geschichtlichen Zusammenhang, in dem sie auftreten und beschreibt ihre Taten und Aussagen. Klar und einfach formuliert, dabei beschränkt auf die vorliegenden Informationen, lädt das Personenlexikon zum Schmökern ein, bei dem die Zusammenhänge der Bibel deutlicher werden. Von Adam bis Zacharias bietet es eine unerschöpfliche Fundgrube für Predigtvorbereitung, Gruppenarbeit oder das persönliche Bibelstudium.

Kleines Lexikon zur Bibel

336 Seiten, RBtaschenbuch Bd. 726, Bestell-Nr. 220 726

Das »Kleine Lexikon zur Bibel« fasst in einfacher Sprache die wesentlichen Inhalte der Bibel zusammen.
Etwa 2000 Artikel bieten Informationen zu Personen, Orten und Begriffen der Bibel sowie Überblicksartikel zur Geschichte und Religion Israels und seiner Nachbarvölker. Dazu finden sich Daten und Fakten zum Alltagsleben in biblischer Zeit, zu allen Büchern der Bibel, zur Bibelauslegung, zu verschiedenen Bibelübersetzungen und vieles mehr.
Ideal für jeden, der stets das Wichtigste zur Bibel griffbereit haben will.

R. BROCKHAUS VERLAG WUPPERTAL

Rudolf Kassühlke

Eine Bibel – viele Übersetzungen

Ein Überblick mit Hilfen zur Beurteilung

160 Seiten, RBtaschenbuch Bd. 560, Bestell-Nr. 220 560

Luther oder Elberfelder? Gute Nachricht Bibel oder Hoffnung für Alle? Einheitsübersetzung oder Pattloch-Bibel? Es gibt mehr als 20 aktuelle deutsche Bibelübersetzungen – jede für sich ist interessant, doch in ihrer Charakteristik sind sie alle ganz unterschiedlich.

Nach erfolgreicher Mitarbeit an der Neufassung der Guten Nachricht Bibel hat Rudolf Kassühlke, Bibelübersetzer aus Leidenschaft, die deutschen Bibelausgaben unter die Lupe genommen: Was sind eigentlich die Unterschiede, was die Gemeinsamkeiten? Nach welchen Grundsätzen wird übersetzt? Wer (oder was) steckt hinter den ganzen Übersetzungsvarianten? Und eben: Welche Bibel paßt zu wem?

Herausgekommen ist dabei dieses Buch – der ideale Überblick für den, der sich von der Fülle unterschiedlichster Bibelübersetzungen nicht erschlagen, sondern bereichern lassen möchte. Das Buch enthält viele Textproben zum direkten Vergleich, einen Überblick über Arbeits- und Studienbibeln sowie Informationen zu Computerbibeln.

Dr. Rudolf Kassühlke, Jahrgang 1930, 1956–1965 Missionar, Bibelschullehrer und Bibelübersetzer in Kamerun, danach 22 Jahre in vielen Ländern Europas tätig als Übersetzungsberater der Deutschen Bibelgesellschaft sowie des Weltbundes der Bibelgesellschaften. Er ist einer der drei Übersetzer der Gute Nachricht Bibel.

R. BROCKHAUS VERLAG WUPPERTAL